WIEBKE LORENZ
CHRISTIAN CLERICI

Er sagt & Sie sagt

WIEBKE LORENZ
CHRISTIAN CLERICI

Er sagt & Sie sagt

vgs EGMONT

Originalausgabe

verlegt durch EGMONT Verlagsgesellschaften mbH,
Gertrudenstraße 30–36, 50667 Köln

1. Auflage
Redaktion: Cindy Witt
Produktion: Simone Nauerth
Umschlaggestaltung: ZERO Werbeagentur, München
Layout und Satz: Hans Winkens, Wegberg
Druck: Bercker Graphischer Betrieb, Kevelaer
ISBN 978-3-8025-3710-3

www.vgs.de

Wiebke Lorenz: Ich danke meiner Mutter. Und meinem Anwalt. Und meinem Therapeuten danke ich auch.

Christian Clerici: Ich danke meiner Frau Marion. Für alles! Und ich danke Wiebke Lorenz. Weil sich das so gehört.

Wiebke Lorenz: Ich wusste noch nie, was sich gehört. Aber vielen Dank, Christian Clerici!

Christian Clerici: Und ich habe gern das letzte Wort.

Vorwort

Er sagt:

Ich wollte mir schon immer einmal etwas von der Seele schreiben. Ausgerechnet von der Seele – die doch dem Vernehmen nach weiblich ist.

Es drückt. Gewaltig. Nicht von der Last des Alltags mag ich sprechen, denn die tragen wir ja alle gemeinsam. Nein, mehr um diese ermüdende und gleichzeitig beflügelnde Diskrepanz zwischen Männern und Frauen geht es mir, die wir so sinnlos versuchen in sinnvolle Lebensform zu packen. Aber wie macht man das? Tippt man einfach die Gesprächsprotokolle seiner Besuche beim Paarpsychologen ab? Schlägt man erst was kaputt und entschuldigt sich dann dafür? Füllt man Formulare für weibliche Konfektionsgrößen aus und lässt sie auf einer Parkbank liegen? Oder fetzt man sich mit Wiebke Lorenz?

All das, was ich in diesem Buch schreibe, ist wahr. Ähnlich wie das, was ich seit zwei Jahrzehnten mit einigem Aufwand auf dem Bildschirm als das wirkliche Leben zu verkaufen versuche. Mitunter lustig, mitunter verzweifelt.

Als mich die deutsche Cosmopolitan einlud, zusammen mit der Autorin Wiebke Lorenz eine Kolumne über den Geschlechterkampf zu schreiben, konnte ich ja nicht ahnen, dass daraus einmal eine Art Gesprächstherapie mit einer völlig verrückten Norddeutschen wird. Wenn Sie eine Frau sind, liebe Leserin, dann denken Sie mal zur Abwechslung wie ein Mann. Falls Sie ein Mann sind, lieber Leser, tun Sie das bloß nicht: Es wäre unser Untergang.

Christian Clerici, im Juni 2010

Sie sagt:

Die Sache ist die: Ich werde fürs Schreiben bezahlt, denn Schreiben ist mein Beruf. Und als man mich fragte, ob ich mit dem österreichischen TV-Moderator Christian Clerici eine gemeinsame Kolumne verfassen möchte, habe ich natürlich gesagt: »Klar, Leute, hier ist meine Kontonummer, für Geld schreib ich alles, von mir aus kolumnisiere ich auch mit einem texanischen Kuhhändler, schlimmer kann eine Ösi-TV-Nase ja auch nicht sein.«

Damals wusste ich noch nicht, dass das ein Fehler war. Denn schon bald gingen neunzig Prozent meiner Zeit (beruflich wie privat) dafür drauf, acht Kilometer lange Mails zu lesen – und zu beantworten. Woraufhin dann zwölf Kilometer lange Mails folgten, deren Nicht-Beachtung mir schlicht und ergreifend nicht möglich war. Denn Sie werden sehen, liebe Leserinnen, liebe Leser: Wer mit Christian Clerici mailt, der kann eigentlich keiner geregelten und bezahlten Tätigkeit mehr nachgehen, denn er oder sie wird in den Bann gezogen von einer ganz speziellen Form des Universums, die sich Zeile für Zeile vor seinem inneren Auge entfaltet. Ich nenne es den Clerici-Kosmos, durch den man taumelnd fällt und in dem sich das Leben urplötzlich in einer vollkommen neuen, ich möchte fast sagen, mystischen Weise offenbart. War mein Denken bezüglich Männern und Frauen bis zu diesem Zeitpunkt mehr oder weniger klischeebesetzt, so hat der Austausch mit »CC« mein Weltbild komplett auf den Kopf gestellt.

Nach mittlerweile anderthalb Jahren »Er sagt/Sie sagt« bin ich nicht mehr dieselbe. Ich bin gereift. Gewachsen. Geläutert. Und ziemlich fertig bin ich auch. Nach der Lektüre dieses Buches werden Sie verstehen, warum.

Wiebke Lorenz, im Juni 2010

Von: Wiebke Lorenz – **An:** Christian Clerici
Gesendet: Dienstag, 16. Dezember 2008 18:23
Betreff: Er sagt/Sie sagt

Lieber Herr Clerici,
die Redaktion hat mir Ihre Mailadresse gegeben, und nach längerem Nachdenken kam ich darauf, dass ich sie wahrscheinlich nicht meistbietend auf eBay versteigern soll, sondern sie dazu gedacht ist, mich mit Ihnen kurzzuschließen, denn wir sollen ja zusammen die »Er sagt/Sie sagt«-Kolumne in der Cosmopolitan schreiben.

Ich wäre dann also ab sofort Ihre »Sie«. Soll ich mich kurz vorstellen? Ach was, Sie werden ja längst von mir gehört haben! Deutschlands Edelfeder Nummer eins, berüchtigt als Buchautorin, vor allem als »Anne Hertz«, denn unter diesem Pseudonym verfasse ich gemeinsam mit meiner Schwester Frauke heitere Frauenromane. Ja, Frauenromane, Herr Clerici, Sie sehen also, man hat Ihnen eine echte Expertin zur Seite gestellt, auf dass wir in Zukunft alle Probleme durchhecheln, die Männer und Frauen so miteinander haben können. Davon gibt es ja reichlich. Und sollten sie uns doch mal ausgehen, werden wir sie bei der Zusammenarbeit vermutlich schon sehr bald bekommen.

Unsere erste Mission lautet, die folgende Frage zu klären: »Warum brauchen Männer so lange im Bad?« Dabei sollten Sie, denke ich, anfangen. Was ja auch irgendwie logisch erscheint, denn Sie sind doch ein Mann, oder?

Außerdem frage ich mich gerade – beziehungsweise frage ich Sie (denn für mich habe ich diese Frage bereits beantwortet) –, ob es nicht vielleicht ganz gut wäre, wenn wir uns selbst auch mal ein paar Themen überlegen, statt sie von der Redaktion aufokt ... oct ...

aufoktru … na, Sie wissen schon, zu bekommen. Was meinen Sie? Und uns eventuell im Vorfeld gegenseitig die Textentwürfe zuschicken, damit jeder von uns kurz draufgucken kann. Ich finde es ganz charmant, wenn man sich aufeinander bezieht.

Das einfach nur mal als kleine Idee. Dürfen Sie auch gern doof finden, dann halte ich ab sofort meinen Rand.

Liebe Grüße aus Hamburg,
Wiebke Lorenz (ja, *die* Wiebke Lorenz)

Von: Christian Clerici – **An:** Wiebke Lorenz
Gesendet: Mittwoch, 17. Dezember 2008 11:23
Betreff: Re: Er sagt/Sie sagt

Hallo, liebe *die* Wiebke Lorenz,
das ist ja mal eine schöne Überraschung. *Die* Wiebke Lorenz! Klar kenne ich *die* Wiebke Lorenz, ich glaube sogar, dass mein Urgroßvater ein Poster von Ihnen in der Garage hängen hatte. Ich darf mich also auf den Austausch mit einer reiferen Dame einstellen. Auch gut.

Ich vermute, die Grundidee der »Er sagt/Sie sagt«-Kolumne ist wohl, dass ich mir irgendwas Männliches von der Seele schreibe und Sie dann einfach draufhauen. Ob mir das so gefällt oder nicht, mag ich gar nicht beurteilen, denn ich bin einerseits hart im Nehmen, andererseits ist es mir bis zu einem gewissen Grad auch egal. Mir soll es auch recht sein, wenn wir im Zuge der Zusammenarbeit Probleme bekommen, denn Sie wissen ja, wie willkommen dieser Vorwand für Männer ist, um das Weite zu suchen.

Ihren Vorschlag, Themen vorzuschlagen, finde ich geradezu genial, denn auf diese Weise können wir völlig neue Problemzonen zwischen Mann und Frau erschaffen und sind nicht, wie so viele orientierungslose moderne Menschen, von den ultimativen Erkenntnissen einer Frauenzeitschrift abhängig. Gerade die Weihnachtszeit ist dank Weihrauchschwaden und jeder Menge versöhnlicher Aura ideal, um so ein Projekt zu beginnen, denn falls das Beziehen aufeinander doch zum

Supergau führt, können wir immer noch in Frieden unserer Wege gehen. Vielleicht sollten wir vorweg auch gleich die Frage klären, wer beim Aufeinanderbeziehen oben liegt? Anbei mein Badtext.

Warum brauchen Männer so lange im Bad?
Ich habe Frauen erlebt, die so lange im Bad brauchten, dass ich bereits eine Vermisstenmeldung in Betracht zog; ich habe, in fröhlicher Erwartung ihrer Rückkehr, tagelang vor Damenumkleidekabinen campiert – und bin noch nie gemeinsam mit einer Frau rechtzeitig zu einem Termin erschienen ... Was bei Frauen reiner Mutwillen ist, wird bei uns Männern durch eine Urangst bedingt. Wir nehmen uns deshalb so viel Zeit für die Körperpflege, weil wir Angst haben, nur halb gewaschen und unrasiert wieder ins richtige Leben zurückzukehren. In ein Leben, in dem es auch Frauen gibt, die angeblich alles behände, flink, präzise und effektiv erledigen. Manchmal dauert es auch etwas länger, weil Männer unter der Dusche das vertraute Gespräch mit sich selbst suchen, während brühwarmes Wasser ihre schmutzigen Fantasien in den Abfluss spült. Gespräche, bei denen Frauen sowieso nur einschlafen oder Migräne bekommen würden, weil es wieder einmal um kernige Bedürfnisse geht. Beim Shoppen von Klamotten benötigen wir aus ähnlichen Gründen länger als Frauen, weil wir uns so lange im Spiegel betrachten müssen, bis wir sicher sein können, dass es den Damen gefällt. Das Gleiche gilt fürs Workout: Erst nach Stunden sind wir stark genug für das schwache Geschlecht. Im Supermarkt ist Eile auch nicht angezeigt, denn wer schon einmal den falschen Slimshapemultialwaysslenderforeveryoungyoghurt nach Hause gebracht hat, wird sich an die enttäuschte Reaktion seiner Lebensbeschleunigerin ewig erinnern. Um es ausnahmsweise kurz zu machen: Es gibt aber auch jede Menge Sachen, bei denen Männer ganz schnell zum Punkt kommen. Wettsaufen, Speedbowlen, Streit anfangen, Vollgas geben, störende Fremdkörper aus der Nase schälen und Sex natürlich. Das hätte ich jetzt vor lauter schnell, schnell fast vergessen.

Von: Wiebke Lorenz – **An:** Christian Clerici
Gesendet: Mittwoch, 17. Dezember 2008 15:55
Betreff: AW: Re: Er sagt/Sie sagt

Lieber Herr Clerici,
zuerst einmal – Sie sagten ja, Sie seien hart im Nehmen – im Anhang meine Antwort auf die langsamen Männer …

Vielleicht können wir es in Zukunft so machen: Wenn Sie geschrieben haben, schicken Sie mir Ihren Text, ich antworte und maile an Sie zurück, und dann können Sie noch etwas ändern (an *Ihrem* Text, nicht an *meinem* – ich bin selbstverständlich eine unfehlbare Schreibkoryphäe, quasi ex cathedra!).

Hier nun *meine* Badtheorie.

Warum brauchen Männer so lange im Bad?
So, so, Herr Clerici, Sie machen diesen ganzen Aufstand also nur für uns? Dann erzähle ich Ihnen – und Ihren Artgenossen – mal was: Ich hatte mal einen Freund, der sah immer so aus, als hätte er sich aus einem Rotkreuz-Container eingekleidet. Seine Matte stand in alle Himmelsrichtungen ab, einen Rasierer kannte er nur von mir, und seine Jahresgesamtkosten für Drogerieartikel beliefen sich auf etwa 2,53 Euro. Ich habe diesen Mann sehr geliebt. Weil er ein MANN war. Einer, neben dem ich mich wie eine Frau fühlen konnte. Eine Frau, die nicht darum wetteifern musste, das schönere Geschlecht zu sein, einfach deshalb, weil es an seiner Seite so überaus offensichtlich war. Leider sind solche Kerle heute rar gesät. Typen, die sich hinstellen und sagen: »Na und? Ich rieche halt nach Testosteron!« Nein, Herr Clerici, die meisten Männer sind betrüblicherweise genau wie Sie und glauben, wenn sie sich die Brust enthaaren, werfen wir Frauen uns wie von Sinnen daran. Das ist aber Quatsch. Wir wollen einen, der lässig ist. Einen wilden Hund, der um seine Präsenz weiß, auch, wenn er in einem verschwitzten T-Shirt steckt. Allein die Vorstellung, dass ein Mann vorm Regal rumlungert, weil er sich nicht zwischen Slippern von Tod's und Budapestern von Lloyd entscheiden kann, versetzt die

weibliche Libido in einen Schockzustand. Das ist unser Revier, unsere Domäne! WIR wollen unsere bezaubernden Füßchen in immer wieder neuen Modellen sehen, Herrgott noch mal! WIR wollen stundenlang das Bad blockieren, um unser Date anschließend aus den Schuhen zu hauen, völlig egal, aus welchen. Und, lieber Christian, noch ein gut gemeinter Tipp: Wer seiner Liebsten freiwillig einen Slimshapemultialwaysslenderforeveryoungyoghurt im Supermarkt besorgt – der sortiert demnächst auch ihre Unterwäsche …

PS Und bidde, bidde nicht über die enthaarte Brust verschnupft sein, das ist nicht so gemeint. They made me do it ;-)

Von: Christian Clerici – **An:** Wiebke Lorenz
Gesendet: Mittwoch, 17. Dezember 2008 16:27
Betreff: Re: AW: Re: Er sagt/Sie sagt

Großartig! Können Sie sich vorstellen, was Sie, würden wir in der umgekehrten Reihenfolge schreiben, da von mir zu hören bekämen?

Eine ganze Heerschar von Therapeuten würde nicht ausreichen, um welche Ihrer sich auch immer im Schockzustand befindlichen Befindlichkeiten wieder auf Kurs zu bringen. Allein die Vorstellung von Ihrem Freund, der sich da so praktisch aus der Altkleidersammlung bediente, macht mich schwindelig. Lediglich der Verdacht, Sie könnten ihn tatsächlich geliebt haben, lässt mich von einer wirklich üppigen Wortwahl absehen.

Man kann, nebenbei bemerkt, auch Männer lieben, die sich pflegen – ganz zu schweigen davon, dass auch unter solchen richtige Schweine zu finden sind. Und noch was: Typen, die zwischen Slippern von Tod's oder Budapestern von Lloyd unterscheiden wollen oder müssen, haben sowieso verloren. Sie bemühen da ein Männerbild, das in meinen Kreisen liebevoll als »sexuell noch nicht festgelegt« bezeichnet wird (obwohl wir da schon eine ganz deutliche Vermutung haben, in welche Richtung das gehen wird).

Und was die Definition vom »schöneren Geschlecht« betrifft, habe ich festgestellt, dass sich da auch meistens nur die schiachen Weiber in Vergleiche flüchten. Das ist umgekehrt etwa so wie der unter Männern angeblich verbreitete Spruch: Es kommt nicht auf die Größe an. Auch da gilt: Das kommt meistens von Heinis, die sich mit Kleinigkeiten arrangiert haben ...

Übrigens, geschätzte Frau Lorenz, wenn Sie das nächste Mal im Supermarkt sind, denken Sie bitte auch daran, gleich ein paar Rasierer für Kerle einzupacken, denn vielleicht hat der Typ in Ihrer Dusche ja einfach nur keine Lust, sich mit Silkytritzitrutzirosaladyglattmoothshavern die Visage zu glätten. Würde er aber gern, weil Sie ihm nach der letzten Knutscherei echt leidtaten, wie Sie da so mit flächigen Abschürfungen rund um den Schmollmund rumstanden und Ihre Freundinnen nicht so recht wussten, ob sie jetzt lachen oder sich wegen des Geruchs seines testosterongeschwängerten T-Shirts erbrechen sollten.

Fröhliche Weihnachten!

PS Das mit der Brust nehme ich Ihnen keineswegs übel, denn die, die mich kennen, wissen eh, wie es dort aussieht. Und die anderen, die mich noch kennenlernen werden, haben dann wenigstens schon ein schönes Vorurteil. Und nachdem das eh meine liebste Beschäftigung ist, selbige samt Ihren Trägern umzuhauen, ist mir das nur recht.

Von: Wiebke Lorenz – **An:** Christian Clerici
Gesendet: Mittwoch, 17. Dezember 2008 16:47
Betreff: AW: Re: AW: Re: Er sagt/Sie sagt

»Und was die Definition vom ›schöneren Geschlecht‹ betrifft, habe ich festgestellt, dass sich da auch meistens nur die schiachen Weiber in Vergleiche flüchten.«

Okay, auf diese *Frechheit* muss ich doch noch einmal reagieren. Pah! *Sie wissen ja gar nicht, wie ich aussehe, Sie werden sich noch wundern, Sie!!!* Und jetzt muss ich kurz zu meinem Therapeuten ...

Von: Christian Clerici – **An:** Wiebke Lorenz
Gesendet: Mittwoch, 17. Dezember 2008 16:56
Betreff: Re: AW: Re: AW: Re: Er sagt/Sie sagt

»Um Gottes willen«, würde der Kerl im verschwitzten T-Shirt sagen, »nun hab dich mal nicht so. Ich meine doch nicht dich, sondern die Tante an der Kassa von der Geisterbahn, die mir immer so schöne Augen macht.«

»Du Schwein«, würden Sie dann sagen, »wenn du das jetzt zurücknimmst, bist du ein Weichei!«

»Was soll's«, würde das T-Shirt grinsen und mit einem Schuh der Marke Terra Plana oder Koil nach Ihnen werfen. »Du bist mir doch eh nicht wirklich böse.«

Der Mann im T-Shirt ist übrigens Therapeut, hat aber gerade nicht so viel Kundschaft, weil seine mangelnde Körperpflege doch ein wenig störend auf die Öffnung der Seele wirkt.

Von: Wiebke Lorenz – **An:** Christian Clerici
Gesendet: Mittwoch, 17. Dezember 2008 17:04
Betreff: AW: Re: AW: Re: AW: Re: Er sagt/Sie sagt

Herrje, wenn Sie mir weiter so was schreiben, komme ich hier zu nix mehr, weil ich

a) so dermaßen lachen muss und Sie
b) damit meinen pathologischen Erwiderungszwang triggern.

So. Aus. Schluss. Ich muss noch was für das XYZ-Magazin schreiben. (Oder wollen Sie mir das vielleicht abnehmen?)

Liebe Grüße
W.

PS Das mit dem Rotkreuz-Container-Typen war gelogen.
PPS Alles andere in meinen Texten selbstverständlich auch!

Von: Christian Clerici – **An:** Wiebke Lorenz
Gesendet: Mittwoch, 17. Dezember 2008 17:17
Betreff: Re: AW: Re: AW: Re: AW: Re: Er sagt/Sie sagt

Ich weiß. Frauen lügen doch, wenn sie nur den Mund aufmachen. Männer auch, aber sie müssen dazu nicht einmal die Lippen bewegen.

Für das XYZ-Magazin also. Das ist doch dieses leicht linke Flach... Verzeihung ... Fachblatt für Menschen, die Schwachsinn in seriöser Verpackung lesen. Sozusagen die BILD-Zeitung der Pseudointellektuellen. Ich habe im Zusammenhang mit dem XYZ-Magazin immer das betroffene Fernsehgesicht eines slicken Anzugträgers mit Föhnfrisur vor Augen, der gern den Superjournalisten aus seinem Aktenberg raushängen lässt, im Grunde aber über den gleichen Scheiß wie die Kollegen von der Konkurrenz berichtet.

Okay, okay, Sie haben recht, so kann das mit uns nicht weitergehen, denn auch mir läuft die Zeit davon. Ich habe heute nämlich noch einen Termin im »Hotrod Hangar«. Das ist dort, wo unsere Rennautos stehen, wo es nach Benzin riecht und die polnische Putzfrau nicht nur sauber macht. Und *das* stimmt. Beinahe.

Von: Wiebke Lorenz – **An:** Christian Clerici
Gesendet: Mittwoch, 17. Dezember 2008 17:55
Betreff: AW: Re: AW: Re: AW: Re: AW: Re: Er sagt/Sie sagt

So, so, was macht die Putzfrau denn sonst noch so? Nein, sagen Sie es mir bitte nicht, ich bin ein anständiges Mädchen mit einer empfindsamen Seele ...

Und was Ihre Einschätzung meiner Arbeit für verschiedene Medien betrifft: Da Sie es offenbar immer noch nicht begriffen haben, sage ich es Ihnen an dieser Stelle *noch mal:* Man hat Ihnen eine *SPITZENAUTORIN* zur Seite gestellt! Den absoluten *Oberknaller! Und Bestsellerautorin!!!* Jahawohl, so sieht das nämlich aus. Nur, damit hier in Zukunft keine Missverständnisse mehr aufkommen.

Von: Christian Clerici – **An:** Wiebke Lorenz
Gesendet: Donnerstag, 18. Dezember 2008 01:28
Betreff: Re: AW: Re: AW: Re: AW: Re: AW: Re: Er sagt/Sie sagt

Ich bin erst jetzt nach Hause gekommen und leicht betrunken. Das ist nicht schlimm, keine Sorge, denn ich werde unter Alkoholeinfluss meistens ganz versöhnlich.

Natürlich sind Sie eine Spitzenautorin, und auch Ihre empfindsame Seele ist der *Hammer*. Und weil auch ich eine empfindsame Seele bin, habe ich vollstes Verständnis für die Wichtigkeit, Ihre Ansprüche als Autorin hervorzuheben.

Im Übrigen habe ich nicht Ihre Arbeit eingeschätzt, sondern nur das Medium, für das Sie arbeiten. Das schätze ich, im Unterschied zu Ihrer Arbeit, nicht besonders. Vermutlich zwingt man Sie dazu.

Von: Wiebke Lorenz – **An:** Christian Clerici
Gesendet: Donnerstag, 18. Dezember 2008 06:41
Betreff: AW: Re: AW: Re: AW: Re: AW: Re: AW: Re: Er sagt/Sie sagt

Für Menschen, die unter Alkoholeinfluss versöhnliche Mails verschicken, hege ich ja die größten Sympathien. Denn auch ich schalte in diesem Zustand meist in den »Heal the world«- und »Schwamm drüber«-Modus. Da tickere ich gern mal ehemalige Liebschaften an und schreibe »Hey, lass uns doch wieder gut miteinander sein, ist doch nicht so schlimm, dass du mir damals, als wir uns getrennt haben, den Schrank zertrümmert hast, kann ja mal passieren ...«

In den USA gibt es diese Bewegung der »Drunk Dialers«. Eine Art AA für Leute, die im Vollsuff zum Hörer greifen, um Dinge loszuwerden, die sie immer schon mal sagen wollten. Und die ... Jetzt habe ich leider gerade den Faden verloren, was ja um diese Uhrzeit irgendwie verständlich ist. Denn – um erneut darauf hinzuweisen, wie wichtig, wichtig, *wichtig*, ich bin – ich stehe mit einem Bein im Zug nach Berlin, weil da ein TV-Interview anliegt. Beim Sensationssender FAB (Fernsehen aus Berlin), ja, ich werde es weit bringen!

Und so rufe ich Ihnen, während mir bereits der Fahrtwind des eindonnernden ICE um die Ohren pfeift, nur noch schnell zu: Das mit dem Medium und meiner Arbeit habe ich schon ganz richtig verstanden. Aber ich bin eine *Frau*: Ich *muss* die Aussagen meines Gegenübers so verdrehen, dass das Gegenteil dabei herauskommt.

Es grüßt auf dem Weg in die Hauptstadt:
W.

Von: Wiebke Lorenz – **An:** Christian Clerici
Gesendet: Freitag, 19. Dezember 2008 08:41
Betreff: An die Waffen

Guten Morgen, Herr Clerici,
die Redaktion schickte mir gestern das neue Thema zu und sagte, dass wir es unter uns ausmachen können, wer anfängt und wer reagiert. Und wenn Sie möchten, kann ich diesmal gern vorlegen und dann Ihre Hinrichtung erwarten. Das Thema lautet: »Sollte man sich zu Beginn einer Beziehung rarmachen?« Was meinen Sie?

Von: Christian Clerici – **An:** Wiebke Lorenz
Gesendet: Freitag, 19. Dezember 2008 09:06
Betreff: Re: An die Waffen

Ich sitze im Zug nach München und mache mich rar.

»Wohin des Wegs, Mann meines Lebens?«, säuselte mein unterwürfig Weib heut' Morgen.

»Weg«, entgegnete ich knapp, »ich brauche mal wieder etwas Abstand.« Sprach's und machte mich vom Hof.

»Ach, mein Süßer, magst du nicht bleiben? Ich vermisse dich jetzt schon ganz doll.«

»Halts Maul und geh mir nicht auf die Nerven, Schnecke«, brüllte ich aus dem Halbstock zurück.

Dann bin ich aufgewacht und musste mich sputen, um den Zug, in dem ich wirklich sitze, noch zu erreichen. Jetzt bin ich verwirrt. Was will der Traum mir sagen? Hmmm.

Ja doch, legen Sie mal vor, verehrte Frau Lorenz, ich bin in Stimmung, um Unheil anzurichten.

Von: Wiebke Lorenz – **An:** Christian Clerici
Gesendet: Freitag, 19. Dezember 2008 10:44
Betreff: AW: Re: An die Waffen

Als Expertin der Freud'schen Traumdeutung ist es mir ein Leichtes, Ihnen zu sagen, was das bedeuten sollte:

Finger weg von den illegalen Drogen!!!

So, und nun hole ich zum großen Rundumschlag bezüglich »sich rarmachen« aus.

Von: Christian Clerici – **An:** Wiebke Lorenz
Gesendet: Freitag, 19. Dezember 2008 11:05
Betreff: Re: AW: Re: An die Waffen

Ach so, jetzt verstehe ich alles. Ich wusste nur nicht, dass es illegal ist. Danke, Frau Lorenz, Sie haben mich vor Schlimmerem bewahrt. Dann hauen Sie mal in die Tasten, Wahltochter des Sigmund.

Von: Wiebke Lorenz – **An:** Christian Clerici
Gesendet: Samstag, 20. Dezember 2008 01:48
Betreff: Ist das doof?

Sagen Sie doch bitte mal! Ich war schon mal lustiger, oder?

Von Selbstzweifeln zerfressen:
Wiebke

Sollte man sich zu Beginn einer Beziehung rarmachen?

Es liegt mir wirklich fern, hier immer auf Ihrer kurz bevorstehenden Goldhochzeit herumzureiten, lieber Herr Clerici. Aber seien wir doch mal ehrlich: Sie sind doch schon so lange raus aus dem aktiven Partnerfindungsgeschäft, dass Sie zum Thema »sich am Anfang rarmachen« vermutlich gar nichts Vernünftiges beitragen können. Weil Sie überhaupt nicht mehr wissen, wie sie sich anfühlt, die Magie der ersten Wochen einer neuen Liebe, die Zeit, in der noch alles frisch und neu ist, in der man stundenlang vorm Telefon hockt und sich rund um die Uhr die Klamotten vom Leib reißen möchte ... Und weil ich als serielle Monogamistin quasi Deutschlands führende Expertin auf diesem Gebiet bin, erkläre ich Ihnen jetzt einfach mal kurz, wie es sich in dieser Angelegenheit verhält: Also, wir Frauen machen uns aus taktischen Erwägungen rar. Denn wir wissen, dass Distanz automatisch zu Nähe führt. Es macht IHN wahnsinnig, wild, erweckt seine größten Liebhaberqualitäten, wenn wir ihn immer wieder ein bisschen von uns wegschubsen. Ein Schrittchen vor und zwei zurück, darin sind wir Frauen wahre Meisterinnen. Bei Männern ist das anders. Männer können nicht taktisch denken. Jedenfalls nicht, wenn es um Beziehungsfragen geht. Ein Kerl, der sich rarmacht, hat ein pathologisches Nähe-Distanz-Problem. Und vermutlich ein gestörtes Verhältnis zur Mama. Oder er wohnt noch bei ihr, was ja im Wesentlichen auf dasselbe hinausläuft. Männer, die sich rarmachen, sind Idioten. Denn sie haben das jahrtausendealte Spiel einfach nicht begriffen: ER wirbt, SIE wählt aus. So weit klar, Herr Clerici? Und jetzt kramen Sie mal in Ihrem Gedächtnis und versuchen Sie, sich daran zu erinnern, wie das damals bei Ihnen und Ihrer Frau war. Sollte es Ihnen nicht einfallen, machen Sie sich keine Sorgen. Das ist kein Alzheimer. Es ist einfach nur schon zu lange her.

PS Ach so: Ich persönlich mache das natürlich anders und renne einem Kerl, der mir gefällt, immer sofort die Bude ein. Erwähnte ich schon, dass ich mehr Theoretikerin als Praktikerin bin ... ?

Von: Christian Clerici – **An:** Wiebke Lorenz
Gesendet: Samstag, 20. Dezember 2008 11:46
Betreff: Ich mache mich rar ...

... und fühle mich auch wie ein Idiot. Nicht, weil ich mich rarmache, sondern weil ich erst jetzt nach Hause gekommen bin. Nein, nicht nach Hause, ins Hotel.

Ich sehe gerade etwas alt aus und habe mich wieder einmal von meinem Kumpel Tim Mälzer zur durchgemachten Nacht verführen lassen. Oder ich habe ihn verführt, ich weiß es nicht mehr. Jedenfalls werde ich mich jetzt in den Zug setzen und nach Wien fahren. Vielleicht beschäftige ich mich dann mit Ihren geschätzten Zeilen, vielleicht falle ich aber auch in Ohnmacht.

Haben Sie keine Selbstzweifel, das lohnt sich nicht. Ich hab's noch nicht wirklich gelesen, dazu bin ich jetzt echt zu fertig, aber was soll schon falsch dran sein?

So, Frau Autorin, ich mach mich dann mal vom Acker. Muss schauen, dass ich auf dem Weg zum Bahnhof nicht von einem Laster überfahren werde.

Feuchtfröhlichst,
C.

Von: Wiebke Lorenz – **An:** Christian Clerici
Gesendet: Samstag, 20. Dezember 2008 16:20
Betreff: Re: Ich mache mich rar ...

Na, das klingt doch so, als hätten Sie sich einen bunten Abend gemacht. Hervorragend! Und bitte fühlen Sie sich nicht wie ein Idiot, manchmal muss man das Leben halt aus Eimern saufen. (Sie hätten mich mal gestern nach der Weihnachtsfeier vom Axel Springer Verlag sehen sollen, der Anblick war wahrlich auch nicht so schön.)

Und nun bereite ich ebenfalls einen bunten Abend vor: ein weihnachtliches Entenessen mit Freunden. Sie wissen schon, diese kultivierte Veranstaltung, bei der Menschen bei gutem Wein zusammensitzen und gepflegte Gespräche führen ...

Von: Christian Clerici – **An:** Wiebke Lorenz
Gesendet: Samstag, 20. Dezember 2008 16:39
Betreff: AW: Re: Ich mache mich rar ...

Ach, was für eine wunderbare Vorstellung! Gepflegte Gespräche, Wein und eine Ente dazu. Würden mir auf Anhieb nicht tausend spannendere Dinge einfallen, würde ich Sie jetzt beneiden. So aber sitze ich mit dickem Kopf im Zug nach Wien, habe mich sehr amüsiert über Ihren Text und mir auch schon die Freude bereitet, etwas zu erwidern. Meine Liebe, mit mir haben Sie sich nämlich auch einen Experten eingetreten, einen Weltenbeauftragten sozusagen.

Sollte man sich zu Beginn einer Beziehung rarmachen?
Frauen, die sich aus taktischen Erwägungen rarmachen, finde ich großartig. Manche machen sich sogar so rar, dass sie gar nicht mehr auftauchen, und das erweist sich immer wieder als echter Segen. Wichtig bei diesem Spielchen ist: Immer schön die Augen offen halten, denn schnell können einer Frau die strategischen Schritte nach vorn und zurück böse zum Verhängnis werden. Ganz leicht stolpert sie bei diesem Kasperltheater oder wird mit einer balzenden Auerhenne verwechselt. Kein Wunder also, dass Frauen von Männern oft als Beutetiere ausgemacht werden. Dieses Gezappel macht uns tatsächlich wahnsinnig wild. Mit der Betonung auf wahnsinnig. Was meine von Ihnen zitierte Goldhochzeit betrifft, verehrte Frau Lorenz, können Sie das Pferd im Stall lassen. Gerade WEIL ich mich daran erinnern kann, wie sich die Magie der ersten Wochen anfühlte und sie immer noch da ist, lebe ich schon so lange mit dieser wunderbaren Frau, die, wenn sie etwas will, einfach einen einzigen großen Schritt macht. Und zwar in die richtige Richtung. So simpel ist das. Als Mann ist mir auch unbegreiflich, wie man stundenlang vor dem Telefon hocken kann, es gibt in der

Psychotherapie sicher einen Fachausdruck dafür. Und sich ständig die Kleider vom Leib reißen zu wollen, ist doch irgendwie auch befremdlich. Wenn man die Nähe einer neuen Liebe richtig lebt und den Typen nicht ständig wegschubst, wie sie so unsexy beschreiben, dann ist der Unsinn mit den Kleidern gar nicht nötig, weil man seine gemeinsame Zeit sowieso nur nackt verbringt. Übrigens, Sie bemühen da jahrtausendealte Rollenmuster. Nun, Sie wissen schon, wie das damals in der Höhle gelaufen ist, wenn das Alphamännchen auf ein Weibchen zeigte, mit kehligem Grunzen »Du« sagte und der Auserwählten die Keule über den Schädel zog ...? Liebe Wiebke, ein Vorschlag zur Güte: Machen Sie sich doch einfach mal bis zu unserem nächsten Wortwechsel rar. Ich sage Ihnen dann, ob es mich wild gemacht hat.

Von: Wiebke Lorenz – **An:** Christian Clerici
Gesendet: Samstag, 20. Dezember 2008 17:05
Betreff: Re: AW: Re: Ich mache mich rar ...

Irgendwie finde ich es gerade besser, wenn SIE in Zukunft doch immer anfangen ... Autsch. Wenn Sie trotz dickem Kopf so ausholen können, möchte ich nicht wissen, was passiert, wenn Sie ausgeschlafen und frisch sind! Sie lassen mich ja wirklich dumm dastehen. Aber ich kann das ab. Denke ich.

Haben Sie eigentlich eine Ausbildung zum Print-Journalisten? Sagen Sie jetzt bitte »ja«, sonst bekomme ich Depressionen. Und nun zurück zur Ente ...

Von: Christian Clerici – **An:** Wiebke Lorenz
Gesendet: Samstag, 20. Dezember 2008 17:26
Betreff: AW: Re: AW: Re: Ich mache mich rar ...

Nein, das habe ich natürlich nicht. Ich bin Lohnsprecher und schreibe aus reiner Eitelkeit. Hauptsächlich für die Autorevue (das Beste an

Motorpublikationen, wo gibt). Und ich schreibe Ihnen neuerdings einen Haufen Mails, aber das zählt, glaube ich, nicht richtig. Trotzdem danke für das Kompliment. Kann ich nur zurückgeben. Wir wechseln uns halt einfach ab mit der Vorlage, wenn's recht ist. Ja, und sonst fällt mir jetzt nur noch ein, dass ich da doch irgendwas über diese dioxinbelasteten Enten gelesen habe, die in Norddeutschland wie die Ambosse vom Himmel fallen ...

Guten Appetit!

Von: Christian Clerici – **An:** Wiebke Lorenz
Gesendet: Samstag, 20. Dezember 2008 18:58
Betreff: Re: AW: Re: AW: Re: Ich mache mich rar ...

Ich habe noch einmal nachgedacht, Frau Lorenz (auch wenn Sie das jetzt vielleicht von mir gar nicht erwartet hätten), und die Kolumne zum Thema »Warum brauchen Männer so lange im Bad?« umgeschrieben. Das würde natürlich bedeuten, dass Sie mich jetzt wieder neu vernichten müssten, aber gerade das sollte Sie doch reizen. Ich denke, wenn wir das vor Weihnachten raushauen, würde die Redaktion das vielleicht noch nehmen ...

Warum brauchen Männer so lange im Bad?
Warum Männer so lange im Bad brauchen, ist ganz einfach: Weil sie dreckig sind. Männer greifen halt auch dort hin, wo Frauen, aus Angst davor, sich die Hände schmutzig zu machen, zurückzucken. Das kann ein schlammiger Hund sein oder auch ein Griff ins Klo, was im Prinzip ein und dasselbe ist. Männer nehmen sich auch gern mal die eine oder andere Minute, um ihre schmutzigen Fantasien zusammen mit einem ganzen Schwarm von ungeborenen Kindern in den Abfluss zu spülen. Woher hingegen die Wahrnehmung kommt, Männer würden sich beim Shoppen Zeit lassen, ist mir unbegreiflich. Ich zum Beispiel hasse Shoppen, ich lasse mir viel lieber was schicken, und wenn's mir nicht gefällt, geht das

Zeug wieder zurück. Umgekehrt erinnere ich mich an Momente, in denen meine Frau in einer Umkleidekabine verschwandt und ich mir nach ein paar Stunden nicht mehr sicher war, ob wir wirklich zusammen gekommen waren oder ob mich irgendein fehlgeleiteter Nervenimpuls dazu gezwungen hatte, in der Damenabteilung von H&M, Anschluss zu suchen. Doch gerade, als ich gehen wollte, schwebte die Prinzessin durch den Vorhang der Zeitmaschine und fragte mich, ob ich mich nicht vielleicht langweile. Ins Fitnessstudio gehen Männer nur, um Frauen zu beeindrucken. Nachdem das aber durch deren neues Selbstbewusstsein immer seltener von Erfolg gekrönt ist, dauert es halt eine Weile, bis eine anbeißt. Und was die Geschichte mit dem Supermarkt betrifft, gibt es auch eine ganz simple Erklärung: Wer seiner Lebensbeschleunigerin schon mal den falschen Slimshapemultialwaysslenderforeveryoungyoghurt nach Hause gebracht hat, der angeblich auf probiotischem Wege die Verdauung der Frau fördert(und offensichtlich nur die weibliche, denn ich habe in der Werbung noch nie von irgendeiner diesbezüglichen Wirkung auf den Mann gehört), der überlegt sich ganz sicher, ob er sich beim nächsten Mal nicht etwas mehr Zeit nimmt. Wie auch immer, falls das alles keine vernünftigen Argumente sind, Frau Lorenz, bleibt immer noch das Thema Sex. Und da sind wir Männer ja angeblich konkurrenzlos schnell.

Von: Wiebke Lorenz – **An:** Christian Clerici
Gesendet: Sonntag, 21. Dezember 2008 13:01
Betreff: Männer im Bad

Guten Morgen, lieber Christian,
heute ist mir ein wenig blümerant, was entweder an der dioxinverseuchten Ente oder den 15 leeren Weinflaschen liegt, über die ich gerade gestolpert bin. Wir waren zu acht. Sieben davon allerdings Autoren/Journalisten, was also quasi doppelt zählt ...

Wo war ich? Ach ja, es ging um Ihren neuen Badtext. Mir persönlich gefällt Ihre erste Version besser. Der neue Text ist auch sehr lustig, aber ich fühle mich da an der einen oder anderen Stelle irgendwie ein bisschen angefasst. Vermutlich liegt's an meiner Schulzeit auf einem katholischen Mädchenlyceum, aber vielleicht geht es anderen Frauen auch so ... Nicht dass ich mir nicht vorstellen möchte, wie ein ganzer Schwarm von ungeborenen Kindern in den Abfluss geht ... aber irgendwie möchte ich es mir nicht vorstellen. Und nun sagen Sie mir, ob ich prüde und verklemmt bin, ich kläre das dann mit meinem Therapeuten.

Von: Wiebke Lorenz – **An:** Christian Clerici
Gesendet: Sonntag, 21. Dezember 2008 19:19
Betreff: Böse?

Lieber Herr Clerici,
nun haben Sie mir noch gar nicht geantwortet, und ich frage mich, ob Sie mir böse sind, weil ich Ihre erste Version besser fand? (Sehen Sie, wie elegant ich das formuliert habe? Ich fand nicht Ihre zweite Fassung schlechter, nein, nein, ich fand die erste *besser*!) Ich bin doch so ein harmoniesüchtiger Mensch, bitte, bitte, nicht böse sein, ich, ich, ich ... Allein bei dem Gedanken, ich könnte Sie irgendwie verstimmt haben, kann ich mit Sicherheit jetzt nachts nicht mehr schlafen, mein Blutdruck steigt, mein Herz rast, mein gesamtes Selbstwertgefühl bricht in sich zusammen, unkontrollierbare Tränenausbrüche beuteln mich ...

Also gut, wir nehmen Ihren zweiten Text, der ist wunderbar, eine Sternstunde des Journalismus, Kisch-Preis, Pulitzer, ich sehe es deutlich vor mir!!!!! Wer bin ich denn, dass ich das beurteilen könnte, ein Wurm, ein Nichts, ein, ein, ein ... Niemand!

Ergebenste Grüße!

PS Oder haben Sie – ein Gedanke, der mir fast zu absurd erscheint, um ihn überhaupt zu formulieren – hin und wieder noch etwas anderes zu tun, als meine Mails zu lesen und mir zu antworten?

Von: Christian Clerici – **An:** Wiebke Lorenz
Gesendet: Sonntag, 21. Dezember 2008 19:32
Betreff: Re: Böse?

Quatsch, gnä' Frau, bitte etwas mehr Selbstvertrauen. Tatsächlich habe ich den heutigen Tag mal nicht in der Nähe eines Computers verbracht. Aber keine Sorge, da bin ich ja wieder. Muss doch nachsehen, ob meine eBay-Verkäufe ein paar Millionen in die Kasse spülen. Die würde ich dann wieder auf die Bank tragen und den Burschen dort auf die Schulter klopfen: »Ihr habt schon einmal meine Altersvorsorge verzockt, nehmt auch noch das, es belastet mich sowieso nur.«

Mir ist beides recht. Meine Frau Marion fand den ersten Text auch besser. Natürlich geht das keinen was an, wer oder was da seinen Weg in die Kanalisation findet, anderseits dachte ich immer, dass Frauenzeitschriften hin und wieder nach so etwas verlangen, weil es die Klischees erfüllt. Jedenfalls bin ich da schmerzfrei.

Gegen zu hohen Blutdruck gibt es Medikamente, und wenn Sie wirklich viele Tränen vergießen, müssen Sie unbedingt salzig essen, damit der Mineralhaushalt im Gleichgewicht bleibt. Gegen Gleichgewichtsstörungen gibt es *auch* Medikamente.

Werfen Sie ein kaltes Stück Ente gegen die Wand oder kauen Sie auf einem Knochen herum. Das beruhigt. Und bitte ergeben Sie sich nicht, bevor die Schlacht richtig begonnen hat.

Von: Wiebke Lorenz – **An:** Christian Clerici
Gesendet: Sonntag, 21. Dezember 2008 19:43
Betreff: AW: Re: Böse?

Hach, Erleichterung auf meiner Seite, ich hatte schon die schlimmsten Horrorszenarien im Kopf ... Beste Grüße an die werte Gattin, die offensichtlich meine Meinung teilt. Schmerzfrei bin ich übrigens auch, morgens pfeife ich mir immer einen Cocktail aus Diclofenac und Amaretto rein, der hilft in der Regel recht gut ... Trotzdem danke für Ihre Genesungstipps, Sie sind wie eine Mutter zu mir!

Von: Christian Clerici – **An:** Wiebke Lorenz
Gesendet: Sonntag, 21. Dezember 2008 22:45
Betreff: Mutti

Ich möchte auf keinen Fall Ihre Mutter sein!!!

Von: Wiebke Lorenz – **An:** Christian Clerici
Gesendet: Montag, 22. Dezember 2008 10:59
Betreff: Re: Mutti

Lieber Christian,
so, nun habe ich meine innere Festplatte gerade hochgefahren (wir Künstler brauchen morgens ja meistens etwas länger, bis der Restalkohol vom Vorabend verdunstet ist) und kann Ihnen antworten.

Danke, dass Sie nicht meine Mutter sein möchten. Glauben Sie mir, das ist eine weise Entscheidung ...

Beste Grüße!
W.

PS Soll ich unsere Texte zum Thema »sich rarmachen« schon mal an die Redaktion schicken? So als Weihnachtspräsent, meine ich.

Von: Christian Clerici – **An:** Wiebke Lorenz
Gesendet: Montag, 22. Dezember 2008 16:17
Betreff: Kurzfassen

Ja, schicken, gut!

Sehen Sie, ich, mich, fasse, kurz. Weihnachten, noch nix fertig. Raaaahhhhh. Morgen, ich, weg. Eltern. Kekse. Schlafen. Vielleicht Mutter Internet. Dann wieder schreiben. Mehr.

Von: Wiebke Lorenz – **An:** Christian Clerici
Gesendet: Montag, 22. Dezember 2008 16:45
Betreff: Re: Kurzfassen

Okay, dann spiel ich mal Ihre Sekretärin. Bin ja von Natur aus eher unterwürfig veranlagt, wissen Sie? Die Redaktion hat mir übrigens schon das nächste Thema gemailt, diesmal geht es um die Frage »Sind Frauen die besseren Singles?«. Dabei möchte ich, dass Sie diesmal wieder anfangen, denn was soll ich als Singlefrau schon groß zu diesem Thema beitragen???

Zur Inspiration sende ich Ihnen eine Reportage, die ich als arme Singlefrau mal für eine Zeitschrift machen musste. Man schickte mich mehrmals durchs Hamburger Nachtleben, bekleidet mit bedruckten T-Shirts: »Wer repariert meinen Fernseher?«, »Ruf mich an!« (+ meine Handynummer), »Bin neu in Hamburg, wer zeigt mir die Stadt?« und »Ich will Sex heute Nacht!«. Dreimal dürfen Sie raten, welcher Spruch die meiste Resonanz erzeugte ...

Nun ja, wie Sie anhand der Fotos erkennen können, hatte ich bei dieser Aktion sehr viel Freude, denn ich bin ja per se für jeden Scheiß zu haben. Aber das ist Ihnen sicher schon aufgefallen.

Ich schicke Ihnen den Artikel mit Bildern als PDF. Nicht damit Sie darin nicht herumfuddeln können (das zwar auch, würde ich so direkt aber natürlich nie sagen), sondern weil die Datei dann viel kleiner ist. Denn als Word-Dokument ginge es wohl schneller, es höchstpersönlich nach Wien zu tragen. Außerdem möchte ich nicht, dass Ihr Postfach in die Knie geht.

So. Ich gehe jetzt ins Wasser, äh, in die Wanne zwecks Erkältungsbad.

Wiebke

PS Und bitte auch herzliche Grüße an die gesamte Sippe!

Von: Christian Clerici – **An:** Wiebke Lorenz
Gesendet: Montag, 22. Dezember 2008 17:05
Betreff: AW: Re: Kurzfassen

Es ist wie ein Reflex. Wenn Sie schreiben, muss ich auch. Ob Sie nun in der Wanne sitzen oder nicht, macht da keinen Unterschied.

Was eine logische Antwort auf Ihre Frage zu den Reaktionen auf das ganz schön kindische Experiment mit den T-Shirts betrifft, finde ich dreimal raten zu dürfen etwas übertrieben. Natürlich haben Sie unzählige Angebote für die Reparatur Ihres Fernsehers bekommen, vorwiegend von Frauen, vermute ich, denn Übersprungshandlungen aus Mitleid sind unter Ihren Geschlechtsgenossinnen meiner Erfahrung nach weit verbreitet.

Mein Postfach geht im Übrigen vor niemandem in die Knie, ich stehe nämlich auf emanzipierte Fächer. Und noch etwas: Sie würden sich wundern, wie großartig man in einem PDF-Dokument herumfuddeln kann, aber dazu bedarf es halt profunder Computerkenntnisse, und ich will Sie da jetzt kurz vor Ihrer rituellen Erkältungswaschung nicht mit unnötigem technischem Krimskrams belasten.

Meine Sippe lassen Sie auf eigene Verantwortung grüßen. Die kann mitunter recht mühsam sein, und wenn sie erst mal einen Narren an Ihnen gefressen hat, machen Sie schon mal besser den Nordflügel klar, denn nicht immer weiß meine Sippe schon im Dezember, wo sie im Januar wohnen wird.

Wer sind die besseren Singles – Männer oder Frauen?

Wenn ich noch mal geboren werde, möchte ich als Singlefrau zur Welt kommen. Ich halte Singlefrauen nämlich für die glücklichsten Wesen im Universum. Nie wieder müsste ich dann einen potenziellen Paarungspartner so lange auf alkoholische Getränke einladen, bis er sich endlich meiner erbarmt. Keine leeren Versprechungen mehr, um ans Ziel zu kommen, keine kleinen Aufmerksamkeiten, mühsam abgepresste Unterhaltszahlungen und kein geheucheltes Verständnis. Ein Fingerschnippen … und mir würde alles zu Füßen liegen. Dass mich die verheirateten und beziehungserprobten Art-

genossinnen im Gegenzug als ständige Konkurrenz betrachten oder, noch schlimmer, wenn ich, sagen wir, allein erziehend mit einem Kind und einem Haufen Affären das Leben genieße, als Schlampe und schlechte Mutter abkanzeln würden, könnte ich ertragen. Schließlich haben sich auch meine Freundinnen anfangs auf die Suche nach dem Mann fürs Leben gemacht. Nach einem, der gut aussehend, stark, potent, klug, abenteuerlustig, furchtlos, einfühlend, maskulin und mutig ist, und am Ende dann doch nur einen gefunden, der maximal eine dieser Eigenschaften ins gemeinsame Leben eingebracht hat. Ich weiß nicht, ob die Vorsehung dieses Schicksal für mich bereithält. Aber ganz sicher wäre die Reinkarnation als Singlefrau spannender, als wenn der Weg zur endgültigen Weisheit über ein Leben als gut aussehender, starker, potenter, kluger, abenteuerlustiger, furchtloser, einfühlender, maskuliner, mutiger und verheirateter Mann führte, denn wie sich das anfühlt, weiß ich bereits. Aber selbst wenn alle diese Überlegungen Blödsinn sind, habe ich noch ein Argument für das Glück der Singlefrauen: Sie sind nicht mit meinen psychopatischen Singlefreunden liiert. Warum das ein Glück ist? Glaubt es mir einfach!

Von: Wiebke Lorenz – **An:** Christian Clerici
Gesendet: Montag, 22. Dezember 2008 17:29
Betreff: Singles & Sippe

Sehr schön, Herr Clerici, ich werde mir so bald wie möglich eine passende Antwort zu Ihren Ansichten überlegen. Übrigens: Das mit Ihren psychopathischen Singlefreunden klingt interessant! Immer gern her damit, die Hobbytherapeutin in mir kann sich in solche Problemfälle monatelang verbeißen, ehe sie Überlegungen dazu anstellt, ob sie lieber sich selbst oder den idiotischen Kerl über den Haufen ballern soll. Aber das macht nichts, immerhin bin ich dann eine Weile beschäftigt und weg von der Straße. Also, werden Sie gern vermittelnd tätig, da wäre ich Ihnen sehr dankbar! (Über Ihre Provision reden wir dann noch.) Beleibtere Blonde sind mir übrigens ganz lieb, wenn ich hier ein paar Wünsche anmelden dürfte.

Und in Sachen Sippe mache ich mir auch überhaupt keine Sorgen. Ich wohne mit meiner gesamten buckligen Verwandtschaft in einem 360 m^2 großen Pfarrhaus. Da würden wir den einen oder anderen italienischen Österreicher schon noch unterbringen.

Liebe Grüße
Wiebke

PS Jetzt aber wirklich ab in die Wanne, wo ich dann darüber nachgrübeln werde, wie man das mit den PDFs wohl macht ...

Von: Christian Clerici – **An:** Wiebke Lorenz
Gesendet: Montag, 22. Dezember 2008 17:47
Betreff: Re: Singles & Sippe

Das ist schön. Wird aber trotzdem schwierig, denn zu der Sippe gehört ein ganzes Tal im Piemont. Also nicht das Tal, sondern die Leute, die da wohnen. Und ob die auf so kleinem Raum leben wollen, weiß ich noch nicht. Ich finde es heraus und denke mir neue Lügen über mein Leben aus. Was das Thema Psychopath betrifft, werde ich über die Feiertage mal überlegen, was ich da für Sie tun kann.

Und jetzt tauchen Sie schon unter in Ihrer dämlichen Wanne, damit ich endlich ein paar Energiesparbirnen wechseln kann.

Haben Sie eigentlich gewusst, dass ...

Von: Wiebke Lorenz – **An:** Christian Clerici
Gesendet: Montag, 22. Dezember 2008 18:01
Betreff: Heureka!

Die Redaktion hat sich gemeldet. Sie mögen unsere neuen Texte zum Thema »sich rarmachen«. Es war gar von »perfekt« die Rede ...

Von: Christian Clerici – **An:** Wiebke Lorenz

Gesendet: Montag, 22. Dezember 2008 18:04

Betreff: Re: Heureka!

Schreiben Sie aus der Wanne? Vorsicht mit dem Strom, gell?!

Von: Wiebke Lorenz – **An:** Christian Clerici

Gesendet: Montag, 22. Dezember 2008 19:47

Betreff: Wiebke

Lieber Herr Clerici,
hier schreibt Ihnen Frauke Scheunemann, die Schwester von Wiebke. Wiebke hatte leider einen furchtbaren Unfall in der Badewanne, wir haben sie vor einer halben Stunde mit ihrem Notebook gefunden ...

Na gut, über so was macht man keine Witze. *Man* nicht. Aber *ich* schon. Das Erkältungsbad hat weder Wunder vollbracht, noch riecht es sonderlich gut.

Nun sitze ich hier wie ein Tannenwald, aber auch das passt ja irgendwie zur weihnachtlichen Grundstimmung. Werde mich nun noch mit Aspirin Complex und Rotwein dopen und dann ab ins Bett. Vielleicht sind meine Überlebenschancen ja gar nicht so schlecht. Wir Norddeutschen sind ja bekanntlich echte Raubeine.

So, gute Nacht. Wenn Sie nichts mehr von mir hören, habe ich es leider doch nicht gepackt.

Fiebrige Grüße
Wiebke

PS Okay, ich bin gar nicht so *richtig* norddeutsch. Bin in Düsseldorf geboren und da aufgewachsen. Aber im Herzen schon immer ein Hanseat gewesen, was an meinen Eltern liegt, die immerhin nordisch by nature sind.

Von: Christian Clerici – **An:** Wiebke Lorenz
Gesendet: Montag, 22. Dezember 2008 20:28
Betreff: Re: Wiebke

Sehr geehrte Frau Scheunemann,
bitte informieren Sie mich rechtzeitig, wann die Beisetzung Ihrer Schwester stattfindet, ich habe doch einen sehr vollen Terminkalender und kann mich wirklich nicht um alles kümmern.

Natürlich ist das sehr traurig, wie immer, wenn ein Mensch so einfach aus dem Leben gerissen wird, aber andererseits hatte ich eine deutliche Warnung ausgesprochen, und mehr kann man eigentlich nicht verlangen. Wissen Sie, Frauke, Ihre Schwester und ich, wir kannten uns ja kaum, haben hin und wieder ein paar Zeilen miteinander gewechselt, aber eigentlich war das mehr aus Langeweile denn aus Berechnung. Sie als Frau und Schwester wissen ja, wie das mit den Frauen so ist: Wenn sie anfangen, sich zu langweilen, ist Papier halt geduldig. Immer noch besser als die, die ständig reden. Gut, aber wie gesagt, so weit waren wir ja noch nicht.

Nein, nein, mit so etwas soll man wirklich keine Witze machen, noch dazu, wo Sie, liebe Wiebke, jetzt nach Tannenbaum riechen. Wollen Sie sich nicht mit ein bisschen Lametta schmücken und unter die Kollegen im Wald mischen? Das wirkt angeblich Wunder gegen Erkältungen. Ich werde auf jeden Fall heute noch einen intensiven Hüttenzauber veranstalten, damit Sie möglichst bald genesen. Ich bin zwar noch nicht ganz firm in dieser Zaubertechnik, doch im schlimmsten Fall bekommen Sie ein paar riesige Pickel, die verschwinden aber nach drei Monaten wieder.

In Düsseldorf habe ich übrigens meine Bank. Hatte ich schon erwähnt, dass die mich ...

So, jetzt mal im Ernst: Ich wünsche Ihnen zügige Genesung, denn so ein Weihnachtsfest mit feister Erkältung ist nicht lustig.

Mit bester Energie aus *Österreich,*
Ihr Christian Clerici

Von: Wiebke Lorenz – **An:** Christian Clerici
Gesendet: Montag, 22. Dezember 2008 21:03
Betreff: Weihnachten

Lieber Christian,
ich denke, ich komme durch. Bin da recht zuversichtlich, mit Ihrem Hüttenzauber als mentale Unterstützung kann doch nichts mehr schiefgehen.

Und so wünsche ich Ihnen und Ihren Lieben eine schöne Weihnachtszeit und ein frohes Fest! Rutschen Sie gut durch, aber immer aufpassen, wohin!

Von: Wiebke Lorenz – **An:** Christian Clerici
Gesendet: Dienstag, 23. Dezember 2008 07:31
Betreff: Stalking

Lieber Herr Clerici,
na, da haben Sie sich mit mir echt was eingefangen: Schon wieder eine Mail von der Lorenz! Aber die Erkältung führt zu seniler Bettflucht, und trotz Künstlerstatus mag ich morgens um zwanzig nach sieben noch nicht so recht die erste Flasche Rotwein öffnen ...

Was anderes kann ich aber auch nicht machen, denn mein lieber Herr Vater prägte mich seit frühester Jugend mit dem Spruch: »Wer vor zehn Uhr auf der Straße ist, ist asozial.« (Mittlerweile müssten Sie schon ein relativ komplexes Bild von mir haben, das meine zahlreichen Störungen erklärt.)

Dafür sitze ich mit meinem Notebook im Bett, trinke Cola Light und rauche. Ein Vorteil, wenn man wie ich keiner sozialen Kontrolle durch einen Partner unterliegt: Man kann sich einfach komplett gehenlassen, und keinen stört's.

Was macht übrigens die Suche nach meinem dicken blonden Psychopathen? Schon erste Überlegungen angestellt?

Von: Christian Clerici – **An:** Wiebke Lorenz
Gesendet: Dienstag, 23. Dezember 2008 10:08
Betreff: Re: Stalking

Alkoholismus liegt in den Genen. Meine Frau fragte neulich einen meiner psychopathischen Freunde, ob wir immer saufen müssen, um lustig zu sein, und bekam als Antwort: »Umgekehrt, Schätzchen, Saufen ist einfach irrsinnig lustig.« Da ist was dran.

Einen dicken Blonden werden wir schon für Sie finden. Ich hätte tatsächlich einen an der Hand, 100 Kilo, das pralle Leben, aber der ist nach Stockholm verheiratet und eigentlich so unmöglich, dass ich den Kerl nicht einmal einer Schwarzen Witwe zumuten würde. Wenn man Markus bittet, auch einmal ein Opfer zu bringen, kann es gut sein, dass er Ihr Haustier schlachtet.

Liebe Wiebke, es ist so: Ich muss jetzt los und noch ein paar Weihnachtsangelegenheiten regeln. Dann fahre ich zu meinen Eltern aufs Land, wo, in Ermangelung moderner Kommunikationsmöglichkeiten, die Gefahr besteht, für einige Tage keinen Kontakt zu Ihnen aufnehmen zu können. Das ist zwar undenkbar, aber doch irgendwie möglich. Das schicke ich nur voraus, damit Sie nicht wieder von irgendwelchen Selbstzweifeln heimgesucht werden und Ihren Rucksack für den nächsten Psychopathen noch voller packen.

Andererseits wird mir schon was einfallen, um zu Ihnen zu gelangen, im schlimmsten Fall fahre ich halt ins Dorf runter und werde das mobile Breitband bemühen, das bei den Alten nicht funktioniert. Funkloch. Total. Jeder Provider. Herrlich, dass es so was noch gibt!

Den Spruch Ihres Vaters finde ich großartig! Wann immer ich vor zehn das Haus verlasse, achte ich darauf, gut verkleidet zu sein. Bei uns gibt es übrigens den Spruch: »Ständige Erreichbarkeit ist ein Zeichen der Unterschicht.«

Einen herzlichen Morgen
Christian

PS Was macht die Erkältung? Hat der Rotwein geholfen?

Von: Wiebke Lorenz – **An:** Christian Clerici
Gesendet: Dienstag, 23. Dezember 2008 11:11
Betreff: AW: Re: Stalking

Lieber Christian,
dann wünsche ich mal viel Spaß im Funkloch! Und falls Ihnen langweilig wird: Meine Antwort auf Ihren Text hängt an.

Ansonsten bin ich wieder fast vollständig auf dem Damm. Ein bisschen fiebrig noch, aber das betrachte ich mal als Marginalie. Ich sagte ja: So schnell haut ein Raubein wie mich nichts um!

So, und nun auf in die Wildnis! Ich werde mir in der Zwischenzeit, wenn mir nichts Besseres einfällt, vielleicht mal ein paar Themen für unsere weiteren Kolumnen überlegen, damit wir in Zukunft etwas strukturierter vorgehen können. Oder aber auch nicht. Das mache ich von meiner Stimmung abhängig.

Wer sind die besseren Singles – Männer oder Frauen?
Tja, Herr Clerici, ich kann mir gut vorstellen, dass Sie gern wären wie ich. Davon träumen viele: jung, bildschön und erfolgreich, an jedem Finger zehn Verehrer. Bereits montags überlege ich, wer mich Freitagabend zum Essen ausführen darf, wer am Samstag meine Shoppingtüten trägt und von wem ich mir am Sonntagmorgen das Frühstück ans Bett bringen lasse. Ich kann Ihnen sagen: Mein Leben ist wie ein Hollywoodfilm ... Aber jetzt werden wir mal kurz ernsthaft, lieber Christian. Ich verstehe ja, dass jemand wie Sie, der bereits seit Beginn des vergangenen Jahrhunderts verheiratet ist (damals wurden Ehen noch arrangiert, glaube ich), nicht die geringste Ahnung hat, wie das Leben da draußen für uns Singlefrauen heutzutage ist. Dass wir nämlich mittlerweile selbst gut aussehend, stark, potent, klug, abenteuerlustig, furchtlos, einfühlend, maskulin – ja, auch das, denn die Wasserkisten schleppen wir selbst – und mutig sein müssen, weil die männliche Spezies, die vor Urzeiten mal über diese Eigenschaften verfügte, komplett ausgestorben ist. Was uns bleibt, ist der »neue Mann«, der erwartet, dass wir unsere Drinks zwar selbst bezahlen, dabei aber

trotzdem liebreizend und mädchenhaft sind und ihn mit großen Augen anhimmeln. Oder aber wir geraten an einen Ihrer psychopathischen Singlefreunde. Der treibt uns dann mit seinen ambivalenten Botschaften und Nähe-Distanz-Spielchen so lange in den Wahnsinn, bis wir irgendwann dermaßen platt auf der Bereifung sind, dass wir es tatsächlich vorziehen, allein mit unseren drei Katzen alt zu werden. Und deshalb, Herr Clerici, werden Sie sicher verstehen, als was ich in meinem nächsten Leben wiedergeboren werden möchte: als Singlemann. Beten Sie jetzt schon mal, dass Sie mir als reinkarnierte Singlefrau dann nicht begegnen ...

Von: Wiebke Lorenz – **An:** Christian Clerici
Gesendet: Dienstag, 23. Dezember 2008 13:08
Betreff: Und noch was!

Lieber Christian,
bevor ich es vergesse: Vielen Dank auch noch, dass Sie schon mal so vollkommen selbstlos Ihren Freundeskreis nach einem dicken Blonden für mich durchsuchen. Ich erwarte dann Ihren Rapport. Anbei ein paar Fotos von mir, die Sie potenziellen Anwärtern zeigen können. Die sind – das muss ich Ihnen als Fernsehmann sicher nicht erklären – selbstverständlich per Photoshop getuned. In Wahrheit habe ich einen Buckel und ziehe ein Bein nach. Aber das verrate ich meistens erst nach dem fünften Date ... Das nur zur Info, damit die Enttäuschung bei Ihren Psychopathen nicht zu groß ausfällt.

Von: Wiebke Lorenz – **An:** Christian Clerici
Gesendet: Dienstag, 23. Dezember 2008 16:33
Betreff: Stalking, Teil 2

Ich habe Ihnen ja schon gesagt, dass ich zum Stalken neige.

Eine klitzekleine Kleinigkeit, die an und für sich nicht weiter von Belang ist, habe ich noch gar nicht erwähnt. Doch bevor Sie nun vermittelnd tätig werden, sollte ich vielleicht noch kurz darauf hinweisen, dass ich genau genommen noch verheiratet bin. Das schreibe ich Ihnen für den Fall, dass einer Ihrer Freunde mit mir sofort zum Altar schreiten möchte (was ich für relativ wahrscheinlich halte). Momentan wäre das leider noch nicht möglich, aber die Anwälte kümmern sich gerade darum, mich wieder in einen akzeptablen Familienstand zu versetzen. Bin übrigens bei der Hamburger Promi-Kanzlei Prinz. Wenn schon, denn schon.

Habe ich jetzt noch etwas vergessen? Ich weiß nicht. Aber im Zweifel schreibe ich Ihnen einfach wieder. Bisher kam noch keine meiner Mails mit dem Vermerk »Annahme verweigert« zurück, was mich einigermaßen hoffnungsfroh stimmt ...

Von: Wiebke Lorenz – **An:** Christian Clerici
Gesendet: Dienstag, 23. Dezember 2008 20:45
Betreff: Stalking, Teil 3

Herrjeh, ist das Weihnachtsprogramm schlecht in diesem Jahr! Da bleibt einem ja gar nichts anderes übrig, als sich mit einem seltsamen Österreicher seltsame Mails zu schreiben. Auch wenn der seltsame Österreicher im Funkloch hockt, von daher nicht antwortet und die Kommunikation deshalb doch ein wenig einseitig verläuft. Das macht aber nichts, denn als Autorin bin ich es durchaus gewohnt, soziophob vor meinem PC zu sitzen, abgeschnitten von der Außenwelt. Gute Nacht, ich gehe mal ins Bett.

Von: Christian Clerici – **An:** Wiebke Lorenz
Gesendet: Mittwoch, 24. Dezember 2008 16:28
Betreff: Re: Stalking, Teil 3

Dienstag, 23.12.2008, abends:
Sie können sich gar nicht vorstellen, wie sehr ich mich nach einer Ihrer strukturellen Richtlinien sehne! Als Mann wird das Leben so viel

leichter, wenn man einen Anhaltspunkt hat. Und sei es nur eine fiebrige Norddeutsche, die eigentlich aus Düsseldorf kommt und sich selbst als Raubein bezeichnet.

Sie verblüffen mich jeden Tag aufs Neue, manchmal mehrmals, wie ich festgestellt habe, denn immer dann, wenn ich glaube, dass die Frau jetzt gleich wieder einer geregelten Tätigkeit nachgeht und sich irgendwo in der Küche oder meinetwegen im Bad mit etwas Sinnvollem beschäftigt (zum Beispiel mit dem rauen Bein), kommt eine neue Mail, und ich bin hin- und hergerissen zwischen fröhlicher Erwartung, heller Begeisterung, blankem Entsetzen und hysterischem Gelächter.

Vielleicht liegt das aber auch nur daran, dass ich gerade in der recht komfortabel ausgebauten Scheune meiner Eltern im Bett liege und es mir mit zwei, drei, nein, warten Sie ... vier Ihrer Mails gemütlich gemacht habe.

Einen Augenblick dachte ich noch, ich könnte mich morgen damit beschäftigen und mir jetzt einen saublöden Actionfilm reinziehen, aber dann hat es mich doch magisch zu Ihren Zeilen hingezogen. Und das haben *Sie* jetzt davon.

Ich bin begeistert, dass Sie wieder von den Toten auferstanden sind, umso mehr, als dieses Wunder *vor* Weihnachten besonderen Respekt verdient. Neulich habe ich gehört, Wissenschaftler hätten jetzt herausgefunden, der Heiland sei eigentlich im Juni geboren worden und auch nicht zu Christi Geburt, sondern schon vor der Stunde null. Wenn sich das als wahr erweisen sollte, werden ein paar Wissenschaftler bald sehr reich sein. Oder sehr tot. Denn ich kann mir nicht vorstellen, wie der Bossi von den Christen das seinen Leuten erklärt. Andererseits wäre das natürlich auch ein perfektes Thema für Dan Brown. Ich sehe schon die Bestseller aus den Regalen quellen: »Frühgeburt«, »Das Jesus-Paradoxon«, »Am Anfang war das Wort schon Schnee von gestern« ... Verzeihung, irgendwas stimmt mit dieser Rotweinflasche nicht. Schon wieder leer.

Ha, da fällt mir noch was ein: Ich hatte bei der ersten Live-Show meines Lebens, das war, als ich nach Herzblatt von der ARD zu SAT.1 wechselte, so ein wunderbares Thema an einem so wunderbaren Datum zum Einstand: »Heirate mich« am 9.9.1999. Da wurde als

Krönung zum Schluss der Sendung tatsächlich, live, eine Ehe geschlossen. Kurz danach ist Sting aufgetreten. So, und jetzt komme ich zum Punkt: Ich war etwas aufgeregt, denn ich bin ein rechter Fan von Sting und plötzlich steht er vor mir, gelassen, freundlich, selbstbewusst. Ich strecke die Hand aus und sage »Hi, I'm Christian«, er schüttelt meine Hand und sagt »Hi, I'm Buddhist«. Herrgott noch mal, da war doch noch irgendwo eine Flasche ...

So, liebe Wiebke. Das war mal ein kleiner Gruß auf Ihre erste Mail. Jetzt habe ich noch drei weitere, aber keine Verbindung zum Internet. Blöd, denn sonst würde ich jetzt eine nach der anderen rausballern. Aber andererseits auch wieder gut, denn so empfange ich auch nichts, worauf ich dann wieder antworten müsste, worauf Sie dann wieder antworten würden, worauf ich dann wieder antworten würde wollen, worauf Sie dann gar nicht anders könnten, als zu antworten, worauf ich mich zwingen würde zu antworten, worauf Sie mich beschimpfen würden, worauf ich einlenken würde, worauf wir noch mehr Rotwein trinken müssten ...

Und dann hätten wir die Geburt vom Christkind verpasst.

Mittwoch, 24.12.2008, mittags:
War mir klar, dass Sie einen Buckel haben, irgendwo müssen Sie ja Ihr offensichtlich überdimensional großes Ego unterbringen. Keine Sorge, dafür habe ich vollstes Verständnis, ich lasse mich auch immer nur bis zu den Knien fotografieren, denn bei mir ist das Ego im linken, der übertriebene Hang zur Selbstdarstellung im rechten Fuß untergebracht. Das sieht etwas komisch aus, denn bei 1,80 Meter Höhe ist Schuhgröße 70 ganz schön unpraktisch. Andererseits haut mich auch so leicht nichts um, was in meinem Beruf kein Fehler ist.

Mittwoch, 24.12.2008, nachmittags:
Mir ist es recht, dass Sie quasi Single sind und sich gerade von einem Prinzen scheiden lassen. Ich hoffe, da springt was für Sie raus!

So ganz uneigennützig ist mein Einsatz in Sachen »Psychopath für Wiebke« in Wahrheit nicht, denn je früher die von der Straße sind, umso besser für uns alle. Na ja, für Sie vielleicht nicht, denn Sie müssten sich ja dann mit einem (oder auch mehreren – ich kann ja nicht wissen, wie Sie so veranlagt sind) herumschlagen. Würden Sie das auf sich nehmen und der Welt damit einen Gefallen tun? Sagen Sie Ja, Wiebke, ich weiß doch, dass Sie selbstlos sind. Ich bin mir sicher: Wiebke schreckt vor nichts zurück, Wiebke ist nicht eitel, Wiebke kann Spaß vertragen, sogar, wenn über sie gelacht wird, und vor allem: Wiebke ist mutig, denn um sich als Deutsche einem Österreicher so zu offenbaren, muss man mutig sein. Oder völlig verrückt. Beides ist mir recht, denn vergessen Sie bitte nie: Auch wenn es manchmal vielleicht so wirkt, als ob ich sie triezen oder veräppeln würde, der Schein trügt. Ich bin mittlerweile ein großer Verehrer von Ihnen! Sie haben an jedem Finger zehn davon, keine Frage, aber haben die auch schon mit Ihnen gemailt?

Ich muss dann noch mal schnell ins Dorf und beim Wirt was überprüfen. Vielleicht bekomme ich mit meinem USB-Dongle Verbindung zu Ihnen und lasse diese ganzen angestauten Mails raus. Jaaaaaa, ich habe auch gerade gemerkt, wie das klingt, aber Ihnen ist es zuerst aufgefallen!

Von: Wiebke Lorenz – **An:** Christian Clerici
Gesendet: Donnerstag, 25. Dezember 2008 10:25
Betreff: Nur ganz schnell

Lieber Christian,
nur ganz schnell, falls Sie heute wieder mit Ihrem Breitbandhandy im Dorf unterwegs sind und sonst *keine einzige* Nachricht von mir hätten: Ich antworte ausführlicher, wenn ich wieder halbwegs aus den Augen gucken kann. Mich hat's jetzt *nämlich doch* richtig geschmissen. Gestern – um mal ein bisschen zu jammern – über 39 Grad Fieber, Gliederschmerzen, Husten, dicker Kopf ... Heute früh nur noch 38,2, es geht bergauf. Spätestens nach den freien Tagen stehe ich wieder da wie 'ne Eins, ich wäre ein super Arbeitnehmer!

Liebe Grüße und noch schöne Feiertage!

Von: Wiebke Lorenz – **An:** Christian Clerici
Gesendet: Samstag, 27. Dezember 2008 22:25
Betreff: Nach dem Fest ist vor dem Fest

Lieber Herr Clerici,
nun weiß ich nicht, ob Sie noch immer im Funkloch hocken oder darauf warten, dass ich länger schreibe. Sei's, wie es sei: Da bin ich wieder. Allerdings immer noch nicht ganz topfit. Will Sie nicht mit meiner Leidensgeschichte belästigen; nur so viel: Habe seit Dienstag apathisch rumgelegen und vier Kilo Lebendgewicht gelassen, das muss mir über Weihnachten erst mal einer nachmachen!

Für Ihre psychopathischen Freunde bin ich aber trotzdem gern stark und kann da eine Menge ab, würde mich also selbstlos anbieten, damit da einer von der Straße kommt (*einer*, ich bin total spießig). Nur, was Markus betrifft ... 100 Kilo? Also, ähm, es kommt natürlich immer darauf an, auf wie viele Meter sich das verteilt, aber das scheint mir jetzt doch arg ... füllig zu sein. Ich meine, ich bin ja eher zarterer Natur, darauf müssten Sie schon Rücksicht nehmen, mehr als 90 Kilo traue ich mir da wirklich nicht zu. Würden Sie daraufhin wohl noch mal Ihren Freundeskreis sichten? Natürlich will ich nicht meckern und bin dankbar für jeden Vorschlag, aber ich muss schließlich auch auf meine Bandscheiben achten.

Trotz meines Fieberwahns (oder war es gerade deswegen? Wer weiß das schon?) ist mir übrigens ein hübsches Thema eingefallen, das wir der Redaktion vorschlagen sollten: »Können Männer und Frauen einfach nur befreundet sein?« Was halten Sie davon? Und fragen Sie bitte nicht, wie ich jetzt darauf komme.

Von: Christian Clerici – **An:** Wiebke Lorenz
Gesendet: Sonntag, 28. Dezember 2008 14:10
Betreff: ACHTUNG ACHTUNG ACHTUNG

Ich verlasse jetzt das Funkloch und kehre in die wirkliche Welt zurück. Das bedeutet: keine Kekse mehr. Denn das, was Sie da an Lebendgewicht eingebüßt haben, trage ich jetzt zusätzlich mit mir herum. Auch wenn wir beide anscheinend nach dem Prinzip der kommunizierenden Gefäße funktionieren, bin ich für dafür schlicht zu eitel.

Großartiger Vorschlag, den Sie da in der Zwischenzeit vorbereitet haben, zumal ich langsam das Gefühl bekam, das könnte, abgesehen von all den lieb gewonnenen Frechheiten, etwas werden mit uns. Jetzt bin ich wieder hellwach und rufe Ihnen voller Inbrunst zu: Vergessen Sie es, Wiebke! Warum? Lesen Sie selbst:

> ***Können Männer und Frauen miteinander befreundet sein?***
> *Die Frage sollte eher lauten: Warum sollten Männer und Frauen einfach nur befreundet sein? Die Evolution hat das definitiv nicht vorgesehen, und in der Praxis erweist sich das freundschaftliche Zusammenleben ohne Sex auf Dauer als etwas eintönig. Natürlich kann man als Mann mit einer Frau auch nur befreundet sein. Das geht besonders gut, wenn einer der beiden furchtbar hässlich ist oder übel riecht, wobei bei Letzterem eine Brieffreundschaft deutliche Vorteile hat. Wenn beide hässlich sind, kann der Sex sogar viel notwendiger sein als Freundschaft, und man reduziert die Beziehung überhaupt aufs Körperliche. Es wird auch einen Grund haben, warum Männerfreundschaften meistens besser funktionieren: Weil halt auf Dauer die gemeinsamen Interessen – seien sie auch noch so steinzeitlich – und eine sexuell gefestigte Orientierung Komplizierteres verhindern. Eine Frau, die mit ihrem besten Freund auf einer einsamen Insel strandet und nicht irgendwann auch einen Vorteil darin erkennen kann, dass der Rest der Familie mit dem Kreuzfahrtschiff auf den Grund des Ozeans gesunken ist, wurde entweder, Ironie des Schicksals, mit dem Chef der Bordtravestie angespült oder hätte ihm besser früher gesagt, dass das mit ihrem Mann nur eine Scheinehe war. Nein, nein, guter Sex erhält die Freundschaft ganz gewiss.*

Jetzt fahre ich heim und schau mal, wie mein Weib so drauf ist, ob unser Baum noch Nadeln hat, und überprüfe, ob das Kurzzeitgedächtnis meines Hundes dafür ausreicht, um mich wiederzuerkennen …

Von: Wiebke Lorenz – **An:** Christian Clerici
Gesendet: Sonntag, 28. Dezember 2008 19:19
Betreff: Re: ACHTUNG ACHTUNG ACHTUNG

Ganz wunderbar, Ihre Ansichten zum Thema Freundschaft zwischen Männern und Frauen! Wunderbar vor allem deshalb, weil sie so vorsintflutlich sind. Ich als moderne und vor allem *junge* Frau (Was hatten Sie geschrieben? Ich soll *vergessen*, dass aus uns mal was wird? Gelächter, Sie glauben nicht im Ernst, ich würde mich auf einen alten Sack wie Sie einer sind, auch nur aus zehn Kilometer Entfernung einlassen!) sehe das selbstverständlich anders.

> ***Können Männer und Frauen miteinander befreundet sein?***
> *Aber natürlich können Männer und Frauen miteinander befreundet sein! In der Klatschpresse liest man doch ständig von Leuten, die nur »gute Freunde« sind. Boris Becker und Sharlely Kerssenberg, beispielsweise. Sarah Connor und dieser Fußball-Diego. Barbara Meier und Oliver Berben. Sehen Sie, Herr Clerici, alle nur miteinander befreundet, ganz harmlos, da weiß ich wirklich nicht, was Sie meinen ...? Auch ich bin mit total vielen Männern befreundet. Also, meistens war ich vorher mal mit ihnen zusammen, aber in der Regel nur so kurz, dass es quasi nicht mehr zählt. Und mit einigen von ihnen bin ich sogar so dicke, dass ihre neuen Freundinnen mich anrufen, wenn sie mit dem Kerl mal wieder Ärger haben. Oder dass ich mit der jeweiligen Dame reden muss, um mit ihr Schluss zu machen, sozusagen als Freundschaftsdienst, wenn die Herren der Schöpfung das mal wieder nicht selbst hinkriegen. Nein, Christian, da widerspreche ich Ihnen aufs Energischste, zwischen meine Kumpels und mich, da geht kein Blatt Papier zwischen! Und wenn Sie jetzt mutmaßen möchten, diese Freundschaften hätten nur Bestand, weil ich hässlich oder übelriechend bin – dann lassen Sie uns beim nächsten Mal darüber diskutieren, ob Männer und Frauen auch miteinander verfeindet sein können ...*

So, jetzt viel Spaß mit Baum, Frau und Hund.

Von: Christian Clerici – **An:** Wiebke Lorenz
Gesendet: Dienstag 30.Dezember 2008 06:30
Betreff: Freundschaft in Ehren

Sehr geehrte Frau Lorenz,
Ihre Ansichten über die platonischen Möglichkeiten einer Freundschaft zwischen Männern und Frauen sind ja rührend unrealistisch, aber ich werde jetzt den Teufel tun und mich weiter mit Ihnen darüber streiten. Sagt man nicht gerade auch deshalb so schön: *Der Teufel schläft nicht. Mit jedem.* Und allein daran sehen Sie schon, wie weltfremd Ihre Vorstellungen sind. Ich möchte Ihnen ja nicht zu nahe treten, aber haben Sie sich schon mal überlegt, warum es gleich so viele Männer sind, die ausschließlich eine Freundschaft mit Ihnen suchen?

Von: Wiebke Lorenz – **An:** Christian Clerici
Gesendet: Dienstag, 30. Dezember 2008 10:27
Betreff: Re: Freundschaft in Ehren

Sehr geehrter Herr Clerici,
so, jetzt sind Sie es freilich – um mich mal eines Wortes aus diesem unsäglichen österreichischen Kauderwelsch zu bedienen, mit dem ich hier seit Tagen von Ihnen belästigt werde – selbst schuld, wenn Ihre Tätigkeit als Kolumnist in Bälde ein plötzliches Ende findet. Denn Sie werden ja wohl kaum davon ausgehen, dass ich mit einem *ungehobelten Holzfäller*, wie Sie einer sind, weiterhin in friedlicher Koexistenz auf ein und derselben Seite in der »Cosmopolitan« stattfinden möchte? Also, ziehen Sie sich warm an, ja? Ab sofort werde ich alles daransetzen, Sie aus unserer Kolumne wegzumobben, und dann ist sie meine, meine, *meine*!

Sie können dann dahin gehen, wo der Pfeffer wächst, und Ihre Unverschämtheiten einem anderen erzählen. Ihrer Frau, zum Beispiel. Wobei ich mittlerweile davon ausgehe, dass die bedauernswerte Dame vermutlich ohnehin über die zermürbenden Jahre an Ihrer Seite taub geworden sein muss.

Richtig, Herr C., Sie haben sich nicht verlesen: Das ist eine KAMPFANSAGE! Passt mir sowieso ganz gut, wenn ich schon bald allein schreibe, denn genau genommen kann ich ohnehin keine Götter neben mir ertragen. Nur für Sie, lieber Christian, hatte ich da mal eine Ausnahme gemacht. Ein Fehler, wie sich nun zeigt.

Erbost:
Wiebke Lorenz

PS Wenn Sie wüssten, wer alles mit mir ins Bett will, *Sie alter Mann, Sie*!!!!!
PPS Und jetzt versuche ich, meine Wut im Erkältungsbad zu ertränken, aber rechnen Sie sich nicht allzu große Chancen darauf aus, dass es funktioniert.

Von: Christian Clerici – **An:** Wiebke Lorenz
Gesendet: Dienstag, 30. Dezember 2008 11:10
Betreff: AW: Re: Freundschaft in Ehren

Ha! Man muss sie nur ein wenig reizen – sofort versucht sie wieder, in ihrem Erkältungsbad abzutauchen ...

Apropos Erkältungsbad: Reißen Sie mal das Maul nicht so weit auf dabei, sonst ertränken Sie am Ende nicht Ihre Wut darin, sondern sich selbst. Auch eine Möglichkeit, wenn ich es mir recht überlege, und schon teile *ich* der Redaktion mit, dass in Zukunft nur *ich* die Kolumne schreibe. So sieht's aus, angry Lorenz.

Aber jetzt mal wieder versöhnlich: Selbstverständlich wollen alle mit Ihnen ins Bett! Man(n) fragt sich nur: Was soll man dort, wenn Sie ständig in der Wanne liegen? Am Ende auch noch tot, weil Sie ... weil Sie ..., nein, das lassen wir jetzt lieber, sonst wird's geschmacklos.

Im Ernst, Frau Lorenz, übertreiben Sie es nicht mit dieser Art von Bädern, denn manche Inhaltsstoffe machen auf Dauer gaga. Eukalyptus zum Beispiel wirkt zwar im ersten Anlauf lindernd, wird aber bei regelmäßiger Anwendung geradewegs zu einer Leiter in eine andere

Dimension. Ich habe einen Freund (nein, der ist nichts für Sie!), der hielt sich nach exzessiver Eukalyptusbaderei für einen Koalabären und benahm sich auch so.

Was jetzt das österreichische Kauderwelsch betrifft (den ungehobelten Holzfäller übergehe ich geflissentlich): Das ist einfach wesentlich charmanter als Ihr deutsches Gebell. Im Übrigen haben wir eine Lautverschiebung mehr mitgemacht als ihr. Ihr, das sind die Deutschen. Haben Sie nicht irgendetwas Andersblütiges in Ihrem Stammbaum? Ach, wär das schön, damit stiegen auch die Vermittlungschancen an einen meiner psychopathischen Freunde immens!

So, und wenn Sie tatsächlich vorhaben, mich von der Cosmo-Seite wegzumobben, dann passen Sie mal schön auf sich auf! Zum einen ertrinkt es sich – wie bereits erwähnt – ganz passabel in einem Erkältungsbad, zum anderen unterschätzen Sie nicht meine bulgarischen Matrosenfreunde, die sich, ausgerechnet in Hamburg, immer besonders langweilen, wenn sie Landgang haben. Ein wenig Abwechslung und der Anreiz von 20 Euro (je Matrose) machen aus diesen Tieren echte Monster.

Jaaaaa, Frau Lorenz, das war eine Drohung, und glauben Sie bloß nicht, Sie könnten mir was, denn ich gehe jetzt duschen, und dabei kann man ja schlecht ertrinken.

CCTop

PS Dass Sie keine anderen Götter – ob halb oder ganz spielt dabei keine Rolle – neben sich ertragen können, ist allerdings ein Problem (eines von vielen mit Ihnen), denn wenn ich es mir recht überlege, würden alle meine Bemühungen, einen ordentlichen Psychopathen für Sie aufzutreiben, schon allein daran scheitern, dass die Jungs zwar wirklich verhaltensauffällig sind, aber eben auch irgendwie göttlich. Selbst schuld Wiebke, wenn Sie sich da so beschränken.
PPS Auch das mit dem alten Mann nehme ich Ihnen nicht übel, denn Sie gehen ja ganz offensichtlich von Ihrem begrenzten Erfahrungsschatz mit jungen, vitalen Liebhabern aus und können also gar nicht wirklich beurteilen, ab wann ein Mann im richtigen Alter ist.

Von: Wiebke Lorenz – **An:** Christian Clerici
Gesendet: Dienstag 30. Dezember 2008 21:12
Betreff: Matrosen

Sie drohen mir? *Sie* drohen *mir*? Pruhahaaa! Da verschieben sich bei mir doch glatt vor Glucksen noch ein paar Laute, denn noch bevor Ihre bulgarischen Matrosen den Hamburger Hafen erreicht haben werden, schicke ich schon sämtliche meiner Verehrer mit der Air Berlin nach Wien. Je 199 Euro das Ticket, ich bin nämlich großzügig und weiß, dass vernünftige Dienstleistungen nicht für einen Spottpreis von 20 Euro zu haben sind. UND DANN WERDEN SIE MAL SEHEN, WAS EINEM UNTER DER DUSCHE SO ALLES PASSIEREN KANN, HERR CLERICI!

Ich verzichte auch einfach mal darauf, Ihnen zu erklären, dass die 2. große Lautverschiebung sehr wohl auch in Deutschland bis hin zur Benrather Linie stattgefunden hat, nur die Norddeutschen (ebenso wie die Briten) hatten sie nicht. Und da ich ja von Haus aus Rheinländerin bin, ist da bei mir *also doch* so einiges verschoben. Aber, wie gesagt, das erkläre ich Ihnen jetzt nicht, denn ich könnte wie eine altkluge Germanistin daherkommen, was ich natürlich auch bin, also klug, nicht alt, aber ... Wo war ich schon wieder? Na ja, unterm Strich: Gaga bin ich eh schon, dafür braucht's kein Erkältungsbad mehr.

Und wenn's denn ein Gott oder ein Halbgott sein soll, egal, her damit, ich bin da nicht mehr wählerisch. Hauptsache, er geht mir nicht auf die Nerven. Wobei mir die meisten Kerle ziemlich schnell auf die Nerven gehen, überhaupt ist mein Nervenkostüm nicht das allerbeste, ich rege mich immer viel zu schnell auf ... und dann gnade Gott jedem Halbgott!

Ähm, ja. Andersblütige im Stammbaum? Ich glaube, irgendwo turnte mal ein Pole rum. Aber sonst schicken Sie mir doch endlich einfach einen Österreicher oder einen feschen Italiener (die sind allerdings in Blond eher selten, oder?), damit ich diesen unheilvollen deutschen Stammbaum unterbrechen kann ;-)

Von: Christian Clerici – **An:** Wiebke Lorenz
Gesendet: Dienstag, 30. Dezember 2008 23:05
Betreff: Polen

Ich hatte mal einen Zahnarzt, der war Pole. Ist er immer noch, aber er hat sich zur Ruhe gesetzt. Sein Sohn ist auch Pole und war mal einer meiner besten Freunde. Wir haben uns aus den Augen verloren, aber immer, wenn ich an ihn denke, fällt mir die Geschichte ein, als er, seine Schwester und natürlich die Eltern, von Krakau nach Wien gezogen sind.

Als sie das erste Mal österreichisches Fernsehen sahen, lief gerade Werbung. Angepriesen wurde ein streifenfreier Fensterreiniger. Die Marke: »Hui«. Das ging in etwa so: »Nichts putzt so sauber wie Hui, Hui ist perfekt und lässt alles wieder strahlen, Hui müssen Sie haben, nichts macht so sauber wie Hui ...« Ersetzen Sie jetzt »Hui« in diesem Text durch eine Bezeichnung des primären männlichen Geschlechtsmerkmales Ihrer Wahl, und stellen Sie sich die Gesichter dieser polnischen Familie vor. Hui heißt nämlich übersetzt ... eben.

Von: Wiebke Lorenz – **An:** Christian Clerici
Gesendet: Dienstag 30. Dezember 2008 23:47
Betreff: Re: Polen

Hui, Herr Clerici, das war ja eine – für Ihre Verhältnisse – lustige Geschichte, die mich zum einen mit Ihren Unverschämtheiten, zum anderen mit meinem Weltschmerz versöhnt hat. Ein bisschen wenigstens. Schon bald läuten wir das neue Jahr ein, und ich bin zuversichtlich, dass Sie in 2009 einen göttlichen Psychopathen für mich auftreiben werden. Werden Sie doch, Christian, oder???

Bis dahin, also, bis es so weit ist, dass Sie mir einen Ihrer Verrückten ins Bettchen oder von mir aus auch in die Wanne legen, habe ich gute Neuigkeiten für uns: Wir sollen für die Redaktion immerhin schon über Erotik *schreiben*. Wir sollen bis zum 23. Januar für ein Sex-Special zu folgenden Themen Stellung nehmen:

Bondage oder Blümchen – wie ausgefallen muss es im Bett sein?
Stöhnen oder still genießen?
Sollen Frauen/Männer einen Orgasmus vortäuschen?
Körperbehaarung: Komplett blankziehen (er und sie)?
Wie sexy ist Spanking?
Sex beim ersten Date: Beziehung ausgeschlossen?
Stehen Männer/Frauen auf klare Anweisungen im Bett (etwa beim Oralsex)?
Mr/Mrs Perfect ist schlecht im Bett – was tun?

Na super, Herr Clerici, ich sehe schon, dieses Special werde ich wohl mit mir allein schreiben müssen, denn mit Ihrer konservativen Weltsicht werden Sie zu diesen Themen doch bestimmt nichts zu sagen haben. Aber das macht nichts, ich mache für Sie einfach den Ghostwriter und schicke Ihnen eine Rechnung, in Ordnung?

Stichwort »mit mir allein«: Bevor ich gleich tot ins Bett falle, wollte ich noch anmerken, dass ich vom 2. bis zum 19. Januar mit meiner Schwester in strenge Schreibklausur fahre, um dort mit dem nächsten Anne-Hertz-Roman zu beginnen. Strikt ohne Internet. Das nur schon einmal zu Vorwarnung, damit Sie sich auf die Entzugserscheinungen vorbereiten können. Aber Sie haben ja genug damit zu tun, bis dahin die Kohle zusammenzubekommen, um die geheime Verfasserin Ihrer Antworten fürs Sex-Special bezahlen zu können ...

Gutes Gelingen!

Von: Christian Clerici – **An:** Wiebke Lorenz
Gesendet: Mittwoch, 31. Dezember 2008 00:32
Betreff: Kohle

Wiebke, ich bin auf Ihre geistreichen Ambitionen, mir beim Schreiben zu helfen, nicht angewiesen. Schon im zarten Alter von elf war ich der Star der Wiener Geisterbahn im Wurschtelprater und habe mich mit einer Edgar-Allan-Poe-Parodie dumm und dämlich verdient. »Dumm und dämlich, was sonst?«, werden Sie sagen, aber was Sie so sagen, interessiert mich, wie Sie wissen, ja eher am Rande. Fahren Sie nur mit Ihrer Schwester in den Schreiburlaub und basteln Sie fein am Hertzschmerz, eine Auszeit wird uns guttun.

Ich würde an Ihrer Stelle auch nicht allzu sehr betonen, dass Sie dieses Sex-Special alleine schreiben, denn sonst könnte ich mich zu der vielleicht nicht völlig aus der Luft gegriffenen Bemerkung versteigen, Sie hätten ob Ihrer scharfen Zunge auch in der Praxis hauptsächlich alleine mit diesem Thema zu tun.

Vielleicht fragen Sie Ihre verehrte Frau Schwester ja mal nach ein paar Tipps für dieses Special, denn die sieht im Gegensatz zu Ihnen auf Ihrer Homepage so aus, als ob sie Bescheid wüsste. Natürlich werde ich Sie auch vermissen. Ungefähr so, wie den letzten Fehler in einem Suchbild, das eine verzweifelte Frau zeigt, die Ausschau nach einer Weinflasche hält.

Nichtsdestotrotz mag ich nicht nur mit Gemeinheiten aus diesem Jahr scheiden und möchte Ihnen noch etwas Liebenswürdiges mit auf den Weg geben: Frau Lorenz, die Bekanntschaft mit Ihnen war nicht das Schlechteste an 2008. Abgesehen von der Bankenkrise und einem heimtückischen Furunkel am Hintern meines Hundes. Ich habe diesen Austausch mit Ihnen eigentlich ganz lieb gewonnen, was nicht heißt, dass ich mit Ihnen tauschen möchte.

Vielleicht lesen wir uns ja noch vor Ihrer Abreise, als kleinen Anreiz biete ich Ihnen schon einmal einen Gedanken zum Thema »Bondage oder Blümchen«.

Herzliche Grüße
Christian in Chains

Bondage oder Blümchen – wie ausgefallen muss es im Bett sein?
Ach, das kommt ganz auf die Erwartungen an, die man ja bekanntlich nicht haben soll. Wer wurde in einem Schlafzimmer mit Plüschtieren und Blümchentapeten nicht schon mal von einem

gediegenen Satz Handschellen und ein paar Seemannsknoten überrascht? Wer lag nicht schon einmal in Ketten und wurde mit Teddybären beworfen? Bondage klingt interessant, wobei man sich damit gut auskennen muss, ich meine, wir reden ja nicht davon, seinen Partner mit Schnürsenkeln an den Lattenrost zu fesseln. Umgekehrt muss ich mich beim Sex auch nicht unbedingt von Black Beautys Abenteuern aus dem Radiowecker berieseln lassen. Ausgefallen gern, aber umständlich, nein. Ich finde, am Menschen ist fast alles dran, was man zum ausgefallenen Liebesspiel braucht, den Rest kann man ausziehen.

Von: Wiebke Lorenz – **An:** Christian Clerici
Gesendet: Mittwoch, 31. Dezember 2008 12:23
Betreff: Bondage

Lieber Christian,
bevor ich gleich mit den Silvestervorbereitungen starte und lustige Papphütchen für die Gäste bastle, muss ich natürlich noch auf Ihre Ansichten zum Thema Bondage antworten. Was soll ich sagen? Wir sind da voll und ganz einer Meinung. Steht etwa zu befürchten, dass wir in Eintracht und Harmonie ins neue Jahr rutschen? Herr Clerici, so geht das nicht, wir werden doch für Feindseligkeiten bezahlt! Aber, ach was, Sie werden mit Sicherheit bald wieder ausfallend und mit der nächsten Frechheit um die Ecke biegen. Und nun werde ich versuchen, Ihnen diese Mail mit meinem Text zu schicken, was nicht ganz einfach ist, denn momentan bin ich noch mit allen vieren ans Bett gefesselt ...

Bondage oder Blümchen – wie ausgefallen muss es im Bett sein?

Erwähnte ich, Herr Clerici, dass ich meine Jugendjahre auf einem katholischen Mädchenlyceum verbracht habe? Nein? Nun, jetzt wissen Sie es. Und das heißt selbstverständlich, dass es bei mir in Sachen Sex nur eine Spielart gibt: 1. Heirat 2. Licht aus 3. Erstge-

borener Sohn. Nein, nein, war nur ein Spaß. Also, nicht das mit dem Lyceum, sondern das mit der Spielart. Ich halte mich da für eine recht typische Frau, die sich irgendwo zwischen Missionarsstellung und Knebelaktionen befindet. Das eine oder andere kinky Accessoire aus dem Sex-Shop darf schon sein, aber wer mit einem dreiteiligen Kofferset in mein Schlafzimmer will, der hat sich ganz eindeutig in der Tür geirrt.

In diesem Sinne wünsche ich für den Jahreswechsel: Heiteres Verknoten! Und grüßen Sie Ihre Gattin von mir!

Von: Christian Clerici – **An:** Wiebke Lorenz
Gesendet: Mittwoch, 31. Dezember 2008 18:08
Betreff: Re: Bondage

Kann nicht gerade einfach sein, sich allein mit allen vieren ans Bett zu fesseln ...

Und nun Schluss für dieses Jahr, ich habe schließlich keine Lust, über die Jahreswende an Sie gekettet zu bleiben.

Nur das Beste und liebe Grüße aus dem bereits böllernden Wien!

Von: Wiebke Lorenz – **An:** Christian Clerici
Gesendet: Donnerstag, 1. Januar 2009 10:14
Betreff: Prost Neujahr

Lieber Christian,
zuerst einmal muss ich mich bei meinem Online-Dienst beschweren, der Ihre Mail doch tatsächlich ganz frech in meinen Spam-Filter geschoben hat. In den Spam-Filter! Als wären Sie irgendein dahergelaufener Österreicher und nicht der liebe Herr Clerici, mit dem ich mir schon geschätzte 20.000 Mails geschrieben habe. Ihre Adresse müsste mein Provider ja nun wirklich mittlerweile kennen, auswendig und noch dazu rückwärts buchstabiert!

So, das musste mal gesagt werden. Ich melde mich dann wieder, wenn ich aus der Schreibklausur mit meiner Schwester zurück bin. Falls ich sie überlebe. Die Klausur, nicht meine Schwester.

Wiebke

PS Und, ja, falls Sie sich wundern, dass ich um diese Uhrzeit schon wach und bei Sinnen bin – das ist nur ein Trick, Herr Clerici. In Wahrheit liege ich noch immer mit einem Papphütchen auf dem Kopf unterm Tisch, habe aber gestern Abend schon diese Mail vorbereitet und den elektronischen Kurierdienst eingeschaltet. Die Lorenz ist nämlich nicht doohoof!

PPS Neben dem Papphütchen trage ich übrigens gerade meinen legendären schwarzen Catsuit mit weißen Nadelstreifen, in dem ich aussehe wie Emma Peel, und der dafür sorgt, dass mir die Kerle in Scharen zu Füßen liegen. Nur, komisch, hier unterm Tisch liegt außer mir gar keiner. Versteh ich nicht ...

Von: Christian Clerici – **An:** Wiebke Lorenz
Gesendet: Donnerstag 1. Januar 2009 12:17
Betreff: Re: Prost Neujahr

Ja, nun, liebe Frau Lorenz, *ich* verstehe schon, dass Sie nach so einer feuchtfröhlichen Silvesternacht allein unter dem Tisch liegen. So ganz allein scheinen Sie aber dann doch nicht zu sein, denn immerhin werden Sie von berechtigten Zweifeln begleitet.

Da ich aber an diesem ersten Januar kein Unmensch sein möchte (obwohl mir das in Ihrem Fall nicht gerade leichtfällt), verspreche ich hiermit feierlich: Ich werde einen Psychopathen für Sie finden. Erlauben Sie mir aber noch, darauf hinzuweisen, dass es ohne Papphütchen in jeder Hinsicht einfacher wäre, Sie unter die Haube zu bringen.

In diesem Sinne wünsche ich Ihnen moderaten Kopfschmerz und einen klaren Blick auf alles, was noch so kommt.

Von: Wiebke Lorenz – **An:** Christian Clerici
Gesendet: Donnerstag, 1. Januar 2009 16:24
Betreff: AW: Re: Prost Neujahr

Ach, lieber Christian, hätte ich mir bei der gestrigen Silvestersause nicht eh schon eine Bindehautentzündung zugezogen, hätte ich jetzt vor Rührung Tränen in den Augen. Was für ein Versprechen für 2009! So kann ich endlich aufatmen, denn schon bald wird mein lasterhaftes und eskapadenreiches Leben ein Ende finden, Herr Clerici wird mich sicher bei einem Psychopathen unterbringen. DANKE, DANKE, DANKE!

Jetzt packe ich für die Schreibklausur. Bei meiner Rückkehr erwarte ich umfassende Vermittlungsvorschläge!

Auch herzlichst!
Ihre Wiebke Lorenz

Von: Wiebke Lorenz – **An:** Christian Clerici
Gesendet: Montag, 19. Januar 2009 13:08
Betreff: Return of the Space-Wiebke

Mein werter Herr Clerici,
ja, und da ist sie wieder, die Wiebke. Wohlauf und in einem Stück. Fast jedenfalls, nur ein paar Haare habe ich im Arbeitslager mit meiner Schwester durchs permanente Raufen gelassen. Ich sage Ihnen, ist auch nicht immer ein Spaß, mit seiner Blutsverwandten im Hotel zu hocken und an einer romantischen Komödie zu schreiben.

Stichwort »romantische Komödie«: Wie laufen eigentlich Ihre Recherchen zum Thema »Psychopath für Wiebke«, bewegt sich da in 2009 endlich mal was? Ich will ja nicht ungeduldig werden, aber der Form halber darauf hinweisen, dass ich nächsten Monat wieder ein Jahr älter werde und somit zielstrebig auf mein biologisches Verfallsdatum zusteuere, wenn Sie verstehen, was ich meine. Aber, ach, wie sollten Sie das verstehen, Sie sind ja ein Mann. Und Männer werden im Alter interessant, wir Frauen werden ... na, alt eben. Doch bevor Sie jetzt auf die Idee kommen, mich einfach an einen 73-Jährigen zu verschachern, der froh ist, wenn er überhaupt noch was Lebendiges zwischen die zittrigen Finger kriegt, lassen Sie sich gesagt sein: 45 ist meine absolute Obergrenze. Beim Kontostand bin ich allerdings nach oben hin offen ...

Zur Schreibklausur: Wir sind ein gutes Stück vorangekommen und hätten vielleicht noch ein bisschen mehr geschafft, wenn sich nicht in der Nähe des Hotels eine Gokart-Bahn befunden hätte, auf der ich die eine oder andere Runde drehen *musste*. Jaha, Herr Clerici, jetzt kommt's für Sie und Ihre Putzfrauen verputzende Macho-Gesellen aus dem Hotrod Hangar nämlich knüppeldick: Frau Lorenz ist eine ganz hervorragende Rennfahrerin. Sie hält sogar den Hallenrekord im Hamburger Nedderfeld (was geheim ist; so geheim, dass es nicht mal die Betreiber der Gokart-Bahn Nedderfeld wissen). Denn durch meine Adern fließt eher Benzin als Blut. Habe ich mal erzählt, dass Ralf Schumacher und ich ...

Also habe ich mir für 2009 was überlegt: Ich komme Sie demnächst mal in Wien besuchen, um mit Ihnen eine Runde Schlitten, äh, Rennauto zu fahren. Das Praktische dabei ist, dass wir dann gleich mehrere Fliegen – beziehungsweise Kerle – mit einer Klappe schlagen können, denn Sie müssten dann nur sämtliche Psychopathen an der Rennstrecke versammeln und wenn mir einer gefällt, fahre ich den einfach um. Abgemacht?

Und damit das alles noch irgendeinen Sinn macht, hier schon einmal zwei Antworten, die ich fürs Sex-Special geschrieben habe.

Wie sexy ist Spanking?
Spanwas? Ach so, der liebevolle Klapps auf den Po, der das erotische Kribbeln steigern soll. Von mir aus, solange es nicht in eine handfeste Prügelei ausartet ... Der Grat zwischen zärtlichen Schlägen und häuslicher Gewalt ist bekanntlich manchmal ein recht schmaler. Spaß beiseite, die meisten Frauen mögen es meiner Meinung nach schon gern, wenn ein Mann sie im Bett ein wenig härter anfasst, mal richtig zupackt und ihre Lust durch leichte Schmer-

zen noch etwas mehr kitzelt. LEICHTE, Herr Clerici, nicht wahr?, das habe ich ja bereits gesagt. Ich möchte da einfach mal eine Faustregel festlegen: Alles, was keine sichtbaren Spuren hinterlässt, ist erlaubt und erwünscht. Es heißt ja auch: Leichte Schläge auf den Hinterkopf erhöhen das Denkvermögen. Gut möglich, dass leichte Schläge auf das Hinterteil im Umkehrschluss den Denkapparat kurzfristig lahmlegen. Und das kann beim Sex ja nie schaden.

Sex beim ersten Date: Beziehung ausgeschlossen?
Wenn der Mann so dermaßen von vorgestern ist, dass er das so sieht: Ja, dann ist eine Beziehung mit ihm definitiv ausgeschlossen. Und zwar von meiner Seite aus. Allerdings frage ich mich, wo man solche Exemplare überhaupt noch findet. Hintertupfingen? Oer-Erkenschwick? In einem katholischen Priesterseminar? Mal ehrlich, Herr Clerici, ich weiß ja nicht, wie Sie das sehen, aber ich hoffe doch sehr, dass wir da auf gleicher Wellenlänge liegen. Sonst hätte ich Sie komplett falsch eingeschätzt, und das wäre eine herbe Enttäuschung. Stichwort »herbe Enttäuschung«: Sex beim ersten Date verhindert zum Beispiel auch, dass es später, wenn man den Kerl erst mal richtig gern gewonnen hat, zu so einer kommt. Lieber weiß ich gleich, ob jemand eine Niete im Bett ist oder nicht – bevor ich mein Herz an ihn hänge.

Das erst einmal von meiner Seite, hauen Sie gern drauf, ich stehe ja ein kleines bisschen auf Schläge.

Von: Christian Clerici – **An:** Wiebke Lorenz
Gesendet: Montag, 19. Januar 2009 17:34
Betreff: Re: Return of the Space-Wiebke

Da ist sie ja wieder. Unsere Wiebke. Und so fidel noch dazu, ich habe ein gutes Gefühl für dieses Jahr mit uns! Zum Thema »Psychopath für Wiebke« habe ich gute Nachrichten, denn nachdem ich den ernstzunehmenden Kandidaten mal ein grobes Bild von Ihnen gezeichnet habe, ist in meiner Clique einiges in Bewegung gekommen.

Ich sagte: »Hey, Freunde, ich habe da so eine notgeile Ische aus dem Norden kennengelernt. Na ja, nicht direkt kennengelernt, wir schreiben uns. Jedenfalls sucht die einen Typen, der ruhig ein bissl was auf den Rippen haben kann und sich nicht darum bemühen muss, seine psychischen Probleme zu verschleiern. Ist gerade mal 22, relativ beschränkt, aber so, wie sie sich ausdrückt, sicher eine totale Granate im Bett. Geld hat sie, glaube ich, auch, weil sie mal mit einem Prinzen verheiratet war oder zumindest von einem geschieden wurde, der jetzt richtig abdrücken muss. Sie heißt Vanessa Chantal Virginie und kann sehr gut Französisch.«

Okay, ich habe natürlich da und dort geflunkert, aber was soll's, es geht ja nicht um Tatsachen, sondern ums wirkliche Leben. Der eine oder andere hat schon Interesse geäußert, muss aber noch ein paar Dinge mit seinen Drogenproblemen, Gefängnisaufenthalten, Zuhältern und der Mutter regeln. Wiebke, ich bin zuversichtlich, das wird schon klappen!

Was Ihren angedrohten Besuch bei uns und das Autorennfahren betrifft, muss ich Ihnen Folgendes mitteilen: Da kann man nicht einfach so vorbeikommen, weder im Hotrod Hangar noch in der Garage, nicht in der Scheune oder sonst einem Gebäude, das den Zweck der nässegeschützten Unterbringung von Rennfahrzeugen erfüllt, einsteigen und einen Ausflug machen. Zum einen fahren mit einem Rennauto nur die Rennfahrer, genauer gesagt die, denen der Wagen gehört. Zum anderen wäre es gut möglich, dass Sie so ein Auto nicht mal ein paar Meter bewegen können, denn schon das Betätigen der Kupplung erfordert so viel Kraft, dass es zarten Mädchen kaum möglich ist, das Pedal durchzutreten.

Speziell, wenn man wie Sie, inklusive überhöhtem Selbstbewusstsein, gerade mal 130 Zentimeter misst. Wiebke, das ungeschriebene Gesetz der Rennfahrer ist in dieser Hinsicht ganz eindeutig: Kein fremder Arsch in meinem Wagen! Auch wenn er vermutlich so bezaubernd ist wie der Ihre.

Sie halten den Hallenrekord in Nedderfeld? Potztausend! Da gehe ich vor Ehrfurcht in die Knie und bin dann immer noch zwei Köpfe größer als Sie. Obwohl, die Kleinen, Leichten, ja unbestritten einen Vorteil beim Gokartfahren haben. Vorausgesetzt, Sie können fahren. Was Sie sicher können. Andererseits, als Fan von Ralf Schumacher bin ich mir wieder nicht so sicher.

Von: Wiebke Lorenz – **An:** Christian Clerici
Gesendet: Dienstag, 20. Januar 2009 12:06
Betreff: Sex-Special!

Lieber Christian,
ich weiß ja nicht, was Sie so den ganzen Tag zu tun haben. Viel kann es nicht sein, wenn Ihnen Zeit für wirre Mails mit Männlichkeitsgefasel bleibt. Nur so viel: Wem jemals die Ehre zuteil wird, dass mein bezaubernder Arsch auch nur für eine Millisekunde den Sitz seines Rennautos berührt – der wird danach für sein Fahrzeug einen Schrein erbauen und daraus eine Pilgerstätte machen!

So. Und jetzt antworten Sie mir schon endlich auf meine Sex-Erläuterungen, wir müssen den Kram ja diese Woche abgeben!

Mannomann, wie im Kindergarten ist das hier!

Von: Christian Clerici – **An:** Wiebke Lorenz
Gesendet: Dienstag, 20. Januar 2009 16:04
Betreff: Re: Sex-Special!

Oje, stimmt! Ich habe glatt vergessen, mich mit Ihrer alleinigen Fixierung auf jenes Thema zu beschäftigen, für das man normalerweise zwei Personen braucht. Ganz ruhig, Braune, ich bin ja da und kann Ihnen etwas in Sachen Spanking vorschlagen. Auch mit dem Rest beschäftige ich mich gern. Zu zweit, wie gesagt. Sorry, ich wollte das Jahr eigentlich nett beginnen ...

Wie sexy ist Spanking?
Brutale Schläge mit einem Telefonbuch hinterlassen keine sichtbaren Spuren. Ich will da nicht obergscheit daherkommen, liebe Frau Lorenz, aber bei einem so wichtigen Thema wie Spanking wollen wir schon objektiv bleiben, nicht wahr? Trotzdem rate ich für den erotischen Schlagabtausch nicht gerade, eine Telefonzelle aufzusuchen, denn zum einen könnten zivilcouragierte Passanten das handfeste Treiben missdeuten und eingreifen, zum anderen sind die Bücher meistens eh längst geklaut. Wenn Sie sich mal in die Lage eines Mannes versetzen, der dem Vernehmen nach hauptsächlich mit dem Penis denkt, kommen Sie wahrscheinlich von selbst darauf, wo Sie hinhauen müssen, damit der Kerl zwei und zwei zusammenzählen kann. Spanking? Ein klares: Ja. Frauen macht es an – und Männer denken ausnahmsweise nach. Interessante Kombination, ob es dann jedoch zum Sex kommt, lasse ich mal dahingestellt.

Sex beim ersten Date: Beziehung ausgeschlossen?
Guter Sex beim ersten Date ist Unsinn, denn dann weiß man gleich, was man später vermissen wird. Deshalb darf man am Anfang einer potenziell langen Beziehung nur das halbe Programm fahren, um sich mit den Jahren kontinuierlich zu steigern. Falls es doch nicht die große Liebe wird, ist das natürlich etwas peinlich, aber man muss sich im Leben schon entscheiden, was man will. Beim ersten Date sollte man zuerst mal seinen Kopf benutzen; wenn man merkt, dass der Verstand aussetzt, kann man immer noch zuschlagen. Es gibt natürlich auch Interessensgemeinschaften, bei denen sich jedes Date wie beim ersten Mal anfühlt. Das kann das Paradies sein oder das Gegenteil. Je nachdem, wie die Ansprüche gelagert sind.

Das dazu, Lilalorenz. Manchmal bin ich ja ganz froh, dass meine Kumpels keine Frauenzeitschriften lesen, was nicht, wie Sie jetzt vielleicht vermuten würden, an einer ausgeprägten Leseschwäche liegt, sondern vielmehr an einem gesunden Vorbehalt gegenüber schwindligen

Erkenntnissen aus dem Bereich der menschlichen Sexualität, die sich mitunter auf die Schlagzeile beschränken. Nur gut, dass wir beide da im Ferrari dieser Zunft sitzen.

Apropos schwindlige Erkenntnisse:

Sollen Frauen/Männer einen Orgasmus vortäuschen?

Als Mann ist man in dieser Hinsicht etwas eingeschränkt, den vorgetäuschten Orgasmus kann man sich pro Frau nur ein Mal leisten. Außer vielleicht, man beschränkt seine sexuelle Aktivität auf den Kontakt mit einer aufblasbaren Puppe. Was nur fair ist, denn die künstliche Geliebte hat da ja auch nicht viele Möglichkeiten. Echte Frauen, die den Höhepunkt nur simulieren, sind mir verdächtig, denn entweder ist Mitleid im Spiel – und das geht gar nicht –, oder aber man wird vorsätzlich um seinen Pokal betrogen. Die einzige Ausnahme: Die Partnerin ist gerade in der Ausbildung zum Pornostar. Da müssen natürlich alle Spielarten der Darstellerkunst geübt werden, damit einer multiplen Karriere nichts im Wege steht.

Stehen Männer/Frauen auf klare Anweisungen im Bett (etwa beim Oralsex)?

Kommt darauf an, wer beim Oralsex die Anweisungen gibt. Unverständliches Gemurmel, weil sie gerade den Mund voll hat, kann recht abtörnend wirken, zumal der Mann sich ja vielleicht fragt, was er dabei falsch machen kann. Überhaupt sind Anweisungen beim Sex irgendwie seltsam, außer, man ist Armeefetischist und trägt gern Uniform. Sehr erfolgreich ist ein Freund von mir, der immer eine Liste bei sich trägt, auf der alles vermerkt ist, worauf er steht. Die steckt er dann seiner Auserwählten zu und in 9 von 10 Fällen klappt das auch. Ich habe aber auch einen Freund, der macht genau das Gleiche, kommt jedoch in keinem von hundert Fällen zum Zug. Kann eine Frage des Aussehens sein oder seiner Vorlieben. Und überhaupt: Klare Anweisungen beim Sex sind ein Widerspruch in sich.

Mr/Mrs Perfect ist schlecht im Bett – was tun?
Die Flucht ergreifen. Bloß nicht ein Leben lang lieben und unbefriedigt bleiben, nur, weil der Superheld etwas weich in der Mitte oder Catwoman im Bett ein Mäuschen ist. Perfekte Frauen und Männer, für die sich Sex als ewige Baustelle entpuppt, sollten, wenn sie nicht noch jungfräulich sind, zu Hause bleiben und dem Gang der Welt mit Ihrem guten Aussehen und den tollen inneren Werten nicht im Wege stehen. Ich meine, irgendwann muss es ja auch der tollste Typ gemerkt haben, wenn ihm die Frauen zu Füßen liegen, aber morgens schon weg sind, bevor er noch fragen konnte: »Wie war ich?« Oder wenn eine Frau an jedem Finger zehn Kerle hat, aber nur weil Ihr über die Straße geholfen wird. Perfekte Menschen: Geht bitte weg und lasst uns halbgare Tiere befriedigt zurück!

Sie als selbstverständlich perfekte Frau, Wiebke, werden da sicher schon so Ihre Erfahrungen gemacht haben. Mit Spannung erwarte ich Ihre Einsichten zu diesen weltbewegenden Angelegenheiten!

Mit perfekten Grüßen
Christian

Von: Wiebke Lorenz – **An:** Christian Clerici
Gesendet: Mittwoch, 21. Januar 2009 13:18
Betreff: AW: Re: Sex-Special!

So ist es brav, Herr Clerici! Sie können doch, wenn Sie wollen!

Sollen Frauen/Männer einen Orgasmus vortäuschen?
Ganz ehrlich? Ich hab's schon gemacht. Und, nein, ich nenne keine Namen. Aber lassen Sie es mich so formulieren: Die Länge trägt die Last. Das gilt auch im Bett, besonders, wenn die Nummer nur lang ist und sonst gar nichts. Keine Frau steht auf unendliche Penetration, also jedenfalls, wenn sie gerade nicht in besagter Ausbildung zum Pornostar ist. Und da es immer noch erschreckend viele Män-

ner gibt, die allen Ernstes glauben, dass das pure Rein-raus-Spiel für uns Frauen beim Sex befriedigend ist, muss man halt hin und wieder schauspielerisches Talent an den Tag legen, um dem Kerl auf möglichst höfliche Art und Weise klarzumachen, dass er jetzt getrost zum Ende kommen kann. Ist doch netter, als ihn einfach runterzuschubsen, oder?

Stehen Männer/Frauen auf klare Anweisungen im Bett (etwa beim Oralsex)?

Tja, das sehe ich anders, Herr Clerici. Wie ich bereits beim Thema »Orgasmus vortäuschen« angedeutet habe, ist mir schon der eine oder andere Herr unter-, beziehungsweise übergekommen, bei dem ein korrigierender Hinweis hier und da durchaus angebracht war. Was nützen die fingerfertigsten Hände, wenn sie gerade an der falschen Stelle zu Werke gehen? Wozu es überhaupt erst mit einem Mann tun, wenn der nicht weiß, was er da macht? Sehen Sie, nicht nur im beruflichen Bereich halte ich ständige Weiterbildung für ein sehr wichtiges Thema, und da helfe ich doch gern, wo ich kann. Allerdings: Mir muss selbstverständlich niemand mehr Anweisungen zubellen. Ich habe es auf diesem Gebiet – wie in allen anderen natürlich auch – längst zur Meisterschaft gebracht!

Mr/Mrs Perfect ist schlecht im Bett – was tun?

Ach ja, das ist ein trauriges Thema. Denn wer ist noch nie mit einem Traumpartner im Bett gelandet, der sich dort binnen weniger Sekunden als absoluter Albtraum entpuppte? Früher, in meinen toleranten Jahren, hätte ich gesagt: Augen zu und durch, ein abgebrochener sexueller Akt kommt auf der Unhöflichkeitsskala direkt hinter »Vom Tisch aufstehen, wenn andere noch essen«. Heute, in der Blüte meines Lebens, würde ich, um mal im Bild zu bleiben, sagen: Man muss nicht alles essen, was auf den Tisch kommt. Wer weiß, vielleicht ergreift irgendwann einmal die Altersmilde von mir Besitz, und ich nehme mit zitternden Händen jedes dünne Wassersüppchen entgegen, das ich zu fassen kriege. Aber bis es so weit ist: Raus aus meinem Bett!

Zum Abschluss noch die letzten zwei Fragen aus »Was Sie noch nie über Sex wissen wollten, wir Ihnen aber trotzdem verraten!«.

Stöhnen oder still genießen?
Ich hatte mal einen Freund (ja, ja, ich weiß, ich hatte viiiele Freunde, aber irgendwoher muss mein profundes Fachwissen in Sachen Männer ja herrühren – alles im Dienste der Wissenschaft!), der geriet beim Sex in etwa so sehr in Ekstase, als würde er gerade den Wirtschaftsteil der Frankfurter Allgemeinen studieren. Hin und wieder musste ich nachsehen, ob er noch atmet. Will sagen: Beim Sex muss es zur Sache gehen, und zwar laut, sonst ist es kein Sex. Notfalls dürfen die Nachbarn auch wegen nächtlicher Ruhestörung die Polizei alarmieren. Das machen die meisten aber eh nicht, stattdessen liegen sie schweigend und neidisch in ihren Betten und überlegen, wann ihr eigener Partner eigentlich das letzte Mal einen Mucks von sich gegeben hat.

Körperbehaarung: Komplett blankziehen (er und sie)?
Es gibt genau eine Stelle am Körper eines Mannes, die nicht behaart sein darf: der Rücken. Wenn da ein Flokati wuchert, ist es mit der Erotik sofort vorbei, alles andere stört nicht weiter. Im Gegenteil, ein Kerl, der sich die Brust rasiert, ist kein Kerl, sondern ein Mädchen. Gleiches gilt für Beine und Achselhaare. Was die Intimzone betrifft, muss das jeder selber wissen, allerdings ist es ohne Fusseln im Mund schon noch ein bisschen schöner als mit. Bei Frauen ist eine gründliche Rasur unumgänglich. Weder an den Beinen noch in den Achselhöhlen, noch in der Bikinizone sollten Büsche wachsen. Ein komplett haarfreier Venushügel ist allerdings auch nicht so meins. Eine kleine Landebahn darf da schon stehen bleiben – und sei's nur, um den richtigen Weg zu weisen …

Ich erwarte freudig Ihre Antworten! Dann ist der Sex, äh, das Sex-Special für uns endgültig vom Tisch.

Frigide Grüße!

Von: Christian Clerici – **An:** Wiebke Lorenz
Gesendet: Mittwoch, 21. Januar 2009 19:33
Betreff: Frigide Grüße?

Wiebke, das ist ja eine ganz feine Art des Grußes, ich werde das Bild von Ihrer Lichtgestalt bei meinen lüsternen Psychopathen gleich mal um diesen Aspekt anreichern und damit vermutlich regelrechte Begeisterungsstürme lostreten. Beschweren Sie sich aber bitte hinterher nicht, wenn Ihre ersten Feldversuche mit meiner Bande zu einer leistungssportlichen Veranstaltung ausufern, denn Sie wissen ja, dass sich Männer beim Sex ausschließlich mit den Bedürfnissen Ihrer Bettgenossinen beschäftigen und entsprechend ausdauernd sind, wenn Sie das Gefühl haben, das war noch nicht alles.

Stöhnen oder still genießen?
Ich wusste gar nicht, dass Sex eine Wissenschaft ist, Frau Lorenz, aber wenn wir schon in der Audioabteilung des Beischlafes gelandet sind, bin ich auch dafür, den Lautstärkenregler ganz nach rechts zu drehen. Interessanter finde ich jedoch fast noch die Nebengeräusche, die oft unfreiwillig in voller Ekstase ertönen. Unvergesslich der spitze Schrei eines Feldversuches, der aus dem Hochbett stürzte, oder die etwas in die Jahre gekommene Federkernmatratze im Wohnwagen eines Jugendfreundes, die bei jeder Bewegung eine ganze Symphonie von Quietschtönen von sich gab. Bemerkenswert auch das Stöhnen einer Partnerin, das ich irrtümlicherweise für ein Lustbekenntnis hielt, während mein Ellbogen ihr volles Haar nach und nach aus der Verankerung löste. Aber ja, laut ist gut!

Körperbehaarung: Komplett blankziehen (er und sie)?
Mein Friseur sagt immer: Wer Stroh IM Kopf hat, kann es auch AM Kopf tragen. Das ist meiner Meinung nach eins zu eins auch auf alle anderen Körperpartien übertragbar, denn was beim Sex zählt, ist Authentizität. Wer sich einmal im Suff den Kopf mit Enthaarungscreme gewaschen hat, wird das Thema vielleicht etwas diffe-

renzierter sehen. Ihre Idealvorstellung von der Intimzone erinnert mich ein wenig an ein militärisches Manöver: leichte Turbulenzen beim Anflug auf den Venushügel, die Landebahn weist den Weg, eine Rakete klinkt sich vorzeitig aus, verfehlt aber das Ziel – und der Pilot muss die Prüfung wiederholen. Liebe Frau Lorenz, bei solchen Themen sind wir doch alle etwas blank und sollten uns vielleicht ein wenig mehr auf das Wesentliche konzentrieren.

Ja, das soll es also dann gewesen sein mit unserem Sex-Special. Ich glaube, ich brauche jetzt mal eine Pause und möchte mich eine Zeit lang nicht mehr mit diesen Einblicken in die wunderbare Welt des Beischlafes beschäftigen. Auch wenn uns die Medien suggerieren, nur wer bildhübsch, schwerreich und permanent paarungsbereit ist, gilt etwas in dieser Gesellschaft, will ich jetzt gern wieder in die ganz normale Realität eintauchen und mal sehen, wo man sonst noch Unheil anrichten kann.

Beim Skifahren zum Beispiel. Morgen starte ich wie immer um diese Jahreszeit bei einem Rennen für den guten Zweck und werde mir alle Mühe geben, entsprechend aufzufallen. Schließlich richtet sich karitatives Engagement in unseren Kreisen ja nicht nur an bedürftige Kinder und vom Schicksal geprüfte Opfer namenloser Naturkatastrophen, sondern auch immer ein wenig an uns selbst. Tue Gutes und sprich darüber. Am besten vor möglichst vielen Kameras, damit man mit leuchtendem Beispiel vorangeht – und um gleichzeitig sicherzustellen, dass man noch im Spiel ist.

Von: Wiebke Lorenz – **An:** Christian Clerici
Gesendet: Mittwoch, 21. Januar 2009 20:40
Betreff: Alpenrepublik

Lieber Christian,
nun, ich gehöre natürlich zu diesen doofen Nordlichtern, die sich nur einmal im Jahr (wenn überhaupt) Richtung Süden aufmachen, um dort über die Pisten zu rutschen. Aber immerhin: Ich kann das,

waren wir doch in meiner Jugend mindestens drei- bis viermal im Jahr zum Skifoan in Maria Alm am Steinernen Meer. Ich selbst trug früher den legendären Titel »Pistensau« und hege die allerschönsten Kindheitserinnerungen an Maria Alm: Germknödel und Almdudler. Und an den Rohrmoosbauern, der mitten im Wald eine Jausestation hatte und über den mein Vater immer sagte: »Der Bauer mit dem Moos am Rohr«. (Nun wissen Sie, von wem ich diesen sehr, sehr feinen Humor geerbt habe ...) Während eines Techtelmechtels mit meinem Skilehrer bin ich dann zur Tiefschnee-Expertin avanciert. Außerdem war mein Ex-Gatte in spe, als ich ihn Saalbach Hinterglemm kennenlernte, ebenfalls mein Skilehrer.

Sie sehen, Herr Clerici, ich bin durchaus billig zu haben. Würden Sie dieses Detail bitte noch an Ihre Freunde weiterleiten?

Des Weiteren rührt mich, um darauf noch mal zurückzukommen, Ihre Beschreibung »notgeile Ische« ungemein. Da kennen Sie mich erst so kurz, haben mich aber schon in den Grundzügen meines Wesens voll und ganz erfasst. Toll, Herr Clerici, das spricht für eine außergewöhnliche Sensibilität und Menschenkenntnis! Könnte man daraus nicht ein neues TV-Format stricken? Mir schwebt da was vor wie »Clericis Character-Clash«? Na, so in der Art halt, ich denke, das wäre ein Knaller, ein echter Straßenfeger!

Apropos Knaller: Ich schlage mich gerade mit einem Artikel über Herrn Boris Becker rum. Einen Tag Frist habe ich noch, was nicht besonders viel ist, wenn man bedenkt, wie umfangreich das Wirken und Treiben des schlagfertigen Tennisstars a. D. ist.

Von: Wiebke Lorenz – **An:** Christian Clerici
Gesendet: Donnerstag, 22. Januar 2009 17:36
Betreff: Haben Sie ...

... das Skirennen gewonnen?

Fragt:
Frau Lorenz

Von: Christian Clerici – **An:** Wiebke Lorenz
Gesendet: Freitag, 23. Januar 2009 10:50
Betreff: Nein …

… antwortet Herr Clerici, aber das war auch nie der Plan. Sehen Sie, Frau Lorenz, Herr Clerici kennt seine Grenzen. Also, nicht nur die des Landes, sondern auch seine persönlichen, und die lassen ihn – unüblich für einen Mann, werden Sie sagen, von vorne herein seine Taktik optimal ausrichten. Dort, wo man nicht gewinnen kann, aber trotzdem gern im Bild sein möchte, muss man halt andere Wege gehen.

Meiner war es, mir für eine Strecke von 30 Sekunden, 2 Minuten 40 Sekunden Zeit zu nehmen und zu hoffen, dass nicht ein anderer (oder eine andere, was ich aber im Wissen um den weiblichen Ehrgeiz ausgeschlossen habe) auf die Idee kommt, noch länger zu trödeln. Es ist nämlich so: Preise bekommen die ersten drei *und* der Letzte. Der Preis für eine Rampensau wie mich kann natürlich nur ein Bad in der Medienmenge sein, und nachdem dieses Charityrennen dankenswerterweise von allen österreichischen Bewegtbildanstalten gecovert wurde, können Sie sich vorstellen, wie blass der Erste neben dem unerwartet letzten Clerici ausgesehen hat. Ha, war das ein Fest!

Ansonsten schwächle ich inhaltlich ein wenig, irgendwie gibt es so Tage, an denen man sich zwar erinnert, schon mal gelacht zu haben, an denen man daran denkt, wie wenig es sich lohnt, ein emotionales Theater um Dinge zu machen, die eh sind, wie sie sind. Tage, an denen man einfach etwas weniger ist als sonst, sich nicht besonders leiden kann, die Welt für alles verantwortlich macht und weiß, dass auch das ausgemachter Blödsinn ist, und so fort. Da stecke ich gerade mittendrin. Hab keine Ahnung, was das Jahr so bringen wird, aber reichlich Vorstellung davon, was es bringen muss, um den Laden am Laufen zu halten. Na ja, jedenfalls bin ich von den Feierlichkeiten rund um meinen triumphalen letzten Platz etwas angeschlagen.

Liebe Grüße
sagt Herr Clerici

Von: Wiebke Lorenz – **An:** Christian Clerici
Gesendet: Freitag, 23. Januar 2009 13:36
Betreff: Re: Nein ...

Ach wissen Sie, Herr Clerici, solche Tage kenne ich. Mir geht's gerade auch nicht besser, denn man hat mir soeben meinen Text über Boris Becker um die Ohren gehauen und bittet um Umarbeitung. Auch eine Schreibgöttin hat's nicht immer leicht. Aber das Thema Boris Becker geht mir so dermaßen am Sonstwas vorbei, und es ist mir auch komplett egal, mit wem der sich jetzt verlobt oder auch nicht oder wer da gegen wen eine SMS schickt. Herrje, gibt's nichts Wichtigeres?

Wichtigeres: Gratulation zu Ihrem letzten Platz! PR kann man eben – oder nicht. Ein strategisch kluger Schachzig, eine echte Clerici-Finte, möchte ich sagen!

Ja, »den Laden am Laufen halten«, auch das Thema kenne ich: Neulich fragte mich jemand doch allen Ernstes, ob ich denn jetzt noch arbeiten müsste oder ob ich das nur noch aus Spaß mache. Ich wollte mich daraufhin vor lauter Lachen in meiner Kaffeetasse ertränken. Hab's dann aber doch gelassen. Trotzdem frage ich mich, welche Vorstellungen manche Leute so haben. Klar wäre ich gern J. K. Rowling, aber bis dahin ist es noch ein weiter Weg.

So, genug der Ernsthaftigkeit, ich werde mir jetzt erst mal ein schönes Bad gönnen und mir dann erneut Herrn Becker vorknöpfen.

Liebe Grüße nach Austria!

Von: Christian Clerici – **An:** Wiebke Lorenz
Gesendet: Montag, 26. Januar 2009 11:44
Betreff: J. K. Rowling

Wiebke,
Ich würde es Ihnen von Herzen gönnen, J. K. Rowling zu sein. Oder ich wäre gern mit Ihnen zusammen J. K.Rowling – Sie wären Rowling, ich

J. K. Kriegen wir locker hin und denken uns dann eine Geschichte aus. Wir sparen uns dabei den kleinen Zauberlehrling und erfinden an seiner Stelle eine Figur namens Don Wimble, einen blonden, einsamkeitsscheuen Helden, der die Kunst der oralen Befruchtung beherrscht und am Schluss der Geschichte (Weihnachtsgeschäft!!!) von einem Kometen erschlagen wird. Bei der Obduktion werden Weihrauch und Schafsdarm in seinen Lungen gefunden. Der große Showdown findet in einem Stall nahe der Autobahn statt, es kommt zu einer Selbstentzündung, und der Fall wird an die Kanzlei der drei kleinen Prinzen übergeben ...

Apropos Wohlergehen: Ihre Badewanne. Mir scheint dieser Aufenthaltsort, so oft und ausführlich, wie Sie ihn beschreiben, so etwas wie »Die Wiege der Lorenz« zu sein, ein Ort, an dem sie sich mit lindernden Substanzen stärkt, ein Jungbrunnen, dem sie nixengleich entsteigt, und ganz sicher, obwohl sie das noch nie explizit formuliert hat, ein mit warmem Wasser gefüllter Trog, in dem sie von der Muse geküsst wird und epische Sätze über ehemalige Tennisasse formuliert. Ich sehe ganz deutlich ein weiß emailliertes Objekt mit Eigenleben, so in der Art von Christine, die zwar ein Auto war und alles abgemurkst hat, was ihrem Vinylsitz zu nahe kam, nur halt irgendwie friedlich, inspirativ, freistehend, mit verchromten Armaturen, schlicht: ein Tor zu einer anderen Welt.

Wenn Sie jetzt Ihren Verdacht, ich hätte einen Wannentick, äußern wollen, sparen Sie sich das. Ich bin, und das wissen Sie spätestens seit unserer Kolumne, ein Duscher. Meine Inspiration entsteht unter dem Einfluss von fließendem Wasser. Nein, Frau Lorenz, nicht unbedingt warmes Wasser. Es darf durchaus auch heiß sein.

Mit dem Artikel über den virilen Tennisstar müssten Sie mittlerweile durch sein. Falls nicht, habe ich eine blendende Idee: Schicken *Sie* ihm doch eine SMS, in der Sie schreiben: »*Don, du Drecksau, es ist aus und vorbei. Du weißt, was ich für dich empfinde, aber trotzdem: Ich kann so nicht leben. Vor allem nicht mit dir (Ausrufezeichen). Adieu, du Wäscheklammer – und schreib den Artikel über dich einfach selbst!*« Ja, ich denke, so würde ich es machen. Das wäre doch auch ein genialer *Schachzig*!

Entschuldigung, ich brauche mein Maul ja wirklich nicht aufzureißen, was Tippfehler betrifft, aber dieses Wort, »Schachzig«, das Sie da kreiert haben, sollten wir vielleicht in irgendeiner Form in unseren Sprachgebrauch aufnehmen. Klingt doch fantastisch oder? Schachzig! Sagen Sie es einmal laut vor sich hin: SCHACHZIG. Noch mal. Und jetzt alle zusammen: SCHACHZIG!

Von: Wiebke Lorenz – **An:** Christian Clerici
Gesendet: Montag, 26. Januar 2009 17:33
Betreff: Schachzig

Schachzig, jaaaaa, eine tolle Wortkreation, nicht wahr? Lassen Sie uns ein Lexikon schreiben, lassen Sie uns die Welt neu erklären, mit einem Feuerwerk an Neologismen für all die kleinen, aber doch wichtigen Dinge des Lebens, die man bisher nicht benennen kann, einfach weil es dafür noch keine Begriffe gibt. Wie zum Beispiel ... zum Beispiel ... Beispiel ... Herr Clerici, helfen Sie mir auf die Sprünge, Ihnen fallen doch mit Sicherheit auf Anhieb Millionen von Dingen ein, für die es noch keine Worte gibt. Was halten Sie davon: »Schachzig: Überbegriff für die Transaktion, bei der ein Öl-Multi aus Dubai seine jüngste Tochter gegen 80 Kamele verschachert«?

Das dazu. Und ansonsten haben wir da ja noch diese heilige Mission, den Cosmopolitan-Leserinnen zu erklären, wie sich das zwischen den Geschlechtern so verhält. Soeben habe ich von der Redaktion das neue Thema bekommen.

Liebe Kombattanten,
hiermit gebe ich den offiziellen Startschuss für den nächsten Schlagabtausch in Sachen »Er sagt/Sie sagt«.
Sind Rollenspiele beim Sex prickelnd oder peinlich?
Auf das Ergebnis eurer Recherchen sind wir sehr gespannt ...

Was soll man, bitte schön, dazu schreiben? Aber gut, todesmutig habe ich mich dieser Aufgabe gestellt – hier das Ergebnis:

Rollenspiele – prickelnd oder peinlich?

Mal ehrlich, lieber Christian, ich kann ja verstehen, dass Sie als Moderator und Schauspieler immer wieder in verschiedene Rollen schlüpfen müssen. Das finde ich auch vollkommen okay. Aber um Ihrer Frau willen hoffe ich, dass Sie zu Hause, wenn es dunkel wird und die Nacht sich senkt, wenn es Zeit ist, die Laken zu zerwühlen und sich seinen Gelüsten hinzugeben, wenn die Leidenschaft Sie beide packt und nur noch die pure Sinnlichkeit zählt, wenn ... Verzeihung, es ist gerade ein wenig mit mir durchgegangen. Kürzer gesagt: Im Bett sind Sie hoffentlich einfach nur – der Christian. Halten Sie mich bitte nicht für spießig oder verklemmt (zum großen Leidwesen meiner Eltern bin ich das genaue Gegenteil davon), aber allein die Vorstellung, dass sich zwei erwachsene Menschen beim Liebesspiel aufführen wie der rheinische Jeck zu Karneval, finde ich doch mehr als bedenklich. Wenn ich einen Mann sexy finde, braucht er für mich nicht den Onkel Doktor zu geben, da reicht es schon vollkommen aus, wenn er ein echter Kerl ist. Nichts gegen verführerische Dessous oder Sextoys, aber da hört es meiner Meinung nach auch schon auf. Schließlich geht's hier ums Vögeln und nicht um die Aufnahmeprüfung bei einer Laientheatergruppe. Ich hatte mal, um ein bisschen aus dem Nähkästchen zu plaudern, ein wunderbares Date mit einem sensationellen Mann. Gutaussehend, erfolgreich, charmant, alles dran, was dran sein sollte. Er bekochte mich vorzüglich, kredenzte exzellenten Wein, um mich gefügig zu machen (was gar nicht nötig war, aber ich ließ ihm das Vergnügen), und dirigierte mich zur zweiten Nachspeise in sein Schlafzimmer. Auf seinem Bett liegend küssten wir uns wild und leidenschaftlich. Bis ein lautes »Klong« ertönte und mich aufschrecken ließ. Unter seinem Kopfkissen war etwas hervorgerutscht und auf den Boden gefallen. Grinsend hangelte er danach, ein paar Daumenschrauben kamen zum Vorschein. »Willst du, dass ich heute Nacht dein Beherrscher bin?«, raunte er mir ins Ohr. Nun ja. Ich war dann relativ schnell wieder zu Hause. Aber der Wein war wirklich gut!

Also, nee. Ich glaube, ich finde das nicht gut. Zumal Sie sich dann ja jetzt in die Brust werfen und ein Pamphlet *für* Rollenspiele schreiben müssten. Wollen Sie das? Oder sollten wir die Redaktion lieber um ein anderes Thema bitten?

Von: Christian Clerici – **An:** Wiebke Lorenz
Gesendet: Dienstag, 27. Januar 2009 06:21
Betreff: Unser Auftrag

Frau Lorenz, als Schauspieler und Moderator macht man noch ganz andere Dinge, als in irgendwelche Rollen zu schlüpfen. Erniedrigende Dinge, für die Ihnen trotz aller weiblicher Intuition wahrscheinlich die Vorstellungskraft fehlt. Der Punkt ist nämlich, was man alles auf sich nimmt, um an irgendwelche Rollen zu kommen, um dann erst wieder in welche zu schlüpfen, die jeder Beschreibung spotten.

Glauben Sie mir, wenn es damit getan wäre, sich als Krankenschwester, Riesenbaby oder Krokodil zu verkleiden, würde ich heute schon »Wetten, dass ...?« moderieren. Und das ist noch nicht einmal sonderlich erstrebenswert.

Einmal musste ich, um mir in einer längeren Schaffenspause etwas dazuzuverdienen, für einen renommierten Bäckerreigroßbetrieb als Schaumrolle verkleidet Weihnachtsgospels singen, um den Umsatz anzukurbeln. Demütigend. An solchen Tagen kann man von Glück reden, wenn noch so viel von einem übrig ist, um im Schlafzimmer zumindest eine Nebenrolle zu ergattern. Kein Wunder also, dass sich die Zunft in irrationalen Alkoholkonsum flüchtet und weiß Gott irgendwann keinen Unterschied mehr macht, ob der Fusel aus dem Tetrapack kommt oder in der eigenen Badewanne gebrannt wird.

Um aber auf den sexuellen Aspekt des ambitionierten Doktorspiels zurückzukommen: Das geht wirklich gar nicht! Und dieses Thema auch nicht. Das sollten wir nicht machen. Und wenn, dann müssten wir uns da etwas ausgefallenere Rollen ausdenken ...

Von: Wiebke Lorenz – **An:** Christian Clerici
Gesendet: Dienstag, 27. Januar 2009 10:21
Betreff: Re: Unser Auftrag

Lieber Christian,
6.21 Uhr. Sie leiden also an seniler Bettflucht – eine ernst zu nehmende Angelegenheit. Als wirkungsvolle Gegenmaßnahme empfehle ich, den Fusel aus dem Tetrapack mit etwas Selbstgebranntem aus der Badewanne zu mischen und jeden Abend eine homöopathische Dosis von zwei bis drei Litern einzunehmen. Hilft garantiert, ich mache das seit Jahren so und bin von den Ergebnissen mehr als überzeugt. Gut, es schlägt ein wenig aufs Gehirn, aber mein Freundeskreis hat sich mittlerweile daran gewöhnt, dass mir stets ein kleiner Speichelfaden aus dem linken Mundwinkel hängt und ich im Gespräch zwischendurch immer mal wieder wegnickeeeeeeeeeeeeeeeeeee ....

Päweäpgpzhtrbp#9zhqjhne-Piw-lskja_Öir
ÄPkjgqöjÖLJRÖOGUJAÖLj

T'schuldigung, mein Kopf war mal kurz auf die Tastatur gesackt. Wo war ich? Ach ja, bei den Demütigungen eines Schauspielers. Glauben Sie mir, da haben wir Autoren es auch nicht besser. Wie Sauerbier musste ich meine Texte anbieten, für meinen ersten Roman erhielt ich ganze 23 Absagen, ehe eine Rowohlt-Lektorin, die ich auf einer Party manisch vollquatschte (ich glaube, ich hatte zuvor mal wieder die Badewanne ausgesoffen), in einem Akt reiner Notwehr schließlich ermattet feststellte: »Okay, wir drucken den Scheiß. Aber lassen Sie bitte ab von mir!« Ja, und auch bei Cosmopolitan werde ich nur veröffentlicht, weil ... Na ja, weil ich einfach so fantastisch aussehe. In Wahrheit schreibe ich auch gar nicht selbst, ich halte mir hier einen kleinen verhutzelten Schreibsklaven in meinem Keller, den ich einmal am Tag mit einer Banane füttere, woraufhin er brillante Texte auswirft. Ja, so sieht das hier bei mir aus.

Von: Christian Clerici – **An:** Wiebke Lorenz
Gesendet: Dienstag, 27. Januar 2009 11:05
Betreff: Schreibsklave im Keller

Frau Lorenz: Ich möchte Sie höflichst ersuchen, im Zusammenhang mit Kellern keinen unterirdischen Schabernack zu treiben. Sie wissen ja, die Thematik ist in Österreich nicht ganz unbelastet ...

Von: Wiebke Lorenz – **An:** Christian Clerici
Gesendet: Dienstag, 27. Januar 2009 12:26
Betreff: Re: Schreibsklave im Keller

Oh, wie konnte ich nur, ich (wahl-)norddeutscher, unsensibler Klotz! Keller!!! Und das einem Österreicher gegenüber! Ach, weh mir! Dann erzähle ich etwas anderes über meinen Schreibsklaven:

Neulich verlangte er nach einem Nussjoghurt. Ich, ganz in generöser Spendierlaune, wollte ihm diesen Wunsch erfüllen und ging zu diesem Zweck zum Edeka-Markt meines Vertrauens. Was soll ich Ihnen sagen, lieber Christian, so etwas Banales wie ein Nussjoghurt war dort nicht zu finden. Stattdessen »Erdbeere mit Orchidee« und ähnlich Exotisches, die Zeiten der Schi-Schi-Molkereiprodukte sind angebrochen, der gute alte Nussjoghurt hat ausgedient. Nun sitzt er deprimiert in Gruppentherapie, zusammen mit seinen alten Kumpels Kirsche, Heidelbeere und Vanille.

Was ich eigentlich noch sagen wollte: Schreiben Sie der Redaktion, dass uns das Thema mit den Rollenspielen nicht behagt? Irgendwie habe ich das Gefühl, man nimmt Sie dort ernster als mich. Was mir ein komplettes Rätsel ist, aber wenn ich mich über alles, was mir rätselhaft ist, ausließe, käme mein Schreibsklave wirklich nicht mehr hinterher ...

Von: Christian Clerici – **An:** Wiebke Lorenz
Gesendet: Dienstag, 27. Januar 2009 14:37
Betreff: Neues Thema

Ich habe das mal eben in die Hand genommen:

Sie nennen uns so treffend Kombattanten. Der Restalkohol in mir würde gerne irgendeinen Witz mit Tante machen, aber der seriöse Waffenbruder im Geiste der Männer sagt: Nein. Nein, also in Bezug auf das Thema. Bitte nicht! Weder ich noch die göttliche Lorenz haben auch nur im Entferntesten unterschiedliche Ansichten zum Thema Rollenspiele. Wiebke ist keine Krankenschwester und ich kein Riesenbaby.

Das ist also deshalb saublöd, weil zum »Streiten« ja zwei gehören. Habt ihr in eurem unendlichen Fundus an Themen nicht vielleicht noch ein klitzekleines oder auch gerne riesengroßes, bei dem Hamburg wieder über Wien oder umgekehrt herfallen kann?

Von: Wiebke Lorenz – **An:** Christian Clerici
Gesendet: Montag, 2. Februar 2009 17:07
Betreff: Re: Neues Thema

Lieber Christian,
lange nichts mehr von Ihnen gehört (okay, ich wäre ja auch dran gewesen, aber als Frau schiebe ich das einfach mal wieder Ihnen in die Schuhe ...). Dafür hat Ihre Mail an die Redaktion etwas bewirkt, jetzt liegt mir ein neues Thema für unsere Kolumne vor (ich sehe Sie nicht im CC, deshalb schicke ich die Mail mal an Sie weiter). Die Rollenspiele werden uns netterweise erlassen, stattdessen will man von uns Folgendes wissen: »Können Frauen klüger mit Macht umgehen?« Tja, können sie? Ich habe mir da mal ein paar Gedanken gemacht und hänge den Text an.

Liebe und mächtige Grüße!

Können Frauen klüger mit Macht umgehen?

Wenn ich Königin von Deutschland wär, um mal den leider bereits verblichenen Rio Reiser zu zitieren, würde hier so manches anders laufen. Ihnen kann das egal sein, Herr Clerici, Sie sind ja sicher in Österreich untergebracht. Aber wenn ... Nein, lassen wir das, es geht ja um eine ernste Frage: Gehen Frauen klüger mit Macht um als Männer? Ich könnte jetzt politische Betrachtungen ins Feld führen und feststellen, dass Angela Merkel, Julia Timoschenko und Maggie Thatcher es auch nicht besser machen bzw. gemacht haben als ihre männlichen Kollegen. Und auch Kleopatra, um einen Sprung zurück in die Geschichte zu wagen, war in ihren Bemühungen, ihr Imperium auf Vordermann zu bringen, nur mäßig erfolgreich. Doch verlassen wir die abstrakte Ebene von Politik und Geschichte und lenken unser Augenmerk auf die alltäglichen Dinge des Lebens: die Fernbedienung. Ich war ja mal, falls ich es noch nicht erwähnte, verheiratet und kann deshalb zu diesem Thema einiges beitragen. Beim Kampf um »die Macht« ging ich meist nicht siegreich vom Feld und endete so bei a) Formel 1, b) Fußball oder c) Tour de France. Nun frage ich Sie, Christian, ist das klug? Anderen dabei zuzusehen, wie sie im Kreis fahren, einem Ball hinterherjagen oder einen Berg hochstrampeln? Bleiben wir beim letzten Beispiel: Wer sich das noch anguckt, in dem Wissen, dass es hier nicht um die beste Leistung, sondern das beste Doping geht, muss schon etwas bescheuert sein. Die wenigen Male, die ich die Fernbedienung zu fassen bekam, trugen hingegen durchaus zur Weiterbildung bei: medizinische Fachinformationen bei »Grey's Anatomy«, Gesellschaftskunde bei »Frauentausch«, Lifestyle-Unterricht bei »Germany's Next Topmodel«, Geographie- und Biologie-Nachhilfe beim »Dschungelcamp«. Nun ja, mittlerweile habe ich die Macht wieder für mich allein – und werde mit jedem Tag klüger.

PS Meine Nussjoghurt-Recherchen haben übrigens ergeben, dass man auch im Supermarkt meines Vertrauens dringend auf eine neue Lieferung wartet, mir aber leider nicht sagen kann, wann diese erfolgen wird. Da bin ich nun in der Tat ... machtlos.

Von: Christian Clerici – **An:** Wiebke Lorenz
Gesendet: Dienstag, 3. Februar 2009 08:14
Betreff: Macht nichts

Liebe Wiebke,
zuerst einmal möchte ich mich dagegen verwehren, von Ihnen in so abwegige Bereiche wie die Betrachtungen über die Abwesenheit von Nussjoghurts gezerrt zu werden! Ich habe nicht große Teile des Lebens damit verbracht, mir über meine Rolle als Mann klar zu werden, um nun nach und nach jede Glaubwürdigkeit in meinem Freundeskreis zu verlieren, nur weil ich – aus reinem Mitleid, wie ich betonen möchte – immer mehr Bestandteil Ihrer Gesprächstherapie werde.

Wenn Sie Probleme mit Nussjoghurts haben, lösen Sie die gefälligst selbst oder beschweren Sie sich bei irgendeinem preußischen Molkereiverband, die werden Ihnen dort sicher jedes Verständnis entgegenbringen. Um das mal festzuhalten: Wir schreiben zusammen eine Kolumne in einer renommierten Frauenzeitschrift, das geht ja noch an, weil ich mich als Mann quasi verpflichtet sehe, da und dort etwas Klarheit in das absurde Bild zu bringen, das sich Frauen von meinem Geschlecht machen. Aber wenn wir jetzt bereits auf Joghurtniveau kommunizieren, muss ich einfach auf die Bremse treten.

Ich werde Ihnen alsbald mit aller Macht etwas zum neuen Thema schreiben, sozusagen eine Machtdemonstration, neben der Ihre Joghurtproblemchen zur reinen Makulatur verkommen. Jetzt muss ich aber erst mal ins Casino, dann zum Hunderennen, und für den Nachmittag habe ich bei einer Gesprächsrunde zugesagt, in der schwangere, von ihren Männern verlassene parkinsonkranke Mütter darüber diskutieren, ob sie ihren Job in den oberösterreichischen Uranminen kündigen sollten, weil das auf Dauer ganz schlecht für ihre Fixervenen ist. Ich soll als Mann dazu mal was Vernünftiges sagen. So etwas wie: »Jetzt schmeißt mal nicht die Nerven weg, Ladys, es gibt Schlimmeres.« Sie sehen, ich habe weiß Gott Wichtigeres zu tun, als mich mit Ihnen im Kühlregal herumzutreiben!

Liebste, gehetzte Grüße aus Wien, home of the brave!

Von: Wiebke Lorenz – **An:** Christian Clerici
Gesendet: Donnerstag 5. Februar 2009 16:27
Betreff: Re: Macht nichts

Wissen Sie eigentlich, was Defätismus ist? Vermutlich nicht, woher sollte jemand, der immer nur die schlauen Dinge, die andere geschrieben haben, vom Teleprompter abliest, die Bedeutung solcher Fremdwörter kennen? Ich übersetze Ihnen das mal flugs: Wehrkraftzersetzung. Im Krieg wurde man dafür übrigens erschossen. Da mir die Möglichkeiten zu solcherlei Sanktionen nicht zur Verfügung stehen – wir sind ja nicht im Krieg, höchstens im übertragenen Sinne –, lassen Sie mich Ihnen Folgendes schreiben: Ich gestatte Ihnen tiefe Einblicke in mein Seelenleben, ja, beichte Ihnen sogar meine existenziellsten Alltagsängste bezüglich Nussjoghurt ... Und was machen Sie? Sie weisen mich aufs Rüpelhafteste darauf hin, dass Sie das alles einen *Scheißdreck* interessiert!?

Wir müssen ein *Team* sein, haben Sie das denn noch immer nicht begriffen, Herrgott noch mal? Meinen Sie, ich hätte auch nur die geringste Lust, mir Ihr Gefasel über Rennautos oder Ihre schwere Jugend als singende Schaumrolle in einer Großbäckerei durchzulesen? Sicher nicht! Nur verfüge ich über die nötige Klasse, Sie nicht auch noch drauf hinzuweisen. *Ich* untergrabe Ihre Arbeitsmoral nicht, stattdessen streichle ich Ihr Ego, bin stets gewillt, auch noch im größten Dünnsinn, der von Ihrer Seite kommt, den einen oder anderen vernünftigen Gedanken zu entdecken (was wahrlich nicht einfach ist!!!) ...

Aber gut, Herr Clerici, Sie wollen also schon wieder ätzend zu mir sein. Vielleicht haben Sie gestern schlecht geschissen oder so, dass soll ja im Alter häufiger vorkommen. Und das kann einem natürlich schon mächtig in den Gedärmen brodeln, das verstehe ich. Stichwort »mächtig«: Können Sie sich bitte mal zusammenreißen und einfach Ihren Part des Textes schreiben? Ich wäre Ihnen sehr verbunden!

PS Bei Verdauungsproblemen hilft übrigens: Nussjoghurt. Am besten probiotischer.

Von: Christian Clerici – **An:** Wiebke Lorenz
Gesendet: Samstag, 14. Februar 2009 22:03
Betreff: Mächtig mächtig

Guten Abend, Frau Lorenz,
Sie wundern sich vielleicht, warum es so lange gedauert hat, bis ich Ihnen wieder schreibe. Mein Schweigen lag daran, dass ich tatsächlich mit Verdauungsproblemen zu kämpfen hatte, denn Ihre letzte Mail lag mir schwer im Magen. Natürlich: Wie man in den Wald hineinbrüllt, so kommt es zurück ...

Jetzt aber zur Wahrheit: Ich habe mir so lange Zeit gelassen, weil ich bis zum Valentinstag warten wollte. Der Valentinstag, Sie wissen schon, der Tag der Liebe, der Tag, an dem man seiner Angebeteten Blumen schenkt, unglaublich liebe Sachen sagt – oder jedenfalls so tut, als ob.

Dass Sie mich eigentlich erschießen wollen, finde ich nicht so tragisch, das zeugt von Profil, und ich bin ja, wie Sie mittlerweile wissen, ein Freund von klaren Verhältnissen. Greifen Sie bei der Wahl der Waffe nur nicht gleich zum größten Kaliber, Ihre zarten Mädchenhände könnten durch den Rückstoß Schaden nehmen, und womöglich werden Sie bei dem Versuch, mich zu treffen, sogar zu Boden geschleudert, oder, noch schlimmer, Sie fallen aus dem Fenster – und ich muss nachher in unserer Kolumne, die ich dann endlich alleine schreibe, scheinheilig erklären, warum Gewalt keine Lösung ist. Alkohol im Übrigen auch nicht, denn Realitätsverlust ist etwas, das auf Dauer sehr wohl an der Reputation einer Edelfeder nagen kann.

Versuchen Sie es zur Abwechslung doch mal mit Wasser, das kann man bei Bedarf auch in Spritzpistolen füllen, der Schaden, den Sie damit anrichten können, bliebe vergleichsweise gering.

Ich lese nicht vom Teleprompter ab, da haben Sie tatsächlich einen wunden Punkt bei mir getroffen. So etwas verbietet mir der Stolz, sollen sich andere derartiger Gehilfen bedienen, ich habe meine Texte im Kopf. Wenn auch nicht alle Redakteure und Drehbuchautoren mit meiner manchmal etwas eigenwilligen Interpretation der Inhalte zurechtkommen.

Im Augenblick ist mir mächtig langweilig, und deshalb nutze ich die Zeit, bevor ich hier im Salzburger Kongresszentrum für ein Reifensyndikat wieder auf die Bühne muss, um Ihnen zu kolumnisieren.

Sweet Valentine Clerici

Können Frauen klüger mit Macht umgehen?

Sie kennen doch den doofen Spruch: »Wissen ist Macht, nichts wissen macht auch nichts.« Wurde vermutlich von einem Mann erfunden, der sich dabei wahrscheinlich auch noch mächtig komisch vorkam. Sehen Sie Frau Lorenz, ich gehöre zu jenen Vertretern meines Geschlechts, die Frauen tatsächlich für klüger halten als Männer, aber auch wissen, dass es dabei zu keiner entscheidenden Wirkung auf Kriegsschauplätze, Wüstensöhne, Fernbedienungen und den Biervorrat im Keller kommt. Das mag daran liegen, dass Frauen im Gegensatz zu Männern einfach keine besondere Qualität darin bemerken, über andere zu triumphieren. Dabei stört mich das nicht, wenn Frauen das Gefühl haben, Macht auszuüben. Sollen Sie doch meinetwegen beim Sex oben sitzen und die ganze Arbeit machen. Das klappt ja auch mit Waschen, Putzen und Bügeln ganz gut. Macht kommt von machen, da werde ich ganz sicher nicht im Weg stehen. Frauen sind vielleicht subtiler in ihrem Machtanspruch, aber – haben sie dann einmal die ganze Verantwortung – auch nicht viel geschickter als wir. Männer hauen sich auf die Brust, brüllen wie die Affen, stinken wie die Moschusochsen und rennen um die Wette. Das halte ich als Machtanspruch für transparenter und ehrlicher. Mit oder ohne Doping. Und selbst wenn die Frau solche Gebärden lächerlich findet, am Ende bleibt ihr ja doch nichts anderes übrig, als wieder zurück in die Höhle zu kommen. Da ist es schön warm, da sagt der Alte, wo es langgeht – und statt um die Fernbedienung zu wetteifern, könnte man ja auch mal wieder miteinander schlafen. Sag ich jetzt mal so, kein Druck, um Himmels willen, war echt nur so ein Vorschlag, Baby ... Jetzt hab dich nicht so, war nicht ernst gemeint ... Tut mir leid ... Ich bin ein Wurm ... Hey, Baby, komm, lass uns wieder gut sein ...

Von: Christian Clerici – **An:** Wiebke Lorenz
Gesendet: Samstag, 14. Februar 2009 22:50
Betreff: Mächtig lustig

Da bin ich schon wieder. Die jungen Tenöre trällern gerade, das Publikum ist begeistert, und ich habe zehn Minuten, um mich auszuruhen. Wovon, weiß ich nicht, aber ich bin sicherheitshalber in die Garderobe verschwunden, denn mir schießen die ganze Zeit so komische Witze durch den Kopf, die auf einer Veranstaltung des größten Reifenherstellers der Welt vielleicht nicht so gut kämen. Ich dachte, um der ganzen Angelegenheit etwas mehr Profil zu geben, könnte ich darüber reflektieren, was wohl passiert, wenn einem Reifenhändler die Luft ausgeht. Nicht jeder Gummi ist sicher, man muss also schon verdammt aufpassen, will man nicht ins Schleudern geraten. Und obwohl nicht alles rund ist, was rollt, läuft es hier ganz abgefahren, der eine oder andere ist von der Dimension her sogar schon richtig breit. Sie, Frau Lorenz, müssen vermutlich noch etwas reifen, um das hier zu verstehen, so wie die Käseplatte hier in meiner Garderobe steht.

Soda, ich muss wieder ...

Von: Wiebke Lorenz – **An:** Christian Clerici
Gesendet: Sonntag, 15. Februar 2009 13:53
Betreff: Re: Mächtig lustig

Lieber Christian,
da Sie gerade über Käse philosophieren: Sehen Sie, so einen Käse wie die Beschreibung Ihrer Tätigkeit als Reifenhändler meine ich. Wer soll das lesen wollen? Hätte ich Ihnen eine Mail mit ähnlich gehaltvollem Inhalt geschickt, hätten Sie mit Sicherheit gleich wieder draufgehauen. Aber so bin ich eben nicht, *ich* nicht. Ich berücksichtige nämlich durchaus, dass gestern Valentinstag war. Ist denn mein Päckchen mit den teuren Zigarren noch nicht bei Ihnen angekommen? Sie haben gar nichts gesagt! Na ja, Perlen vor die Säue, das hätte mir eigentlich klar sein müssen, als ich am Freitag das kleine

Zeichen meiner Zuneigung in parfümiertes Seidenpapier eingeschlagen, verpackt und zur Post getragen habe. Das heißt ... Ach, hier steht's ja noch, das hab ich wohl ganz vergessen. Hm, und jetzt? Zum Valentinstag kommt es eh zu spät, also behalte ich es einfach – schließlich habe ich morgen Geburtstag.

Geburtstag, Herr Clerici, haben Sie verstanden? Ich erwarte also morgen ein paar echte Nettigkeiten, sonst sehe ich schwarz fürs neue Lebensjahr. Und zwar für Ihres, nicht für meins.

Von: Christian Clerici – **An:** Wiebke Lorenz
Gesendet: Sonntag, 15. Februar 2009 14:43
Betreff: Happy Birthday

Sind Sie eigentlich abergläubisch? Das müsste ich wissen, falls ich Ihnen schon heute zum Geburtstag gratuliere, denn es bringt ja angeblich Unglück, wenn man die Glückwünsche im Vorhinein äußert. Andererseits: Was soll denn an Unglück noch in Ihr Leben kommen, was ohnehin nicht schon da wäre? Also in diesem Sinne, liebe Frau Lorenz: Alles Gute zum Geburtstag!!! Und wissen Sie was? Ich meine das zur Abwechslung wirklich ernst und hoffe inständigst, dass dieser Gefühlsausbruch keinerlei schlechten Einfluss auf Ihr Schicksal nimmt. Das täte mir im Grunde meines Herzens leid, denn Sie sind ja eigentlich ganz nett.

Liebe Grüße
Christian

Von: Wiebke Lorenz – **An:** Christian Clerici
Gesendet: Sonntag, 15. Februar 2009 15:06
Betreff: Re: Happy Birthday

Christian, ich weiß gar nicht, was ich sagen soll! Kann man Ihnen trauen? Sind Sie überhaupt in der Lage, etwas aufrichtig Nettes über mich zu sagen? Darüber hinaus: Wenn Sie feststellen, dass ich eigentlich »ganz nett« bin, dann lassen Sie sich gesagt sein, dass »ganz nett« im Hochdeutschen das genaue Gegenteil von dem bedeutet, wonach es klingt!

Verwirrt,
Wiebke

Von: Christian Clerici – **An:** Wiebke Lorenz
Gesendet: Sonntag, 15. Februar 2009 17:04
Betreff: AW: Re: Happy Birthday

»Ganz nett« heißt im Wienerischen genau das, was es heißt, nämlich »ganz nett«. Es war und *ist* als echte Liebenswürdigkeit gedacht. Punkt. Was Sie im Hoch- oder von mir aus auch Norddeutschen daraus machen, bleibt Ihnen überlassen, aber ich gebe zu bedenken, dass es unsere Beziehung nicht einfacher gestaltet, wenn Sie hinter jeder meiner ernst gemeinten Formulierungen eine Bösartigkeit vermuten. Sollten Sie auf dieser Einstellung beharren, werde ich mich hüten, Ihnen einen meiner psychopathischen Freunde vorzustellen, denn auch die haben Gefühle.

Überhaupt wird es wirklich langsam Zeit, dass wir Ernst machen mit dem Verkuppeln, also lassen Sie mich Ihnen heute Moses, einen meiner engsten Kumpels, vorstellen. Am besten, ich erzähle Ihnen eine typische Geschichte über ihn, vielleicht ebnet ihm das ja bereits einen kleinen Pfad in Ihr geprüftes Herz.

Als ich 1996 nach Hamburg übersiedelte, packte ich meine gesamte Habe in einen alten Mercedes-Bus und bat Moses, mich auf dieser Reise zu begleiten. Tat er auch. Im Großen und Ganzen war er mir aber keine wirkliche Hilfe, weil er sich auf den schlanken 900 und sonst was Kilometern in den Norden die Zeit mit einem Kasten Bier vertrieb. Entsprechend präzise waren seine Handgriffe beim Ausladen und seine körperlichen Reserven, als es darum ging, die gute Miele-Waschmaschine in den dritten Stock (ohne Lift!) zu verfrachten. An Tag zwei dieses Abenteuers wusste ich: So wird das nichts! Also sind wir zur Erholung nach Sylt gefahren, und weil dort gerade irgendwelche Surfweltmeisterschaften stattfanden, war das Rahmenprogramm ausgesprochen reichhaltig: Anstatt uns zu erholen, sind wir tagelang von einer Party zur anderen gezogen, um dann in einem derart erbärmlichen Zustand nach Hamburg zurückzukehren, dass das Ausladen noch eine ganze Woche in Anspruch nahm.

Kurz vor unserer Abreise von Sylt sind wir am Strand in einen kleinen komatösen Schlaf gefallen. Geweckt wurde ich von einem hanseatischen Gör, das sich über mich beugte und zu seiner Mutter sagte: »Mami, sind diese Männer da tot?« Ausgesehen haben wir wohl so. Das bestätigten auch die Kollegen aus der Entertainmentredaktion von »Premiere«, für die ich gleich nach unserer Rückkehr ein Whitney-Houston-Konzert moderierte. Live und spätnachts. Ich arbeite ja, wie bereits erwähnt, *nie* mit Teleprompter – aber damals ging's nicht anders. Es ging auch *mit* nicht so richtig ...

Egal, eigentlich wollte ich Ihnen von der jungen Mutter erzählen, die Moses auf Sylt kennenlernte. Des Namens kann ich mich nicht mehr entsinnen, doch dass die gute Frau etwa zwei Monate später samt ihrem halbwüchsigen Kind bei Moses in Wien auf der Matte stand. Moses fand das Ganze nicht so lustig, was aber auch daran gelegen haben mag, dass er sich gar nicht daran erinnern konnte, eine Einladung zur gemeinsamen Zukunft ausgesprochen zu haben. Aufgrund des unterschiedlichen Humorpotenzials und noch ein paar anderer Verschiedenheiten zwischen Norden und Süden hat sich die Angelegenheit recht schnell erledigt.

Moses wäre ideal für Sie, wenn Sie sich ein wenig anstrengen: Hochgradig soziophob, leichte Neigung zu Verschwörungstheorien, ausgesprochen klug und gebildet, etwas kleiner als Sie, aber mit genug Selbstbewusstsein, um Sie noch in Stöckelschuhen um drei Köpfe zu überragen. Natürlich hat Moses nun schon eine unbefriedigende Erfahrung mit einer norddeutschen Frau hinter sich, aber wenn ich ihm gut zurede und ihm glaubhaft versichere, dass Sie zwar genauso klingen, aber halt ganz anders sind, mag er möglicherweise einen erneuten Versuch starten.

Was meinen Sie, Wiebke. Geben Sie sich einen Ruck, wickeln Sie sich in das parfümierte Seidenpapier, das eigentlich für meine Zigarren gedacht war, und kommen Sie flugs nach Wien. Ich besorge auch eine Torte, aus der Sie springen können.

Na?
Christian

PS Und wenn Sie schon mal bei uns im Süden sind, könnten Sie nicht nur aus der Torte springen, sondern tatsächlich mal in den Hangar kommen. Wir brauchen immer mal wieder ein frisches Boxenluder, das sich im knappen Outfit auf einer Motorhaube räkelt. Das würde Moses bestimmt gefallen und ihn darüber hinwegsehen lassen, dass das Luder eine Preußin ist.

Von: Wiebke Lorenz – **An:** Christian Clerici
Gesendet: Dienstag, 17. Februar 2009 12:24
Betreff: Moses

Lieber Christian,
der Grund dafür, dass wir an meinem Geburtstag nicht miteinander kommuniziert haben, ist simpel: Ich war einfach viel zu gerührt von Ihrer Mail, in der Sie mir den Bier trinkenden soziophoben Gnom Moses ans Herz legten. Dass er ein Gnom ist, wundert mich nicht weiter, schließlich muss er in ein Weidenkörbchen passen. Auch die Tatsache, dass er bindungsunwillige Tendenzen an den Tag legt, sobald alleinerziehende Mütter mit ihrer Brut bei ihm auftauchen, finde ich nicht unsympathisch, sondern durchaus nachvollziehbar. Damals, als ich mein Techtelmechtel mit dem Skilehrer aus Maria Alm hatte, habe ich auch ein wenig, äh, sparsam reagiert, als er vorschlug, er könne ja von Österreich zu mir nach Deutschland ziehen. Von daher würde ich fast sagen: Passt. Moses und ich würden mit Sicherheit eine traumhafte Beziehung führen. Er mit sich in Wien, ich mit mir in Hamburg ... Ach, wie romantisch!

Aber – natürlich kommt jetzt ein Aber: Der Name Moses lässt mich vermuten, dass es sich bei Ihrem Kumpel um einen römischen Katholiken handelt. Da wird es knifflig, lieber Herr Clerici, denn für diese Bande werde ich vor Gott und der Kirche immer verheiratet bleiben, da kann ich mich so viel und so oft scheiden lassen, wie ich will. Und ich bin mir nicht sicher, ob eine junge Beziehung neben einer räumlichen Distanz von knapp 1000 Kilometern auch noch die Tatsache verträgt, dass Moses niemals der einzige Mann in meinem Leben sein wird.

Und wenn Sie jetzt meinen, das alles klinge nach einer komplett absurden Ausrede, weil ich weder Moses kennenlernen noch aus einer Torte springen oder mich als Boxenluder auf einer Motorhaube räkeln will – dann müssen Sie mir das erst einmal beweisen!

Ich erbitte also weitere Vorschläge. Außerdem kann eine Dame von Welt nicht beim Erstbesten zuschlagen, da erwarte ich schon ein größeres Psychopathen-Portfolio, aus dem ich wählen kann!

Liebe Grüße
Wiebke

PS Was die Sache mit dem »ganz nett« betrifft: Die Message ist angekommen, ich werde in Zukunft auf typisch-weibliche Zickereien verzichten und mich wie ein Kerl benehmen. So weit wäre ich bereit, Ihnen entgegenzukommen, wenn es Ihnen bei der Suche nach einem geeigneten Idio ... Mann fürs Leben für mich hilft.

Von: Christian Clerici – **An:** Wiebke Lorenz
Gesendet: Mittwoch, 18. Februar 2009 09:21
Betreff: Psychopathen im Dutzend

Liebe Wiebke,
das musste ich erst einmal verdauen, war ich doch der Meinung, Moses würde ideal zu Ihnen passen. Ich akzeptiere umgekehrt immerhin auch, dass Sie wählerisch sind und schon allein aufgrund Ihrer gene-

tischen Vorbelastung als Frau nicht einfach nur »Ja« sagen können. Eins möchte ich zur Ehrenrettung von Moses aber doch noch hinzufügen: Der ist so was von atheistisch, dass es schon fast wieder an Glauben grenzt. Sei's drum, ist ja nicht der Einzige, den ich im Angebot habe, und vielleicht sollten wir tatsächlich auch nichts überstürzen.

Geben wir uns also Mühe, eine engere Auswahl zu definieren, die ich Ihnen dann auf neutralem Boden vorstelle. Also quasi überall in Österreich, außer bei uns im Hangar.

Was halten Sie denn von Kurt? Habe ich schon von dem erzählt? Nein? Nun, da gibt es auch gar nicht viel zu sagen – was umgekehrt eine durchaus präzise Beschreibung ist. Kurt hat zwar viel zu sagen, tut es aber nicht. Dafür hat er andere Vorzüge, die, wären wir nicht alle wirklich gute Freunde, so manchen in der Clique zu echtem Neid provozieren könnten. Kurts Spitzname ist »Dreibein«. Und jetzt dürfen Sie dreimal raten, wie man zu so einem Kosenamen kommt, wenn man so, wie alle anderen, auch mit nur zwei Haxen auf die Welt gekommen ist. Ich will Ihnen hier keinen Invaliden anpreisen, sondern einen, für den so manche Frau schon mal darauf verzichtet, das weiterführende Gespräch zu suchen. Leider hege ich die Befürchtung, dass Sie im wirklichen Leben ähnlich viel quatschen, wie Sie schreiben, und das könnte meiner Einschätzung nach ein Problem für Kurt sein. Falls Sie aber einfach mal für einige Zeit den Mund halten können und ihn nur dann aufmachen, wenn Kurt es von Ihnen verlangt, dann wäre es einen Versuch wert. Sagen Sie Ja, Wiebke!

Von: Wiebke Lorenz – **An:** Christian Clerici
Gesendet: Donnerstag, 19. Februar 2009 10:45
Betreff: Re: Psychopathen im Dutzend

Herr Clerici,
ich muss mich mit einer erschütternden Mitteilung an Sie wenden: Sollten Sie sich jemals mit dem Gedanken tragen, als Zweitkarriere eine windige Partnervermittlung zu eröffnen, die verzweifelten Singles das Geld aus der Tasche zieht, indem sie diese jämmerlichen

Geschöpfe (also solche, wie ich eines bin) mit Zeitungsannoncen lockt, in welchen potenzielle Lebensgefährten in den höchsten Superlativen angepriesen werden – vergessen Sie es! Ich weiß zwar nicht, wo Ihre Talente liegen, aber ... Lassen Sie es mich so formulieren: Wenn es darum geht, einer Frau Ihre Freunde schmackhaft zu machen, müssten Sie hier und da noch einmal nachbessern.

Ganz ehrlich, Christian, Sie schlagen mir doch wohl nicht im Ernst einen Mann vor, der nie reden und stattdessen immer mit seinem dritten Bein ... Die Klosterschule verbietet es mir, an dieser Stelle deutlicher zu werden. Herr Clerici, Sie haben es vielleicht noch nicht bemerkt, aber ich bin eine *Frau*. Mir ist durchaus bewusst, dass die Charaktereigenschaften, die Sie bei Ihrem Freund Kurt so hervorheben, bei einem Mann helle Begeisterung auslösen würden, träfe er auf ein weibliches Wesen, das ähnlich veranlagt ist. Okay, natürlich ohne drittes Bein, Sie wissen schon, aber ...

Na, dann eben ganz direkt: Sie haben da was durcheinanderbekommen, Herr Clerici, es sind die *Männer*, die nicht quatschen und stattdessen vögeln wollen, beim schöneren Geschlecht verhält es sich genau umgekehrt. Was ich suche, ist ein Schöngeist, einen sensiblen und dennoch welterfahrenen Kerl, der energisch *und* einfühlsam ist. Nun gut, hin und wieder wollen wir auch mal so richtig rangenommen werden. Hin und wieder ... Qualität statt Quantität, davon haben Sie doch sicher schon mal gehört!

Wissen Sie was? Lassen Sie es vorerst lieber bleiben und gucken Sie stattdessen mal den Film »Was Frauen wollen« – vielleicht sehen Sie danach schon ein wenig klarer.

Dennoch: Dank für Ihre Bemühungen!

Von: Christian Clerici – **An:** Wiebke Lorenz

Gesendet: Donnerstag, 19. Februar 2009 18:30

Betreff: Na dann ...

... lassen wir das mit der windigen Partnervermittlung in den hohen Norden einstweilen bleiben. Wenn ich gewusst hätte, dass Sie an meinen Vorschlägen so viel auszusetzen haben, hätte ich mich gar nicht erst so weit aus dem Fenster gelehnt. Ich dachte eigentlich, wenn die Grundvoraussetzung »Psychopath« erfüllt ist, sind die restlichen Eigenschaften nebensächlich. Mir wird nun auch eines langsam klar: Es kommt ganz offensichtlich nicht von ungefähr, dass sich Frau Lorenz dermaßen plagen muss bei der Partnerwahl ...

Daher fordere ich Sie nun auf, selbst mal ein paar Vorschläge zu machen. Ich würde mich dann wie in einer depperten Castingshow zum Juror aufschwingen und Ihnen frei von der Leber weg meine Meinung über die jeweiligen Chancen auf ein gemeinsames Leben kundtun. Sie kennen mich, Wiebke, es kann gut sein, dass ich dabei in meine alten Muster verfalle und die Betreffenden nicht nur frei von der Leber weg begutachtete, sondern meine Eindrücke unter Zuhilfenahme des gesamten Spektrums des menschlichen Stoffwechsels kommentiere.

Egal, versuchen wir's ... Schicken Sie mir doch gleich entsprechende Fotos mit, das würde mir die Auswahl erheblich erleichtern, denn als Mann genügt ein Blick auf einen anderen Mann, um zu wissen, ob der was taugt oder nicht.

Heidi Klump-Clerici

Von: Wiebke Lorenz – **An:** Christian Clerici
Gesendet: Freitag, 20. Februar 2009 17:25
Betreff: Ich soll ja ...

... Gegenvorschläge machen und fragen, was Sie davon halten. Also habe ich gleich gestern Nacht alle meine Freundinnen angerufen, ob Sie nicht einen Kerl für mich wüssten und mir Fotos zuschicken könnten. Zackprompt wurde mir ein fraufreies Exemplar empfohlen. Wie finden Sie den? (Siehe Anhang) Irgendwie ganz niedlich, wie ein Vögelchen, das aus dem Nest gefallen ist ... Oda?

Fragt:
Wiebke

Von: Christian Clerici – **An:** Wiebke Lorenz
Gesendet: Freitag, 20. Februar 2009 21:05
Betreff: Re: Ich soll ja ...

Guten Abend und ganz schnell:
Das von Ihnen zur Diskussion gestellte Objekt sieht *nicht* wie ein Vögelchen aus, das aus dem Nest gefallen *ist*. Dieser Typ sieht aus wie ein ausgewachsener Vogel, der gleich aus dem Nest fallen *wird*. Und wie blöd muss man sein, um sich im 30. Stock so weit aus dem Fenster zu lehnen? Ein gutes Herz muss er allerdings haben, sonst wäre er dort oben vor Angst längst gestorben.

Von: Wiebke Lorenz – **An:** Christian Clerici
Gesendet: Samstag, 21. Februar 2009 10:21
Betreff: Neuer Versuch

Ach, Herr Clerici, es war mir klar, dass Sie es mir nach meinen Nörgeleien über Ihre Vorschläge nicht leicht machen würden. Aber müssen Sie mit Ihren hohen Ansprüchen gleich *so* streng sein? Sicher, ich verstehe, dass Sie für Ihre Schreibpartnerin nur den Schönsten, den Besten, den Tollsten akzeptieren – aber übertreiben Sie es da nicht ein bisschen mit Ihrer Pingeligkeit? Ich meine, gates are closing, ich bin 37 (oha, jetzt hab ich's verraten!), sooo lange können wir uns da wirklich keine Zeit mehr lassen, wenn es mit der 5-köpfigen Kinderschar noch was werden soll!

Aber gut, schließlich müssen Sie, wenn wir irgendwann gemeinsam mit Marion, Ihrer Piemont-Sippe und meiner Mischpoke einen florentinischen Palast beziehen, mit dem Kerl leben, also sollte er Ihnen schon gefallen. Da ordne ich meine Wünsche und Vorstellungen gern den Ihrigen unter, immerhin sind Sie der Mann und wissen es eh besser. Im Anhang ein weiterer Vorschlag.

Liebe Grüße
Single-Wiebke

Von: Christian Clerici – **An:** Wiebke Lorenz
Gesendet: Samstag, 21. Februar 2009 12:56
Betreff: Re: Neuer Versuch

Liebe Wiebke,
Ihr neuer Vorschlag kommt mir irgendwie bekannt vor. Entweder ein Freund meines verstorbenen Großvaters oder der Tanzlehrer meiner Mutter. Ich komme einfach nicht drauf. Vielleicht aber auch nur eine Verwechslung, denn es könnte auch der Typ sein, den ich auf einem Werbeplakat für diese Haarimplantate gesehen habe. Sie wissen schon: vorher-nachher.

Das Foto scheint noch von vorher zu sein, aber dafür hat er auf jeden Fall einen guten Zahnarzt. Gute Zähne sind wichtig, Frau Lorenz, das weiß jeder Viehhändler. Mal sehen, irgendwo habe ich noch das Jahrbuch der erfolgreichsten Versicherungsvertreter 1992, geben Sie mir etwas Zeit, ich finde schon noch raus, woher ich den Kerl kenne.

Von: Wiebke Lorenz – **An:** Christian Clerici
Gesendet: Montag, 23. Februar 2009 14:00
Betreff: Männer mit Bart

Herr Clerici,
nun bin ich natürlich ein wenig deprimiert ob Ihrer Ablehnung des zweiten Kandidaten und verzichte bis auf Weiteres darauf, Ihnen noch mehr Fotos zu mailen, denn negative Vibes verkrafte ich gerade nicht so gut.

Stattdessen sollten wir uns vielleicht mal wieder mit unserer Kolumne befassen, soeben habe ich ein neues Thema erhalten.

Dürfen Männer Bart tragen?
Sie kennen mich, Christian, ich bin ein differenzierter Mensch und neige nicht zu Pauschalurteilen. Ich meine, Schwarz-Weiß-Malerei bringt einen angesichts der Komplexität unserer heutigen Gesellschaft nicht weiter, da muss man schon genauer hinsehen, um sich

eine dezidierte Meinung zu bilden über so wichtige Dinge wie den männlichen Bartwuchs. Ich habe mir zu diesem existenziellen Thema ausgiebig Gedanken gemacht und bin zu folgendem Ergebnis gekommen: Nicht jeder Mann kann Bart tragen. Aber viele sollten es. Denn so eine Gesichtsbehaarung hat den nicht zu unterschätzenden Vorteil, dass sie mitunter Dinge verbirgt, die der geneigten Betrachterin missfallen könnten. Ein fliehendes Kinn zum Beispiel. Dermatologische Problemfälle. Überbiss, Unterbiss, Biss zum Morgengrauen. Ach nein, das war etwas anderes. Wobei, es passt eigentlich ganz gut, denn wer abends mit einem wilden 3-Tage-Bart-Träger ins Bett geht, um nach einer aufregenden Nacht ein glatt rasiertes Arschloch in Unternehmensberater-Outfit aus dem Bad kommen zu sehen – dem kann der Morgen schon ganz schön grauen. Schlimmer als ein Kerl, dessen Antlitz an einen Kinderpopo erinnert, sind nur die Typen, die sich auf Biegen und Brechen einen Bart stehen lassen wollen, obwohl ihnen dafür schlicht und ergreifend die, ja, nötigen Haare fehlen. Das führt zu einer löcherigen Fusselansammlung im Gesicht, die an ein schlampig gemähtes Getreidefeld erinnert und außerdem den Verdacht aufkeimen lässt, die Kopfbehaarung könnte über kurz oder lang ein ähnliches Schicksal ereilen. In diesem Fall also: Haare ab! Sowohl am Kinn als auch – wenn es nicht mehr zu verbergen ist – auf dem Kopf. Machen wir noch einen kleinen Schlenker zu einer besonderen Bart-Unterkategorie: der Schnauzer. Dazu schreibe ich aber lieber nichts. Denn das Einzige, was mir zu diesem Thema einfällt, lässt sich in einer Publikumszeitschrift wirklich nicht abdrucken.

Von: Christian Clerici – **An:** Wiebke Lorenz

Gesendet: Freitag, 27. Februar 2009 20:35

Betreff: Re: Männer mit Bart

Wenn es um das Thema Bart geht, will ich gleich mal versuchen, Ihnen mit ein paar schlauen Beobachtungen aus meinem Universum entgegenzukommen:

Dürfen Männer Bart tragen?

Natürlich kenne ich Sie, Wiebke. Deshalb, und weil ich nicht ansatzweise so differenziert bin wie Sie, möchte ich Ihnen jetzt mal ein paar Dinge aus der Welt des Bartes verraten, geheimnisvoll und gleichzeitig ernüchternd, wie ein kleiner Speiserest, der sich dem Gesetz der Schwerkraft folgend im dichten Vollbart versteckt hat, um dort sein unappetitliches Werk zu verrichten. Dummerweise bin ich befangen. In meiner Familie trugen und tragen alle einen Bart, selbst meine Großmutter hatte da etwas an der Oberlippe, was gar nicht schön war. Mir hingegen will das komplette Programm nicht so recht wachsen, weshalb ich innerfamiliär auch etwas schief angeschaut werde. Ich habe mich also für die Dreitagesversion entschieden, aus der, wüsste man es nicht besser, durchaus ein Prophetengewächs werden könnte. So vermeide ich es, als glattes Arschloch identifiziert zu werden, und schüre gleichzeitig Hoffnungen bei denen, die es gern buschig haben. Mein Hauptproblem mit Vollbärten ist: Ich kann ihren Trägern einfach nicht böse sein. Wenn sich meine namenlose Wut gegen einen Autofahrer mit Hut und Wackeldackel richtet, verpufft jede Aggression in der Sekunde, in der ich sehe, dass der Kerl einen Vollbart trägt. Vielleicht ist es das Weihnachtsmannsyndrom. Dabei können Bartträger durchaus schlechte Menschen sein. Auf jeden Fall kann ich es mir partout nicht vorstellen – ich versuche jetzt mal, einen Augenblick so zu denken wie eine Frau, also wie Sie, liebe Wiebke –, worin der Reiz eines feurigen Kusses liegen soll, wenn die ersehnten Lippen in ein undefinierbares Bartgestrüpp eingebettet sind. Umgekehrt ist mir aufgefallen, dass Dreitagesbärte ganz hässliche Schürfwunden rund um die weiblichen Lippen hinterlassen. Auch nicht so toll. Ich meine, mir kann das natürlich wurscht sein, aber rein akademisch betrachtet, würde ich wahrscheinlich lieber mit einem glatten Arschloch knutschen als mir das seidig gepflegte Schnäuzchen zerkratzen zu lassen. Egal, das führt zu nichts. Was halten Sie eigentlich von Bart Simpson?

SMS-KONTAKT CLERICI/LORENZ:
Wiebke (02.03.2009, 12:56 Uhr): Wie ist die Lage in Österreich? Habe gerade die Weltpresse gelesen – Boris Becker braucht einen Image-Berater. Dringend.

Christian (02.03.2009, 13:10 Uhr): Ich habe gerade keinen Zugriff auf diesen Schund ;-)

Wiebke (02.03.2009, 13:23 Uhr): Na, er erklärt, warum er bei »Wetten, dass ...?« seine Vermählung mit Lilly verkündet hat. Dabei liegen die Gründe für mich auf der Hand: Profilneurose ...

Von: Christian Clerici – **An:** Wiebke Lorenz
Gesendet: Montag, 2. März 2009 17:17
Betreff: SMS

Wiebke,
so geht das nicht! Wenn wir jetzt anfangen, uns noch SMS zu schreiben, bringe ich überhaupt nichts mehr weiter in meinem Leben. Es reicht schon, dass ich den ganzen Tag vor dem Computer hocke, um nur ja keine Erwiderungen auf Ihre Bösnettigkeiten zu verpassen, ich kann jetzt nicht auch noch ununterbrochen in mein Handy tippen. Ich verstehe ja, die Causa Becker beschäftigt Sie außerordentlich, vielleicht deshalb auch die SMS, aber da kann ich Ihnen jetzt wirklich nicht helfen. Das Beste wäre wohl, in dieser Sache den Mund zu halten, sonst wird am Ende noch jemand schwanger. Wetten, dass ...?

In Bezug auf seine neuerliche Hochzeit, kann ich nur sagen: Das geht mir zu schnell, mich aber auch nichts an. Da muss schon jeder selbst wissen, was er wie glaubt.

Also bitte, Frau Lorenz, kümmern Sie sich um vernünftigere Sachen als das Liebesleben vom Bobbele. Was macht denn übrigens Ihres? Sie haben schon lange nichts Verzweifeltes mehr geschrieben, geschweige denn irgendwelche lustigen Fotos von Ihren jugendlichen Verehrern geschickt. Alles in Ordnung? Oder schreiben Sie schon wieder an einem Ihrer Liebesromane und versuchen deshalb, zu ergründen, warum Menschen sich lautstark per SMS trennen, um ein paar Wochen später wen anders zu heiraten? Oder soll ich doch noch mal in meinem Psychopathen-Fundus nach jemandem Ausschau halten, dessen Neurosen möglicherweise zu den Ihren passen? Sagen Sie es nur, Lilalorenz, dann werde ich wieder tätig!

Nun, ich grüße Sie jedenfalls herzlich aus Amsterdam, denn dort halte ich mich gerade auf, um heute Abend bei Uri Geller aufzutreten. Das ist die Show, in der halbherzige Illusionisten Uri und das Publikum davon überzeugen wollen, würdige Nachfolger des großen Löffelverbiegers zu sein. Ich bin schon sehr gespannt, denn ich glaube ja nur bedingt an das Übernatürliche. Die Pressestelle von PRO7 hat mich jedenfalls darum gebeten, schon vorab ein paar Zeilen zum Thema: »Clerici und das Übernatürliche« zu schreiben, damit sich der Moderator auf mich einstellen kann. Geht das überhaupt? Kann man sich auf mich einstellen? Vor allem, wenn ich solche Texte abliefere:

Christian Clerici ist recht geerdet, was das Übernatürliche angeht. Abgesehen davon, dass er manchmal davon träumt, von einer toten, tollwütigen Leberwurst verfolgt zu werden, hält sich sein Kontakt mit dem Jenseits in Grenzen. Er ist allerdings geneigt, zu glauben, dass es zwischen Himmel und Erde Phänomene gibt, die nicht allen zugänglich sind. Er meint damit nicht Kumulus-Wolken. Herr Clerici hat großen Respekt vor der Kraft der Gedanken, weil er überzeugt davon ist, dass man damit Berge versetzen kann.

Sub summarum glaubt er an die Magie der Liebe und des 440 Magnum Blocks in seinem 1972er GTX Roadrunner. Bei Letztgenanntem werden Energien frei, die kaum zu bändigen sind und mystische schwarze Streifen auf dem Asphalt hinterlassen. Das alles begleitet von viel Rauch und infernalischem Lärm.

Einmal ist ihm die Jungfrau Mathilde erschienen, aber die hat er wieder weggeschickt, denn er ist verheiratet. Und: Es gibt einen Fleck in seinem Badezimmer, der mit gespenstischer Regelmäßigkeit wiederkehrt, und das, obwohl die australische Putzfrau mittlerweile sogar einen Schamanen hinzugezogen hat, um dem Ding

Frau zu werden. Es stellte sich allerdings heraus, dass es sich bei dem Fleck um einen gewollten Effekt im Design der Mosaikfliese handelte, und so wird über den ganzen Spuk seither nicht mehr gesprochen.

Ach so, ja, einmal hat er für die Pro7-Märchenstunde in Prag gedreht, und zwar in einem alten Schloss. Dort ist er in den Drehpausen herumgeschlichen und hat sich vom Burgwart erzählen lassen, dass vor langer Zeit, als zum ersten Mal Dreharbeiten an jenem Ort stattfanden, für eine Szene eine ganze Wand herausgebrochen wurde. Hinter der Wand fand sich ein Skelett in voller Rüstung. Das war gruselig, fand er, allein schon die Geschichte, aber selbst gesehen hat er es natürlich nicht.

Manchmal hat er übernatürliche Momente, wenn er die Schlagzeilen der Bildzeitung liest. Da fühlt es sich so an, als ob kaltes nacktes Grausen von ihm Besitz ergreift, urplötzlich wird er von einer grässlichen Übelkeit gepackt, und seine Augen beginnen, im übertragenen Sinne, zu bluten. Das ist ziemlich schaurig.

Er kann total super die Geschichte von dem schwarz vermummten Mann erzählen, der jeden Abend mit dem Taxi vom Casino in der Kärntner Straße zum Wiener Zentralfriedhof fährt, dort über die Mauer klettert und nach einer Stunde blutverschmiert wiederkommt. Aber das ist eine saulange Geschichte und würde den Rahmen der Sendezeit ganz sicher sprengen.

Apropos explodieren: Gestern hat es ein ganz gruseliges Geräusch im Kühlschrank gegeben. Als Christian Clerici mit schreckensbleichem Gesicht und zitternden Händen die Tür öffnete, blieb ihm vor Entsetzen fast das Herz stehen. Die Atmung setzte kurzfristig aus, als er die zerfetzte Tupperware sah, in der er wohl über längere, nein, sagen wir, sehr lange Zeit, ein üppiges Stück Olmützer Quargel vergessen hatte.

Mit dieser doch durchaus beachtlichen okkulten Vergangenheit ist Christian Clerici der ideale Gesprächspartner für Übernatürliches aller Art. Sein Lebensmotto ist auch gleichzeitig das Credo für die Inschrift auf seinem zukünftigen Grab, in dem er gemeinsam mit seiner Frau, seinem Hund und besagtem 440 Magnum Block eines Tages liegen möchte – vorausgesetzt, er überlebt die eben Erwähnten: »Fragt nicht, was das Jenseits für mich tun kann, fragt, was ich für das Jenseits tun kann.«

Huhhhhuuuuuhhhhh (Schrei der Eule)

Amsterdam also. Morgen um 20.15 Uhr müssen Sie gucken. Das Ding ist nämlich live, wer weiß, vielleicht verwandelt mich der Uri ja in einen Borkenkäfer.

Von: Wiebke Lorenz – **An:** Christian Clerici
Gesendet: Montag, 2. März 2009 17:45
Betreff: Re: SMS

Was sagt denn der Arzt dazu? Ich denke, Sie sollten dringend einen Psychoanalytiker aufsuchen, ihm Ihren Text überreichen und zusammen mit ihm herausfinden, wie es um Ihren Geisteszustand bestellt ist. Wer weiß, vielleicht kommen Sie dabei ja zu der Erkenntnis, dass *Sie* in Wahrheit der einzig würdige Uri-Illusionisten-Nachfolger sind, und verbiegen daraufhin bei der Sendung gleich mal live und in Farbe die Studiodekoration ...

Egal, das mit der SMS verstehe ich schon und halte ab sofort die Fingers still, versprochen!

Was mein Liebesleben macht? NICHTS!!!! Ich werde als eiserne Jungfer enden!!! Aber dafür vielleicht reich. Dann schaffe ich mir drei Königspudel an, trage nur noch rosafarbene Ballkleider, korrespondierend zu der Farbe meiner Dauerwelle, und kaufe mir ein Schloss in Schottland. Insofern: Ja, bitte, sichten Sie wieder Psychopathen für mich, die Lage ist einigermaßen verzweifelt, und ich habe mir schon mehrfach selbst in den Hintern gebissen, dass ich Moses damals so leichtfertig abgelehnt habe. Also, geben Sie ihm gern meine Telefonnummer, wie auch allen anderen Männern, die Ihnen in nächster Zeit begegnen, die sollen mich ruhig alle anrufen!

Von: Wiebke Lorenz – **An:** Christian Clerici
Gesendet: Montag, 23. März 2009 12:16
Betreff: Grillen

Moinsen!
Huch, schon wieder ein paar Wochen rum und keine Nachricht von Ihnen! Ist was passiert?

Hier schaut's echt trüb aus, in Hamburg geht mal wieder die Welt unter, Regen, Regen, Regen, Wind, Sturm. Ich werde depressiv, also heitern Sie mich gefälligst auf!

Ach ja, folgende Nachricht erhielt ich aus der Redaktion: Wir sollen als nächstes ein typisches »Sommerthema« schreiben. Etwas mit Grillen, Campen oder Outdoor-Sex. Haben Sie eine Idee? Von meiner Seite können wir uns gern ein paar Grillzangen um die Ohren hauen.

Camping ist auch toll, nichts liebe ich mehr, als auf einem verpekten, matschigen Acker in Tarifa rumzuhängen und den Jungs beim Surfen zuzugucken. Beim letzten Mal habe ich mich zusammen mit meiner Kreditkarte in ein 5-Sterne-Hotel abgesetzt und den Kerl in unserem windschiefen Zelt zurückgelassen.

Oder wir widmen uns dem heiklen Thema »Männer und Sommerschuhe – Warum Sandalen einfach nicht sexy sind, egal, wer drinsteckt«. Dabei fällt mir ein, Herr Clerici: Haben Sie auch diese praktischen Trecking-Sandalen mit Klettverschluss? Oder Crocs? In Hellblau? Eine atemberaubende Vorstellung, denn Männerfüße sind ja schon für sich allein genommen eine ziemliche Problemzone ...

Nun, also, raus aus den Sandalen, verehrter Herr Clerici, und werfen Sie Ihren Kolumnengrill an, während ich jetzt mal zum Supermarkt gehe, mir ein halbes Hähnchen und einen Landliebe-Kakao kaufe. Und danach werde ich einfach noch ein bisschen aus dem Fenster gucken, Dauerregen betrachten und vor lauter Frust noch ein wenig arbeiten. Brav, oder?

Von: Christian Clerici – **An:** Wiebke Lorenz
Gesendet: Montag, 23. März 2009 15:41
Betreff: Re: Grillen

Ja, Wiebke, Sie sind wirklich brav. Natürlich müssen Sie sich aus dem sonnendurchfluteten Wien die Frage gefallen lassen: Was sollten Sie bei diesem Wetter denn sonst tun, außer arbeiten? Nein, bitte, Frau Lorenz, sagen Sie es nicht ... Ich weiß, man kann, wenn es draußen regnet, auch noch ganz andere Dinge tun und muss dabei gar nicht brav sein. Entschuldigung, das war jetzt ungebührlich.

Von: Wiebke Lorenz – **An:** Christian Clerici
Gesendet: Montag, 23. März 2009 15:51
Betreff: AW: Re: Grillen

Sie haben recht, eine depressive Singlefrau daran zu erinnern, was man bei miesem Wetter tun kann, ohne dabei brav zu sein ... Das ist nur in Maßen feinfühlig von Ihnen, Sie österreichischer ... Sie ... Sie ... Na, *Sie* eben!

Sobald ich mein halbes Hähnchen intus habe, werde ich eine Textsalve auf Sie abfeuern. Ziehen Sie schon mal den Kopf ein!

Von: Christian Clerici – **An:** Wiebke Lorenz
Gesendet: Montag, 23. März 2009 16:05
Betreff: Re: AW: Re: Grillen

Ich weiß zwar nicht, wie man das Geräusch sich echauffierender Hühner beschreibt, aber ich höre es gerade ganz deutlich. Selbst wenn es sich nur um ein halbes handelt. Brat-oder Backhähnchen? Brust oder Keule? Und seit wann haben Sie mit Feinfühligkeit aus Österreich zu rechnen?

Ihr Christian

Von: Wiebke Lorenz – **An:** Christian Clerici
Gesendet: Montag, 23. März 2009 16:53
Betreff: AW: Re: AW: Re: Grillen

So, Christian, da bin ich wieder. An der heißen Theke stapelten sich die Leute, sodass ich stattdessen mit Würstchen aus dem Kühlregal und der aktuellen »Bunte« vorliebgenommen habe. Die Würstchen sind bereits verputzt, die »Bunte« folgt gleich. Wie ich dem Titelbild entnehme, sieht der Neue von Veronica Ferres aus wie ein Damenmiederwaren-Vertreter. Ach, ich vergaß, Sie interessieren sich ja nicht für die Klatschpresse. Also zu einem anderen Thema, denn eigentlich wollte ich ja *Sie* fertigmachen und mich nicht auf den neuen Lover von der Ferres einschießen. Aber nun haben Sie Glück bzw. Pech, denn die Würstchen haben mich wieder milde gestimmt, und ich sitze mit mir und der Welt versöhnt an meinem Platz. Was auch daran liegen könnte, dass der Regen tatsächlich aufgehört hat und ich die Hoffnung hege, heute Abend trockenen Fußes ins »Knust« zu kommen, wo die Sensationsband »Presidents of the United States of America« ein Konzert gibt. Sie sehen, ich pflege hier weiterhin meinen soliden Lebenswandel. Ganz die Schülerin eines katholischen Mädchenlyceums. (Wussten Sie eigentlich, dass ich eine Frau Magister bin? Das finde ich immer so lieb, dass man in Österreich noch Wert auf Titel legt, also schreiben Sie mich in Zukunft doch bitte so an, ja?)

Egal, zurück zu Frau Ferres: Wie schaffen die Leute das immer? Gerade mal vor vier Monaten getrennt und, zack!, ist schon ein Neuer am Start. Komisch. Mach ich was falsch? Ja, werden Sie jetzt sagen, natürlich mache ich etwas falsch. Nur: was???

Jetzt zu Ihnen: Fangen Sie doch bitte mal mit dem Sommerthema an, ich hätte Lust, Ihnen wieder eine zu watschen!

Es grüßt
Wiebke

PS Was macht eigentlich Moses? Ich warte auf seinen Anruf!!!

Von: Christian Clerici – **An:** Wiebke Lorenz
Gesendet: Montag, 23. März 2009 17:31
Betreff: Re: AW: Re: AW: Re: Grillen

Sehr geehrte Frau Magister,
mit großer Bestürzung nehme ich zur Kenntnis, dass Sie ernährungstechnisch einigen Nachholbedarf haben. Als Singlefrau in mittleren Jahren sollten Sie sich nicht mit Würstchen abgeben. Zum einen ruiniert das Ihre Figur, zum anderen müssten Würstchen Sie doch in eklatanter Weise an so manch überflüssigen Liebhaber erinnern. Mein Tipp: Sparen Sie die Würstchen aus und essen Sie was Vernünftiges, auch wenn Sie dafür anstehen müssen. Kommt eh bald wieder, denn jetzt, wo die Amerikaner die Geldpresse anwerfen, können Sie sich schon ausrechnen, was ein halbes Hähnchen bald kosten wird.

Frau Magister finde ich großartig! Ich werde Moses erzählen, dass ich eine unglaublich scharfe Hamburger Apothekerin kennengelernt habe, die so wild auf ihn ist, dass Sie wahrscheinlich sogar darüber hinwegsehen würde, wenn er im Stehen pinkelt.

Den Neuen von Frau Ferres habe ich unlängst bei Maischberger gesehen, und er ist mir dort unter all den anderen eher vertrauenswürdig vorgekommen. Vielleicht ist das aber auch neben Herrn Eichel keine besondere Kunst. Macht und Geld machen sexy, Frau Magister, noch nie etwas davon gehört? Nur, weil Sie da Prinzipien haben, ändert das nichts am Lauf der Dinge. Und mal ehrlich: Sie hätten es sich bestimmt auch leichter machen können und müssten jetzt nicht regelmäßig mit Ihrer Schwester in Klausur fahren, an einem verregneten Tag allein auf der Couch hocken und Würstchen in sich hineinstopfen. Sie könnten genauso gut in einer Luxusvilla am Meer sitzen, sich vom Butler eine eisgekühlte Margaritha bringen lassen, eine Runde im Pool schwimmen – und müssten im Gegenzug nur hin und wieder die Arschbacken zusammenkneifen, wenn sich Ihr reicher, mächtiger Mann an Sie kuschelt.

Aber Sie gehen ja lieber ins »Knust«. Käme in Wien jemand auf die Idee, ein Lokal so zu nennen, würde er wahrscheinlich auf Lebenszeit mit der Ferres in einen Keller gesperrt. »Knust«. Geht's noch?

Was Moses betrifft, werde ich ihm mal Bescheid sagen, Frau Magister, Sie brauchen wirklich einen soliden Partner an Ihrer Seite. Das kriegen wir schon hin. Habe ich übrigens erwähnt, dass Moses Kakteen sammelt?

Von: Wiebke Lorenz – **An:** Christian Clerici
Gesendet: Montag, 23. März 2009 19:12
Betreff: AW: Re: AW: Re: AW: Re: Grillen

Werter Herr Clerici,
meine Wenigkeit hat gerade *noch* ein Würstchen gegessen, bevor es gleich losgeht. *Ein* Vorteil des Single-Daseins ist ja, dass man sich komplett gehen lassen kann, weil es total *wurscht* (da ist sie wieder!) ist, wie man aussieht und wie's um die Figur bestellt ist, weil da ohnehin keiner neben einem im Bettchen liegt, für den man die Arschbacken zusammenkneifen müsste. Nicht mal beim Furzen tut das not: Auch da kann man einfach mal Mensch sein. Außerdem hasse ich es, wenn man sich an mich kuschelt, ob nun Multimillionär oder Pleitier vom Dienst, jede Form des Einengens ist mir zutiefst zuwider. Ich bin Wassermann und mache diesem Sternzeichen alle Ehre. Sie dürfen also Moses ausrichten, er könne sich gefahrlos auf eine Liaison mit mir einlassen, ich glänze ohnehin zumeist durch Abwesenheit.

Das meinte auch mein Mann hin und wieder, wenn er sagte: »Liebling, du bist so abwesend.« Darauf ich: »Präsenz ist für Anfänger, der wahre Künstler offenbart sich in seiner Flüchtigkeit.«

Polygam veranlagt bin ich – entgegen meiner früheren Behauptung – auch noch, würde es mir aber für Moses abgewöhnen, zumindest zeitweise und unter der Woche, wenn er sich im Gegenzug das Stehpinkeln abgewöhnt. Ich denke, da ginge was, und habe irgendwie ein ziemlich gutes Gefühl.

Welch Glück, dass die »Cosmopolitan« uns zusammengebracht hat! Nicht auszudenken, was die Zukunft für mich ohne Ihre fürsorgliche Führung bereithielte! Heureka, Christian, schicksalhaft-

war die Stunde unserer ersten Mail! Ich werde sogleich eine Dankes-Depesche an die Redaktion verfassen und erklären, in Zukunft auf ein Honorar für meine Texte verzichten zu wollen, denn die therapeutische Wirkung unserer Korrespondenz ist weiß Gott Entlohnung genug. Oh. Schon sieben Uhr. Ich muss los.

Von: Wiebke Lorenz – **An:** Christian Clerici
Gesendet: Dienstag, 24. März 2009 04:30
Betreff: Re: AW: Re: AW: Re: AW: Re: Grillen

Halb fünf – und ich bin gerade nach Hause gekommen. Sie passen ja nicht auf mich auf, Sie Doofkopf, Sie! Glaube, ich habe vorhin einen 20-Jährigen geheiratet. Sicher bin ich mir nicht. Genaueres kann ich vielleicht morgen sagen.

Ins Koma fällt:
die Frau Magister

Von: Christian Clerici – **An:** Wiebke Lorenz
Gesendet: Dienstag, 24. März 2009 06:22
Betreff: AW: Re: AW: Re: AW: Re: AW: Re: Grillen

Schämen wir uns. Sie, weil Sie so spät nach Hause kommen, ich, weil ich so früh aufstehe. Na ja, wir werden beide unsere Gründe haben. Genaueres kann ich Ihnen vielleicht später sagen.

Von: Wiebke Lorenz – **An:** Christian Clerici
Gesendet: Dienstag, 24. März 2009 10:28
Betreff: Re: AW: Re: AW: Re: AW: Re: AW: Re: Grillen

Gar nicht so schlimm. Recherchen haben ergeben: Er war schon 25. Und was machen *Sie* um diese unchristianliche (hö, hö) Uhrzeit?

Von: Christian Clerici – **An:** Wiebke Lorenz
Gesendet: Dienstag, 24. März 2009 16:48
Betreff: AW: Re: AW: Re: AW: Re: AW: Re: AW: Re: Flirten

Arbeiten, Frau Magister, was sonst? Wie heißen Sie jetzt eigentlich? Ich meine, nachdem Sie gestern wieder geheiratet haben? Geht das überhaupt? Die Scheidung ist doch noch gar nicht durch, oder?

Von: Wiebke Lorenz – **An:** Christian Clerici
Gesendet: Donnerstag, 26. März 2009 18:28
Betreff: Neuer Name

Lieber Christian,
ich glaube, ich heiße jetzt »Gin Tonic«. Jedenfalls meine ich, mich daran zu erinnern, diesen Namen in der Nacht häufiger gehört zu haben. Klingt doch ganz schick, oder?

Und das Tollste ist: Ich habe mich in Herrn Gin Tonic sogar ein kleines bisschen verguckt. Gerade hatte ich nämlich mit meiner Neubekanntschaft einen wunderbaren Nachmittag mit Elbspaziergang und In-der-Sonne-sitzen, tollen Gesprächen und viel Gelächter. Ohauaha, wenn ich den noch zwei-, dreimal treffe, könnte es mich durchaus erwischen.

Aber was ist dann mit unserem Psychopathen-Projekt? Na ja, wir wissen ja noch nicht, wo das mit Herrn Tonic endet, machen wir also vorsichtshalber weiter wie bisher. Wobei, was heißt hier eigentlich »weitermachen«? So richtig viele Vorschläge sind ja in letzter Zeit nicht von Ihnen gekommen ...

Aber zurück zum Pflichtprogramm: Wo bleibt eigentlich Ihr Text zum Sommer? Ich denke, wir sollten uns damit beschäftigen, warum Frauen keinen Outdoor-Sex mögen, also machen Sie hin, Mann! Sonst ist der Sommer vorbei, ehe er angefangen hat!

Streng:
Wiebke

Von: Christian Clerici – **An:** Wiebke Lorenz
Gesendet: Sonntag, 29. März 2009 22:21
Betreff: Neuer Text

Nur die Ruhe, Frau Lorenz, und setzen Sie mich gefälligst nicht so unter Druck! Ich stecke mitten in den Vorbereitungen zu einem Marokkourlaub mit meiner Frau und habe gerade andere Dinge im Kopf, als mir Gedanken über die Liebe unter freiem Himmel zu machen.

Ich werde Ihnen alsbald erklären, was ich von Outdoor-Sex halte, bis dahin verhalten Sie sich – auch, wenn es schwer fällt – ruhig und beten Sie ein wenig für den Weltfrieden. Kann ja nicht schaden.

Von: Wiebke Lorenz – **An:** Christian Clerici
Gesendet: Dienstag, 31. März 2009 17:31
Betreff: Vernachlässigt

Mein lieber Christian,
das heißt, nein, Sie lieben mich ja gar nicht mehr, sonst hätten Sie doch mal was zu meiner Neubekanntschaft gesagt, mir viel Glück und dem hoffungsvollen Aspiranten ein dickes Bankkonto oder sonst was gewünscht.

Egal, werden wir also ab sofort rein geschäftlich: Wären Sie so freundlich, mir vor Ihrer Abreise noch kurz ein paar Cabriodächer um die Ohren zu hauen? Die Redaktion will das ja bis zum 8. April haben, und ich würde doch ungern unsere beiden Parts schreiben. Was ich selbstverständlich und ohne jeden Zweifel *könnte*. Aber ich will Sie nicht depremieren.

Und ansonsten: Viel Spaß im Urlaub! Bis zu Ihrer Rückkehr ist meine kurze Frühlingsliebe mit Sicherheit auch schon wieder Schneematsch von gestern, und Sie werden mich gewohnt übellaunig an meinem Platze vorfinden.

Marokkanische Grüße schickt:
Wiebke

Von: Christian Clerici – **An:** Wiebke Lorenz
Gesendet: Dienstag, 31. März 2009 17:47
Betreff: Re: Vernachlässigt

Wiebke, HALLO, WIEHHHBKÄHHH, ganz ruhig ... Sooo ... Schon besser ... gaaaanz ruhig!

Ich wollte Ihnen doch gerade schreiben, bin fast fertig mit meiner Abhandlung über Sex unter freiem Himmel, habe darin so viele Vorlagen eingearbeitet, dass Sie in Ihrem Blutrausch sowieso Ihre Frühlingsbekanntschaft vergessen werden, also, was soll der Aufstand?

Was ist das überhaupt für ein seltsamer Ausdruck? Neubekanntschaft, das klingt ungefähr so aufregend wie eine bescheuerte Aktion in der IKEA-Abteilung für Möbelstücke mit kleinen Macken. Billig halt. Neubekanntschaft, pfff!

Sagen Sie lieber so etwas wie: Herr Clerici, ich habe da einen derart geilen Typen kennengelernt, der kostet mich so viel Verstand, wie Sie ihn nie besessen haben, der sieht bei seiner Körperfülle so gut aus, wie keiner Ihrer übergewichtigen Freunde je aussehen wird, er liebt Erkältungsbäder und arbeitet im Freihafen als Stauer. Nur zu Studienzwecken, denn er ist eigentlich Literaturnobelpreisträger und recherchiert für einen Roman über ... über ... na, Stauer eben, was denn sonst? Also, easy, Sie ungestümes Nordlicht!

Haben Sie schon ein Foto? Eine Locke? Einen kleinen Zeh?

Von: Wiebke Lorenz – **An:** Christian Clerici
Gesendet: Dienstag, 31. März 2009 17:51
Betreff: AW: Re: Vernachlässigt

Na gut, Christiane, weil wir Freundinnen sind und Freundinnen so was machen, wie sich Fotos von Typen zuschicken, im Anhang das neue IKEA-Regal ... Aber eigentlich sieht er netter aus.

Von: Christian Clerici – **An:** Wiebke Lorenz
Gesendet: Dienstag, 31. März 2009 18:00
Betreff: Re: AW: Re: Vernachlässigt

Wenn Sie mich noch einmal Christiane nennen, komme ich persönlich nach Hamburg und teile Sie der Länge nach auf ein Billy-Regal auf!

Aber: Ich habe die Botschaft schon verstanden. Machen Sie doch, was Sie wollen da oben im unappetitlichen Norden, mir kann's ja wurscht sein, denn ich fahre eh in die Sonne.

Und wenn Sie das nächste Mal rumzicken, weil ich nicht gleich was zu Ihrer Neubekanntschaft sage, dann beißen Sie halt meinetwegen erst mal in einen Hoeldravortheluks-Bilderrahmen, die gibt es auch in der Geschmacksrichtung Zyankali.

Und noch etwas: Ein Typ, der gerade mal netter aussieht als ein IKEA-Regal? Sie machen mich echt neugierig ...

Von: Wiebke Lorenz – **An:** Christian Clerici
Gesendet: Dienstag, 31. März 2009 18:05
Betreff: AW: Re: AW: Re: Vernachlässigt

CHRISTIAAAAAAAANEEE.

Von: Christian Clerici – **An:** Wiebke Lorenz
Gesendet: Dienstag, 31. März 2009 18:18
Betreff: Re: AW: Re: AW: Re: Vernachlässigt

Suchen Sie sich schon mal ein Billy-Modell aus, nicht dass es nachher heißt, ich hätte Ihnen nicht die Wahl gelassen.

Von: Wiebke Lorenz – **An:** Christian Clerici
Gesendet: Dienstag, 31. März 2009 18:29
Betreff: AW: Re: AW: Re: AW: Re: Vernachlässigt

Der Teilnehmer ist leider mit unbekanntem Ziel und auf unbekannte Zeit verreist. In dringenden Fällen wenden Sie sich bitte an Ihren Psychotherapeuten.

Von: Christian Clerici – **An:** Wiebke Lorenz
Gesendet: Dienstag, 31. März 2009 19:12
Betreff: Die Grillsaison ist eröffnet

Soeben ist über den Ticker die Nachricht von Ihrem Verschwinden hereingekommen, Frau Lorenz.

Dankenswerterweise ist gerade Frühling, und da Sie, wie man hier bei uns sagt, wie eine Trafostation brummen, wird es nicht schwer sein, Sie über Echelon zu orten. Freilich könnten Sie jetzt entgegnen (wenn Sie denn zugegen wären), dass dieser Tage eine Menge mehr brummt, aber glauben Sie mir, die Ortungssysteme sind mittlerweile so ausgefeilt, dass wir Sie im null Komma nichts entdecken werden.

Falls Sie Ihre Abwesenheit nur vorgetäuscht haben, ersuche ich Sie ausnahmsweise höflichst, den unten stehenden Text zu lesen und sich zeitnah dazu zu äußern, denn ich habe nicht vor, in Marokko über Freiluftlustbarkeiten zu schreiben. Zu *schreiben*, Herrgott noch mal, ich fahre schließlich mit meiner Frau dorthin!

Warum mögen Frauen keinen Outdoor-Sex?
Der Sommer in unseren Breiten ist ein flüchtiges Wesen, den Frühling gibt es kaum, man muss also mittlerweile schon recht fix sein, wenn man in der evolutionsbedingten, zur Balz ausgewählten Zeit, auf den entsprechenden Zug aufspringen will. Sex unter freiem Himmel unterliegt neuerdings einem ähnlich unerotischen Planungsaufwand wie die Temperaturmethode. Da, wo man früher nur den Finger in den Wind halten musste, um die Richtung für ein

heißes Abenteuer im Gras zu bestimmen, gilt es heute, das Flugwetter Wochen im Voraus zu studieren. Sehen Sie, Frau Lorenz, für uns Männer ist das ein echtes Problem, denn zu der grundsätzlich differenzierten Haltung der Frau in Bezug auf erotische Handlungen unter freiem Himmel kommt jetzt noch das Drama der Klimaveränderung hinzu. War es bisher schon schwierig genug, eine Frau zu überreden, sich im Schoß von Mutter Natur hinzugeben, braucht man zwischenzeitlich recht große Argumente gegen Blitzeis im ausklingenden Mai, regensaure Termiten, die sich vorzugsweise in weiblichen Arschbacken festsetzen, und karierte Picknickdecken, die zwar nach unten hin trocken halten, dafür aber die gleiche Wirkung auf ekstatische Knie haben wie 120er-Schleifpapier. Irgendwie ist das sehr ärgerlich, weil Männer in freier Wildbahn leichter zu ihren Urinstinkten finden und sich im Angesicht des Waldes, eines Bootssteges oder meinetwegen eines Cabriositzes endlich wieder zu jener steinzeitlichen Subtilität aufschwingen, die ihnen zwischen Frauenverstehen, Wäschewaschen und auch mal was kochen abhandengekommen ist. Camping wäre vielleicht eine Alternative, aber wenn man zu jedem sommerlichen Date ein Zelt mitschleppte, hätte man vermutlich bald einen etwas seltsamen Ruf. Ihnen als Nordlicht, liebe Wiebke, muss das Thema in Anbetracht der immer schon indiskutablen Wetterverhältnisse in Hamburg sowieso auf den regennassen Schultern lasten, aber ich will Sie da jetzt auch nicht extra in die Grillzange nehmen.

Von: Wiebke Lorenz – **An:** Christian Clerici
Gesendet: Mittwoch, 1. April 2009 14:09
Betreff: Soll ich das ...

... so mal zur Redaktion schicken? Finde es eigentlich ganz hübsch.

Warum mögen Frauen keinen Outdoor-Sex?
Lieber Christian, ich weiß, es ist der Neid, der Sie auf meiner Heimatstadt herumhacken lässt. Wer wäre nicht lieber am Tor zur

Welt zu Hause statt in einer Metropole, die für ihre Katakomben berühmt ist? Da hilft auch Outdoor-Sex nicht weiter. Denn, man beachte, beim Schäferstündchen im Freien sorgen vor allem geschickte Platz- und Zeitwahl für den richtigen Kick. Womit wir beim Thema wären: Es ist gar nicht so schwierig, uns Frauen zu überreden, uns im Schoß von Mutter Natur hinzugeben. Jedenfalls, wenn der potenzielle Begatter Folgendes berücksichtigt: Nicht die Wetterkurve sollte er unter die Lupe nehmen, sondern die Lustkurve seiner Gespielin – und die lässt sich nun mal nicht Wochen im Voraus berechnen. Will sagen, hier ist Spontaneität gefragt. Ein Beispiel gefällig? Wenn ER bei IHR anruft und sagt: »Hey, Süße, Sonntag wird es 30 Grad heiß, lass uns mal an den Baggersee düsen und im Uferschilf eine Runde vögeln«, ist das in etwa so erotisch wie die Einladung zu einer Butterfahrt mit Heizdecken-Verkauf. Nein, der gekonnte Outdoor-Verführer weiß um die Magie des Überraschungsmoments und macht sie sich zunutze. Wenn er und sie nebeneinander am Elbstrand sitzen, die Füße im Sand vergraben, das Licht des Vollmonds tanzt über die Wellen, aus der Ferne erklingt das leise Spiel einer Gitarre – dann ist der richtige Zeitpunkt, um ihr in den Nacken zu beißen und zu flüstern: »Mach mich zum glücklichsten Mann der Welt und liebe mich hier und jetzt.« Die Frau möchte ich sehen, die da »Nein« sagt! Nun ist es natürlich schade, dass Sie gar keinen Elbstrand haben, lieber Christian. Aber verzweifeln Sie bitte nicht. So ein Ausflug zu den Katakomben ist zwar nicht sexy, bildet aber ungemein. Und es soll ja Frauen geben, die das auch ziemlich sinnlich finden. Ach, und bitte kommen Sie mir jetzt nicht mit der Donau. Denn dazu fällt mir nur dieses Lied ein, das einen recht tiefen Einblick in die österreichische Vorstellung von Freiluft-Erotik gibt: »Einst ging ich am Strande der Donau entlang, ohoho-rullalala, ein schlafendes Maderl am Ufer ich fand, ohoho-rullalala ... Ich machte mich über die Schlafende her, ohoho-rullalala, da hört sie das Rauschen der Donau nicht mehr, ohoho-rullalala.« Na also, ich bitte Sie!

Von: Christian Clerici – **An:** Wiebke Lorenz
Gesendet: Mittwoch, 1. April 2009 14:20
Betreff: Re: Soll ich das ...

Sehr schön, aber nein, noch nicht rausschicken, weil ich gerade auch noch eine Grillmachonummer schreibe, die Sie vorher sehen sollten.

Von: Wiebke Lorenz – **An:** Christian Clerici
Gesendet: Mittwoch, 1. April 2009 14:25
Betreff: Grillen und Marokko

Gut. Dann warte ich und bin gespannt. Was ich noch ansprechen wollte, nachdem Sie mailten, dass Sie in Marokko nicht über Freilustbarkeiten *schreiben* wollen: Sie wissen schon, dass das ein islamisches Land ist, gell? Ich merke das nur an, weil ich gar betrübt wäre, ginge mein Kombattant aufgrund ungebührlichen Verhaltens für zwanzig Jahre in den Knast von Rabat ...

Von: Christian Clerici – **An:** Wiebke Lorenz
Gesendet: Mittwoch, 1. April 2009 14:35
Betreff: Outdoor-Sex

Lustig, Wiebke, Ihr Outdoor-Sex-Text, sehr lustig, wirklich. Auch das mit den Katakomben und der Leichenschändung an der Donau. Ich werde Ihnen also jetzt noch ein Angebot zum Thema Grillen machen:

Ist Grillen Männersache?
Grillen ist Männersache, darüber brauchen wir gar nicht erst zu diskutieren, Frau Lorenz. Allein die Vorstellung von einer Frau mit Grillzange verdirbt mir den Appetit auf schön verkohlte Würstchen und Koteletts, die von der Krone der Schöpfung mit viel Tamtam auf den Rost geworfen werden. Ja, vielleicht noch ein Salätchen aus dem Kühlregal, Bier, definitiv, aber ganz sicher kein anderes

unnötiges Beiwerk. Wir brauchen weder gedünstetes Gemüse dazu, der Bedarf an Mozzarella mit Balsamico ist auch eher bescheiden, Servietten sind was für Weicheier, und extra umziehen mag sich erst recht kein normaler Typ für eine Grillerei, wie man das bei uns nennt. Der einzig wirklich sinnvolle weibliche Beitrag zum Grillen ist ein luftiges Sommerkleidchen, das bis knapp unter den Hintern reicht und genug Reaktionsfähigkeit, um eine heiße Kartoffel, die vom Grill gefallen ist, schneller aufzuheben, als der Hund daran rumkaut. Machogerede? Ja. Und? Immerhin sprechen wir hier vom Grillen und nicht von irgendeiner Essenseinladung, die erst durch möglichst viel Getue zu dem wird, was sie sein soll, nämlich eine Demütigung für alle anderen Frauen, die schlechter kochen, weniger kreativ dekorieren, schlappere Typen am Hals haben und Riedelgläser für etwas wirklich Besonderes halten. Seien Sie doch ehrlich: In Wirklichkeit beneiden Sie uns doch um diese männliche Klarheit, die speziell im Grillen ein so wundervolles Ventil findet. Ich meine, wo sonst kann man denn unbekümmert mit Brandbeschleuniger herumzündeln, ohne gleich als Terrorist verdächtigt zu werden? Wo sonst kann man mangelnde Kochkunst besser verbergen als rund ums Lagerfeuer, das unberechenbar und hinterhältig jede noch so ernst gemeinte männliche kulinarische Absicht verhöhnt? Wo sonst kann man sich alles Aufbrezeln samt Parfümorgie sparen, wenn noch Tage später alles riecht wie nach einem Zimmerbrand? Übrigens noch ein Grund, warum ich meine, Mädels sollten sich abseitshalten, wenn es ernst wird rund um den Grill: Welcher Typ hat schon Lust, mit einer Lady zu knutschen, die olfaktorisch mehr an ein Brikett erinnert denn an eine Wiesenblume?

Von: Wiebke Lorenz – **An:** Christian Clerici
Gesendet: Mittwoch, 1. April 2009 14:53
Betreff: Re: Outdoor-Sex

Richten Sie Ihrer Frau aus, Sie soll schon mal die Taschentücher klarmachen. Sie wird gleich einen sehr traurigen Gatten haben ...

Ist Grillen Männersache?
Sie haben vollkommen recht, Herr Clerici, lassen Sie uns nicht diskutieren. Denn ein sinnvoller Austausch ist mit einem Gegenüber, das sich ausschließlich in schlichten Stammtischparolen verbreitet, ohnehin nicht möglich. Von daher, wie bereits gesagt, lassen wir das lieber. Stattdessen stelle ich lieber fest. Zum einen stelle ich fest, dass, würde ich mich in ein luftiges Sommerkleidchen werfen, welches mir nur bis knapp unter den Hintern reicht – kein Mann im Umkreis von fünf Kilometern noch dazu fähig wäre, eine Grillzange zu halten, geschweige denn, an verkohlte Würstchen zu denken. Aber darum geht es hier ja nicht. In Wahrheit handelt es sich um ein ernst zu nehmendes, tiefenpsychologisch verankertes Problem, das sich hinter jeder einzelnen Ihrer pseudo-machomäßigen Zeilen verbirgt: Christian, Sie sind – wie die meisten Ihrer Artgenossen – hochgradig von uns Frauen verunsichert. Stück für Stück haben wir uns in den vergangenen Jahrhunderten vormals männliches Terrain erobert; wir haben das Recht zu wählen, haben uns Zugang in die Vorstandsetagen und Aktienmärkte verschafft, fahren statistisch gesehen besser Auto und ergreifen die Initiative beim Sex. Trotzdem sind wir immer noch das schönere Geschlecht und die Einzigen, die einem Kind das Leben schenken können. Ist es da verwunderlich, wenn sich ein Mann verzweifelt an seinen Gartengrill klammert wie die Automobilindustrie an die Abwrackprämie, in der Hoffnung, wenigstens da noch – WENIGSTENS DA NOCH – sein längst verlorenes Hoheitsgebiet verteidigen zu können? Herr Clerici, ich verstehe Sie durchaus, machen Sie sich da wirklich keine Sorgen, aber dieses alberne Festhalten an der Grillzange ist Ihrer ja nun wirklich mehr als unwürdig. Also lassen Sie schon los, trollen Sie sich in die Küche und schnippeln Sie zusammen mit den anderen männlichen Gästen ein bisschen Mozzarella. Sie werden sehen, ein von mir gegrilltes Lammfilet wird Ihnen so zartrosa auf der Zunge zergehen, dass Sie nicht einmal mehr merken, dass ich ein luftiges Sommerkleidchen trage.

Ha! Jetzt habe ich es Ihnen aber gegeben! Oder???

Von: Christian Clerici – **An:** Wiebke Lorenz
Gesendet: Mittwoch, 1. April 2009 16:24
Betreff: AW: Re: Outdoor-Sex

Wahrscheinlich sollte ich jetzt ganz furchtbar weinen, aber irgendwie mag ich nicht. Stattdessen versuche ich, mich krampfhaft daran zu erinnern, was mir meine Frau vor Jahren einmal ins Ohr geflüstert hat, als ich ihr zärtlich in den Nacken gebissen habe und die Blutung nicht mehr zu stoppen war. Ich komme einfach nicht drauf, ich weiß nur noch, dass es vor der Strandperle an der Elbe war und der Regen die ganze Sauerei weggespült hat.

Von: Wiebke Lorenz – **An:** Christian Clerici
Gesendet: Mittwoch, 1. April 2009 16:27
Betreff: Re: AW: Re: Outdoor-Sex

Ich schicke die Texte jetzt mal an die Redaktion (habe mir erlaubt, bei Ihnen ein paar Kommata umzusetzen und ein paar Fehlerchen rauszunehmen, muss ja nicht jeder wissen, dass Sie ein Legastheniker ohne Schulabschuss sind, nicht wahr?). Außerdem finde ich, die Redaktion sollte beide Texte nehmen. Einen für Juli, einen für August. Dann können Sie nämlich noch ganz lange in Marokko bleiben, so lange, bis Ihre Mutter die Kaution aufgetrieben hat ...

Ich hoffe, Ihre Frau kommt durch!

Ich werde mich in der Zwischenzeit von Ihren Mails erholen und gleichzeitig versuchen, eine neue Wohnung zu finden. Meine Schwester erwartet nämlich Kind Nummer vier, und so langsam wird es mir in unserem Großfamilienhaus ein bisschen zu eng. Und zu laut. Ich sehne mich nach stillen drei bis vier Zimmern, durch die ich, leise Selbstgespräche führend, wandeln kann. Wohnungssuche also ... In Hamburg alles andere als ein Vergnügen, aber ich will da jetzt nicht auf Ihr Mitleid angewiesen sein. Nein, nein, Herr Clerici, machen Sie sich keine Gedanken, hauen Sie ruhig ab nach Marokko und lassen Sie mich in meinem Elend allein ...

Von: Wiebke Lorenz – **An:** Christian Clerici
Gesendet: Donnerstag, 16. April 2009 09:47
Betreff: Der neueste Stand ...

... für Ihre psychopathischen Single-Freunde: Heute, um 10.45 Uhr, werde ich geschieden. Damit wäre die Bahn dann frei.

Von: Christian Clerici – **An:** Wiebke Lorenz
Gesendet: Montag, 20. April 2009 12:19
Betreff: Back to the Past

Meine Verehrung Frau Lorenz,
ich hoffe, diese Anrede ist nach der erfolgreich durchgeführten Scheidung noch korrekt, oder muss ich mich jetzt auf einen anderen Namen einstellen? Klabunke, Borscht oder Müller? Irgendetwas, das besser zu Ihrem Buckel passt als Lorenz, wäre mir schon recht, denn bei Lorenz muss ich immer an meinen verehrten Professor Lorenz denken, den ich, als einen der bedeutendsten Verhaltensforscher aller Zeiten, nicht müde werde zu zitieren: *Nur die Mittelmäßigen sind immer in Höchstform.*

Ich bin Ihrer Schwester übrigens sehr dankbar, sich so überdurchschnittlich gebärfreudig zu zeigen, denn damit haben Sie das Thema Altersvorsorge aus dem Kopf. (Ihre Nichten und Neffen werden sich, wenn Sie der Buckel und das schlimme Bein langsam aber sicher in die athritischen Knie zwingen, bestimmt von ihrer großzügigsten Seite zeigen und sich daran erinnern, dass Tante Wiebke immer ganz lieb zu ihnen war.)

Zu Ihrer Wohnungssuche in Hamburg kann ich Sie nur beglückwünschen, ich weiß aus eigener Erfahrung, was für ein ein riesiger Spaß das ist. Wenn ich mal lustig drauf bin, erzähle ich Ihnen, wie Marion und ich 1996 versuchten, eine Bleibe in der Hansestadt zu finden.

Soda, Sie sehen, ich bin in Schreiberlaune, nutze aber jetzt schnell mal den lauen Abend, um noch ein paar Kilometer zu joggen.

Von: Wiebke Lorenz – **An:** Christian Clerici
Gesendet: Montag, 20. April 2009 17:11
Betreff: Re: Back to the Past

Ach, Herr Clerici,
das hat mir wirklich gefehlt! Einen kurzen Moment zögerte ich noch: Denn im Absenderfeld sehe immer nur die ersten Buchstaben, in Ihrem Fall also »Chris«, und der Betreff »Back tot he Past« ließ mich kurz zusammenzucken und das Schlimmste befürchten, weil ich dachte, es wäre ein Christoph, der mir da schreibt. Dazu später vielleicht mehr oder auch nicht, ich habe die Zeit Ihrer Abwesenheit nämlich dazu genutzt, hier ausreichend Unsinn anzuzetteln, weshalb ich jetzt möglicherweise nicht nur die Wohnung, sondern vielleicht besser sogar gleich die Stadt wechseln sollte. Wien, wie ich von einer Freundin hörte, bietet sich da an. Übrigens, nur zur Info: Ja, ich heiße noch Lorenz, daran hat sich nichts geändert.

Sie haben vollkommen recht, Herr Clerici, die hiesige Wohnungssuche hat sich mittlerweile zu einer Kampfsportart entwickelt, für die ein zartbesaitetes Gemüt nicht geeignet ist. Jedenfalls nicht, wenn man *genau* weiß, was man will, in welcher Ecke man es will – und was man sich leisten kann. Eine echte Herausforderung, in allen drei Aspekten Deckungsgleichheit zu erzielen. Im Zusammenhang mit meinem Status als Freiberuflerin: aussichtslos, da werde ich sogleich in die Disqualifikations-Schublade einsortiert. Die einzige Möglichkeit, die ich sehe, ist, bis zum 1. August einen solventen Verehrer zu finden, der mich in seine Villa mit Alsterblick einziehen lässt. Somit verbringe ich meine Tage derzeit in Harvestehude, lungere vor den hanseatischen Prachtbauten herum und halte Ausschau nach Kandidaten. Natürlich im Bikini, man muss schon zielgerichtet vorgehen, was im Hamburger April nicht immer lustig ist.

Zu meinen Schandtaten während Ihrer Abwesenheit: Meine hoffnungsvolle Neubekanntschaft hat sich bereits wieder erledigt. Aber weil ja in jedem Schlechten auch etwas Gutes steckt, hat er mich zu einem Thema für unseren nächsten Schlagabtausch inspiriert. Den könnte ich mir dann in etwa so vorstellen:

Warum rufen Männer nicht mehr an?
Wie Sie wissen, Christian, sehe ich mich im Rahmen unserer Kolumne als Botschafterin meiner Geschlechtsgenossinnen. In dieser Funktion möchte ich heute eine wichtige Frage thematisieren, die sich jede von uns schon einmal (wenn nicht gar mehrfach) gestellt hat: Warum rufen Männer nicht mehr an? Herr Clerici, im Verlauf unserer Kommunikation haben ich Sie als einen durchaus welterfahrenen Mann kennengelernt – also machen Sie uns die Freude und lüften Sie das letzte große Geheimnis der Menschheit! Zu den Details: Nehmen wir mal an, frau hat – rein fiktiv – einen netten Typen getroffen. Man verabredet sich, vielleicht zu einem Spaziergang an der Elbe. Natürlich wieder total fiktiv, nur so als Beispiel, meine ich. Es ist ein wunderbarer Nachmittag, beide unterhalten sich gut, lachen viel und verabschieden sich bester Laune. Am Abend schickt der Mann eine SMS, ob man sich wieder treffen könne. Ein paar Kurznachrichten gehen hin und her, dann wird der Freitag ausgemacht, er würde wieder anrufen, um das genaue Wann und Wo zu klären. Danach: Funkstille. Kein Anruf, keine Nachricht, kein Nichts, der Freitag kommt und geht vorbei. Was ist passiert? Wir Frauen sind ja etwas simpler gestrickt und haben meist diese Erklärungen parat: 1. Der Mann ist im Zeugenschutzprogramm, gerade wird er vom Geheimdienst zu einer neuen Destination verbracht. 2. Amnesie in Folge einer durchzechten Nacht. 3. Der Kerl ist unter einen Laster geraten. 4. Er hat beide Hände in Gips, sodass er nicht einmal absagen kann, hat vergessen, dass er verheiratet ist, oder wurde, als er um das zweite Treffen bat, von jemandem mit vorgehaltener Waffe dazu gezwungen. In der Regel arrangieren wir uns mit einer dieser Theorien, doch wirklich befriedigend ist keine davon. Würden Sie also bitte ein wenig Licht ins Dunkel bringen?

Und nun muss ich mal schnell zur Apotheke, ein paar Medikamente besorgen.

Von: Christian Clerici – **An:** Wiebke Lorenz
Gesendet: Dienstag, 21. April 2009 21:07
Betreff: Back tot he past ...

... ist natürlich ein Traum, das geht schon in Richtung Schachzig! Aber keine Sorge, er ist höchst lebendig, wenn auch seit heute Morgen mit einem Schnupfen unglaublichen Ausmaßes gestraft. Und das bei diesem Wetter. 24 Grad. Und mir tropft der Zinken wie im tiefsten Winter. Vielleicht hätte ich den Rat meines Kumpels Kurt doch befolgen und nicht im verschwitzten Radlerdress in der kühlen Werkstatt herumstehen sollen.

Sie heißen also noch Lorenz. Wie heißen Sie denn, wenn das nicht mehr so ist?

Das mit dem reichen Fatzke und der Villa würde ich mir gut überlegen, denn Sie sind wahrscheinlich selbst im feuchten Keller mit einem Supertypen besser dran als mit einem hochwohlgeborenen Schlappschwanz mit Alsterblick. Ich rate zu Geduld, einer Ihrer, wie mir inzwischen bekannt, Paradeeigenschaften.

Vergessen Sie auch die Bikininummer, das ist, wie Sie schon selbst sagten, im Hamburger April ziemlich riskant – und außerdem haben Sie so etwas nicht nötig. Bikini tragen Sie, wenn Sie vor *Ihrer* Villa auf den Bahamas stehen und sich überlegen, ob das Bootshaus nicht doch noch einen Anbau vertragen könnte.

Ihr Thema finde ich gut – komme auch gleich darauf zurück:

Warum rufen Männer nicht mehr an?
Frau Lorenz, als Botschafterin genießen Sie natürlich Immunität. Anders kann ich mir nicht erklären, warum Sie sich so diplomatisch, ja, fast versöhnlich geben. Da stimmt doch etwas nicht. Wo bleibt Wiebke, die Anarchistin? Nun gut, wahrscheinlich sind SIE diejenige, die nicht zurückgerufen wurde, und nun soll ich erklären, warum. Das ist leicht. Wie Sie wissen, sind Männer nicht in der Lage, zwei Dinge gleichzeitig zu tun. Da Männer dem Vernehmen nach ununterbrochen an Sex denken, im Zweifelsfall sogar mit Ihnen, können Sie sich leicht vorstellen, dass so hochkomplexe

Vorgänge, wie sich eine Telefonnummer zu merken, der Nummer eine Frau zuzuordnen, sich daran zu erinnern, mit welcher Masche man sie angefixt hat, und darüber hinaus seiner Freundin zu erklären, warum man die ganze Zeit davon faselt, wie langweilig es an der Elbe ist, den gewöhnlichen Mann überfordern. Darüber hinaus haben Männer auch noch andere Dinge zu tun, als mit Frauen zu telefonieren. Es müssen Fußballergebnisse diskutiert werden, der Wagen gehört gewaschen, auf der Reeperbahn gibt es einen neuen Club, in dem diese abartig scharfe Krankenschwester tanzt, und einen Job sollte man sich auch mal suchen. Sie sehen schon, da gibt es reichlich triftige Gründe. Es könnte aber auch seine weibliche Komponente gerade Besitz von ihm ergriffen haben, und er lässt Sie einfach zappeln. Damit müssten Sie sich als Frau ja bestens auskennen. Weil Sie aber heute so bedürftig sind, möchte ich einen kleinen schwachen Moment lang ernsthaft sein: Ich hoffe, der Typ hat in der letzten Zeit auf seinen Flüssigkeitshaushalt geachtet, denn er wird ein paar Reserven brauchen, wenn Sie ihn in die Wüste schicken. Genau das sollten Sie tun, Wiebke, denn ganz unter uns: Wer so blöd ist, sich nicht mehr bei Ihnen zu melden, hat Sie nicht verdient.

Dies als Vorschlag zum Vorschlag.

Und warum waren Sie gestern schon wieder in der Apotheke? Medikamente sagen Sie – doch nicht etwa irgendetwas, das sich in Kombination mit einem Erkältungsbad letal auswirken könnte? Das ist es nicht wert, Wiebke, es gibt für alles eine Lösung. Außerdem würde ein Sprung von den Elbbrücken mit einem schönen Betongewicht an den Füßen viel weniger Energie verbrauchen als so eine Wanne mit warmem Wasser. Ganz zu schweigen von den Kosten für die Medikamente, die Sie lieber spenden sollten. Vielleicht dem Verein zur Betreuung unverlässlicher Männer.

Gut, Schluss jetzt mit dem Unfug, ich gehe meinen Schnupfen pflegen – muss fit sein am Wochenende. Sechs Stunden Gokartrennen mit den Jungs, und am Samstagabend werde ich Herrn Raab bei der »Romy«, dem österreichischen Pendant zum Deutschen Fernsehpreis, eine Trophäe überreichen. Das dürfen Sie bitte nicht weitererzählen, denn das ist streng geheim. Es soll schließlich nicht vorher publik werden, dass wie so oft ein Deutscher in Österreich den Preis für die beste Programmidee bekommt.

Es grüßt Sie herzlich mit roter Nase
Herr Clerici

Von: Wiebke Lorenz – **An:** Christian Clerici
Gesendet: Mittwoch, 22. April 2009 05:09
Betreff: Re: Back tot he past ...

Sie haben recht, da habe ich wirklich mal wieder einen sensationellen Neologismus geschaffen. Potztausend, wie mir das einfach so ganz nebenbei aus der Feder fließt – toll!

Morgen früh bzw. gleich um zehn Uhr werde zu einem Ausflug in den Heidepark Soltau abgeholt (harte Recherche in Sachen Achterbahnfahren), deshalb gehe ich jetzt in die Heia. Nach meinem Ausflug schreibe ich dann länger, um Ihre mal wieder sehr heiteren Zeilen angemessen zu würdigen. Grüßen Sie mir bis dahin die liebe Romy und gratulieren Sie ihr zum Raab!

Guude Nacht
Wiebke

Von: Christian Clerici – **An:** Wiebke Lorenz
Gesendet: Mittwoch, 22. April 2009 18:17
Betreff: Heidepark

Ich hoffe, Sie sind nicht aus der Achterbahn gefallen oder liegen immer noch kotzend hinter irgendeiner Wurstbude!

Allerdings frage ich mich, wie es möglich ist, dass Sie, obwohl auf Wohnungssuche, chronisch Single, ständig auf dem Weg in die Apotheke, um Medikamente zu holen, Tantenpflichten nachkommend, von der Wirtschaftskrise bedroht und permanent betrunken in irgendwelchen Nachtlokalen herumtaumelnd, überhaupt die Zeit und den Nerv haben, auf den Rummel im Heidepark Soltau zu gehen. Ich meine, Frau Lorenz, finden Sie das nicht albern? Ist Ihnen nicht bewusst, dass man vor seinen Problemen nicht einfach flüchten kann? Schon gar nicht mit der Hochschaubahn, denn die fährt im *Kreis*!

Von: Christian Clerici – **An:** Wiebke Lorenz
Gesendet: Dienstag, 5. Mai 2009 09:04
Betreff: Butter bei die Fische

So, Frau Lorenz, jetzt aber Butter bei die Fische!
Ich könnte die Funkstille ja verstehen, wenn Sie sonst wo wären, auf einer Mondmission oder auf dem Weg zum Mittelpunkt der Erde. Aber Sie können doch maximal in einem Umkreis von ein paar tausend Kilometern auf der Suche nach einem Psychopathen den Alltag vergessen haben und Ihren ungeduldigen Koautor gleich dazu. Ich bin entsetzt. Damit habe ich nicht gerechnet. Das ist nicht gut.

Wenn *ich* mal eine Zeit lang nicht schreibe, muss Sie das nicht beunruhigen. Ich meine, Sie wissen mich schließlich in der Obhut eines klugen Mädchens, dem ich zwar gern auf die Nerven gehe, wenn der Tag lang ist, das aber sozusagen durch das Band der Ehe verpflichtet ist, auf mich zu achten. Sie hingegen, die Sie sich ununterbrochen leicht und schwer alkoholisiert in irgendwelchen Kiezetablissements herumtreiben, Zigaretten rauchen und Würstchen essen, Sie, die Sie alle paar Wochen mal in ein Erkältungsbad fallen und den Rest des Universums im Unklaren darüber lassen, ob Sie jemals wieder auftauchen, ausgerechnet Sie! Ich kann mich nur wundern. Wohin sollen Ihre Eskapaden denn noch führen? Womöglich sind Sie übers 1.-Mai-Wochenende in Las Vegas, um schnell wieder zu heiraten, damit Sie was zu erzählen haben ...

Ich bleibe Ihnen trotzdem gewogen. Vorerst.

Von: Wiebke Lorenz – **An:** Christian Clerici
Gesendet: Dienstag, 5. Mai 2009 09:57
Betreff: Ich Böse!

Mein liebster Christian!
Weh mir, wie konnte ich nur unsere Mailfreundschaft so sträflich vernachlässigen? So geht das nicht! Und ich war auch über den 1. Mai weder in Wien noch in Prag oder Las Vegas, sondern brav mit meinem Tischgrill in der Hansestadt. Hier habe ich am Samstag für Freunde ganz hervorragende Filetsteaks und Lammlachse gegrillt. Und: Es hat allen geschmeckt, obwohl ich doch als Frau eigentlich per se ungeeignet für diese Aufgabe bin. Aber vermutlich waren die Gäste nur so ausgehungert, dass sie sich über *alles* begeistert hergemacht hätten. Es hat mich auch ein wenig stutzig gemacht, als einer die Folienkartoffel mitsamt Alufolie verspeiste, aber Spurenelemente sollen ja gut für die Gesundheit sein.

Lassen wir die restliche Woche Revue passieren: Am Donnerstagabend die »Betrunkenen Autoren«, das ist eine Veranstaltung, bei der zehn Hamburger Autoren untersuchen, welchen Einfluss Alkohol auf Literatur hat, indem sie sich bei der Lesung sehr zielgerichtet betrinken. Da habe ich mal ganz frech unsere Kolumnen vorgelesen, und der Saal lag vor Begeisterung am Boden. Ich übrigens nach der dritten Runde mit 1,1 Promille ebenfalls, ich konnte auch schon mal mehr an der Flasche. Ja, ja, der Zahn der Zeit.

Die Wohnungssuche gestaltet sich nach wie vor schwierig, obwohl ich schon diverse Vermieter mit exklusiv zusammengestellten Mappen beeindrucken wollte, so mit Lebenslauf und Foto und ein, zwei Romanen von mir. Klotzen nicht kleckern, wie mein Vater immer sagt, aber trotzdem drängt sich mir langsam der Verdacht auf, die meisten Wohnungseigentümer wollen anstelle einer bildhübschen, jungen, schlauen, charismatischen Schriftstellerin lieber eine dröge, mausgraue, langweilige Sachbearbeiterin aus der Behörde. Darüber hinaus entwickle ich gerade ein großes Faible für die Berufsgruppe der Makler.

Ach, ach, ach, ganz wunderbar, diese Menschen, die bei den

Besichtigungsterminen Exposés an die hysterischen Massen verteilen, Selbstauskünfte (wie viel verdienen Sie monatlich? Haben Sie Haustiere? Anzahl der bisherigen Geschlechtspartner?) entgegennehmen, ansonsten nicht einmal so simple Fragen wie »Ist das ein Südbalkon?« beantworten können, am Ende dann aber zigtausend Euro als Provision einsacken. Christian, ganz ehrlich: *Das* müssen wir machen, im Maklerwesen liegt unsere Zukunft! Ich stelle mir das ganz fesch vor, Sie und ich wie aus dem Ei gepellt in einem Hinterhof-Drecksloch, wie wir verunsicherten Aspiranten ein »Renovieren müssen Sie schon selbst, und für die Schimmel-Beseitigung ist in jedem Fall der Mieter zuständig!» zubellen. Bitte, Christian, lassen Sie uns das machen, geben Sie diesen TV-Unsinn auf und gründen Sie mit mir das Maklerbüro »Lorenzo è Clerici – Non capito ma molto bene«! Ich lasse dann auch den Griffel fallen und trage nur noch graue Windsor-Kostümchen.

Damit also war ich beschäftigt. Und dann fiel meiner Schwester und mir noch auf, dass wir demnächst den neuesten Anne-Hertz-Roman mit dem vielsagenden Titel »Goldstück« abgeben müssen. Das sorgte bei mir für eine kurze Panikstarre, aber seit gestern ist sie gelöst, und ich haue hier in die Tasten, als gäb's kein Morgen mehr. Das ist durchaus wörtlich zu nehmen, wenn das Manuskript nicht rechtzeitig beim Verlag ist, gibt's das tatsächlich nicht mehr. Am 12./13.5 bin ich dann in München, um bei den Verlagsvertretern den neuen Roman vorzutanzen (Frauke und ich haben uns da eine sehr raffinierte Choreografie einfallen lassen), und am 14.5. müssen wir nach Buchholz in der Nordheide zu einer Lesung.

Natürlich sind das alles nur lahme Ausreden für meine Schweigsamkeit, denn was könnte wichtiger sein, als mit dem lieben Herrn Clerici zu kommunizieren? Deshalb gelobe ich sofortige Besserung. Und gehe jetzt mal duschen, für die Badewanne fehlt mir leider die Zeit. Aber es wird auch wieder anders, sobald ich den Mai heil überstanden habe. Versprochen!

Von: Christian Clerici – **An:** Wiebke Lorenz
Gesendet: Dienstag, 5. Mai 2009 10:45
Betreff: Re: Ich Böse!

Schon besser, Frau Lorenz, ich bin fast wieder versöhnt. Und es freut mich außerordentlich, dass es auch noch andere Menschen gibt, die Folienkartoffel im Ganzen essen. Nebenbei bemerkt: Mit Spurenelementen hat das nichts zu tun. Man nennt es namenlose Gier oder Vollrausch. In jedem Fall ist Alufolie der natürliche Feind des Verdauungsprozesses, mitunter kann der Verzehr größerer Mengen sogar lebensbedrohlich sein. Ich spreche von ALUFOLIE nicht von Alkohol. Da wissen Sie selbst, dass größere Mengen nicht tödlich sein müssen. Aber was bitteschön sind Lammlachse? Lachsforellen mit Lammgeschmack? Lämmchen in Fischöl?

1,1 Promille ist ja geradezu lächerlich. Waren es im letzten Jahr nicht satte 2,7, und Sie konnten immer noch im Handstand auf einem Rollenkugellager die Bürgschaft vortragen? 1,1, wie enttäuschend! Nun, ich will aber auch nicht zu hart mit Ihnen ins Gericht gehen, Sie befinden sich schließlich in einer Ausnahmesituation, müssen irgendwie den Mai rumbringen, Kompromiss zwischen Wohnungssuche, Buchfertigstellen, Lesungen, Hormonen und der Tatsache, nahe am Polarkreis zu leben, hinkriegen ... Natürlich werden Sie scheitern, aber Sie werden daraus lernen und daran wachsen.

Liebe Grüße!

Von: Wiebke Lorenz – **An:** Christian Clerici
Gesendet: Dienstag, 5. Mai 2009 11:29
Betreff: Lammlachse

Herr Clerici, muss ich Ihnen schon wieder alles erklären? Aber das tue ich natürlich mit größter Freude! Und machen Sie sich bloß keine Gedanken, dass Sie mich von der Arbeit am Goldstück abhalten, nein, nein, bitte keine Selbstvorwürfe ...

Lammlachse nennt man das ausgelöste Stück aus dem Lammrücken. Also quasi Lammrücken ohne Rücken.

Von: Christian Clerici – **An:** Wiebke Lorenz
Gesendet: Dienstag, 5. Mai 2009 12:07
Betreff: Neues Thema

Wiebke, ich will Sie auf keinen Fall von Ihren zahlreichen Verpflichtungen ablenken. Tue es aber nun trotzdem, indem ich Sie daran erinnere, dass wir in Kürze die nächste Kolumne zum Thema »Warum lästern Frauen so gern über andere Frauen?« abgeben müssen.

Ich kann dazu nur sagen: Warum Frauen so gern über andere Frauen lästern, entzieht sich meiner genauen Kenntnis. Ich werde bei Gelegenheit ein paar Vermutungen anstellen. Prinzipiell gibt es aber wahrscheinlich eine ganz einfache Antwort: Es liegt in ihrer Natur :-)

Ich hatte bei lästernden Frauen ja eher an meine unzähligen Geliebten gedacht, die ich in einem ganz ausgeklügelten System einander vorgestellt habe und die dann zu meinem großen Vergnügen wie die Hyänen übereinander hergefallen sind.

Noch etwas: Wenn Sie Lammrücken meinen, sagen Sie doch Lammrücken! Sie können einen Unterschichtenproleten wie mich nicht beeindrucken, indem Sie aus einem recht ordinären Vieh mit bescheidenem geistigen Vermögen etwas Besonderes machen wollen. Lammlachse. Hammelhaxe. Achsel des Bösen. Pillepalle.

Von: Wiebke Lorenz – **An:** Christian Clerici
Gesendet: Dienstag, 5. Mai 2009 12:52
Betreff: Re: Neues Thema

»Ich hatte bei lästernden Frauen ja eher an meine unzähligen Geliebten gedacht.«

ANGEBER!!!!!!

Von: Christian Clerici – **An:** Wiebke Lorenz
Gesendet: Dienstag, 5. Mai 2009 12:53
Betreff: AW: Re: Neues Thema

NEIDHAMMEL!!!!!!

Und jetzt schreiben Sie weiter, mein Goldstück :) Ich gehe laufen.

Von: Wiebke Lorenz – **An:** Christian Clerici
Gesendet: Dienstag, 5. Mai 2009 12:57
Betreff: Re: AW: Re: Neues Thema

Jawoll, mein Pupselchen, das mach ich jetzt auch. Arbeiten natürlich, nicht Sport. Viel Spaß beim Laufen!

Von: Christian Clerici – **An:** Wiebke Lorenz
Gesendet: Dienstag, 5. Mai 2009 13:07
Betreff: AW: Re: AW: Re: Neues Thema

Wenn Sie mich noch einmal Pupselchen nennen, gnade Ihnen Gott!!!

Von: Wiebke Lorenz – **An:** Christian Clerici
Gesendet: Dienstag, 5. Mai 2009 15:15
Betreff: Lästern

Pup ... Nein, nein, ich lasse es ja schon.

Hier nur mal eine Idee:

Warum lästern Frauen so gern über andere Frauen?

Beginnen wir diese Diskussion mit einer erschütternden Erkenntnis, Herr Clerici: Ich bin keine Frau. Denn wäre ich eine, müsste ich ja – so weit die Theorie – gern über andere Frauen lästern. Und das tue ich nicht. Weder gern noch überhaupt. Wenn ich mich zu einer despektierlichen Bemerkung über mein weibliches Umfeld hinreißen lasse, dann hat das rein berufliche Gründe. Als Journalistin bin ich dazu verpflichtet, meine Mitmenschen mit kritischen Augen zu beobachten. Nehmen wir zum Beispiel mal ... zum Beispiel ... Lindsay Lohan. Ich könnte hier natürlich auch eine Deutsche anführen, allein ist eine einstweilige Verfügung so ungeheuer hinderlich für den Schreibfluss, also kaprizieren wir uns lieber auf die US-Prominenz, die in Ermangelung deutscher Sprachkenntnisse hierzulande nicht ganz so klagefreudig ist. Lindsay Lohan also. Ist es Lästern, wenn ich in Ausübung meiner Profession feststelle, dass deren beste Jahre bereits vorbei sind, bevor sie überhaupt angefangen haben? Zerreiße ich mir das Maul, wenn ich vermute, dass sich hinter xxx (Name von Redaktion gestrichen) in Wahrheit ein Moderationsroboter verbirgt, der noch ein paar Jahre bis zur Serienreife brauchen wird? Darf man mir einen Vorwurf machen, weil sich Amy Winehouse ganz offensichtlich den Verstand weggesoffen hat? Ich denke: nein. Denn das ist kein Lästern. Es ist wahr. Was nun meine Geschlechtsgenossinnen betrifft, die im Gegensatz zu mir keinen beruflichen Vorwand dafür haben, über andere herzuziehen, lassen Sie mich Folgendes erklären: Wir Frauen lästern aus kosmetischen Gründen. Denn nichts reinigt Körper, Geist und Seele so gründlich wie ein entspannter Nachmittag mit ein paar Gläsern Prosecco, bei dem in eingeschworener Runde der unmögliche Mann/der dicke Hintern/die geschmacklose Frisur der blöden Zimtzicke thematisiert wird, die uns jeden Tag im Büro auf die Nerven geht. Lästern als Therapie, wir Frauen haben das längst erkannt. Täten die Männer es auch – der Weltfrieden wäre gesichert.

Mit lästerlichen Grüßen:
Wiebke

Von: Christian Clerici – **An:** Wiebke Lorenz
Gesendet: Freitag, 8. Mai 2009 13:56
Betreff: Re: Lästern

Sehr schön, Frau Lorenz, da schreib ich doch gleich mal zurück:

Warum lästern Frauen so gern über andere Frauen?
Männer können ebenfalls lästern wie die Waschweiber, wenngleich es dabei weniger um dicke Hintern und Zimtstangen geht. Die Inhalte beziehen sich mehr auf das falsche Auto, die zickigere Frau beziehungsweise den kürzeren Penis. Davon, liebe Frau Lorenz, kommt noch kein Weltfrieden. Im Gegenteil, ich vermute sogar, dass gerade das Thema »kürzerer Penis« mehr Schaden auf dieser Welt angerichtet hat als alle sich gegenseitig verunglimpfenden Frauen zusammengenommen. Und zwar ganz sicher nicht wegen des unbefriedigten schwachen Geschlechts. Warum Frauen so gerne über ihre Artgenossinnen lästern, kann ich als Mann nur ganz schwer beurteilen. Möglicherweise ist dieses Programm genauso genetisch bedingt wie vieles andere, das in der weiblichen Gesamtkonzeption irgendwie unstimmig ist. Ich vermute aber, die Frau an sich kann gar nichts dafür, sie ist bloß durch Werbung, Männer und irgendwelche hormonellen Heimtücken dazu verdammt, sich den ganzen Tag das Maul über andere zu zerreißen. Wie gesagt, mir fehlt da der wirkliche Durchblick, denn meine Frau ist anders, und sonst bin ich nicht so oft in Damenrunden anzutreffen. Es wäre wahrscheinlich ein Quell überbordender Erkenntnis, einmal einer solchen Massenhinrichtung beizuwohnen, unsichtbar versteht sich, denn es sollen sich ja alle ganz unbeobachtet fühlen und keine Gemeinheit aussparen. Was den Zugang als Journalist zum Lästern betrifft, stimme ich Ihnen voll und ganz zu: Das sollte man vermeiden. Nicht nur wegen der rechtlichen Konsequenzen, es ist irgendwie auch nicht besonders erbaulich. Es würde ja bedeuten, man müsste tatsächlich kostbare Lebenszeit in die Betrachtung von Lemuren aller Art investieren, und das kann sich einfach nicht lohnen. Da sitze ich doch lieber mit meinen Kumpels herum und über-

lege laut, ob Ralf Schumacher schon immer so bescheiden Rennauto gefahren ist oder ob das erst nach seiner Heirat mit Cora angefangen hat.

Von: Christian Clerici – **An:** Wiebke Lorenz
Gesendet: Sonntag, 17. Mai 2009 13:11
Betreff: Hallo?

Sagen Sie mal, LiLaLorenz, leben Sie noch? Ich habe jetzt wirklich viiiiiel Geduld mit Ihnen gehabt, aber langsam reicht es! Könnten Sie bitte mal wieder was schreiben, mir ist gerade ein wenig langweilig, und ich bin auf der Suche nach Kurzweil.

Von: Wiebke Lorenz – **An:** Christian Clerici
Gesendet: Sonntag, 17. Mai 2009 19:28
Betreff: Langweilig ...

... ist Ihnen also, Herr Clerici. Deshalb soll ich Ihnen schreiben? Das Problem ist leider, dass mir gerade *gar nicht* langweilig ist. Bis nächsten Freitag muss hier nämlich der neue Anne-Hertz-Roman fertig geklöppelt werden. Bis Freitag, weil ich Samstag mit einer Freundin eine Woche zum Windsurfen nach Hurghada fliege. Last Minute, 369 Euro p. P. inkl. HP in der Junior Suite eines 5-Sterne-Etablissements, billiger kann man das hier zu Hause auch nicht selbst backen. Dann muss ich noch bis 1. August eine neue Wohnung finden, ab Juni meinen neuen Lorenz-Roman weitertipseln und möglichst auch bis Herbst beenden ... Ach, ich sach Ihnen, Herr C.: Was sehne ich die Weihnachtszeit zurück, in der ich eigentlich immer nur betrunken unterm Tannenbaum liegen und Ihnen Mails schreiben musste! Weh mir, weh ...

Lieber Christian, ich bin Ihnen nach wie vor überaus gewogen. Also seien Sie bitte gnädig mit mir, wenn ich derzeit nicht ganz meinem natürlichen Schreibdrang folgen kann.

Von: Christian Clerici – **An:** Wiebke Lorenz
Gesendet: Sonntag, 17. Mai 2009 21:41
Betreff: Re: Langweilig …

Na gut, das lass ich Ihnen noch einmal durchgehen. Noch *ein*mal. Ich erwarte aber nach Ihrem All-inclusive-Trip sofortige Besserung!

Von: Wiebke Lorenz – **An:** Christian Clerici
Gesendet: Montag, 1. Juni 2009 12:56
Betreff: Home, sweet home!

So, lieber Christian, jetzt wieder zu Ihnen:
Seit gestern früh bin ich wieder in Hamburg, zurück aus dem Land der Pharaonen und ihrer Rache, vollends wohlauf, wenn man davon absieht, dass meine Haut in Fetzen hängt. Aber so ist das halt, wenn man ab dem dritten Tag am Roten Meer der Ansicht ist, Sonnencreme sei nur etwas für Weicheier, man sei ja jetzt schon »ganz gut« vorgebräunt … Aber ich bin zuversichtlich, dass sich das regeln wird, bevor wir irgendwann einander zum ersten Mal live und in Farbe (bei mir derzeit ein hübsches Krebsrot) ansichtig werden.

Wie es war? Schön. Und faul. Im Wesentlichen haben meine Freundin und ich *gar nichts* gemacht. Am Pool rumliegen, alle halbe Stunde wenden, lesen, Cocktails saufen (ab 14.00 Uhr), Handtücher von anderen Gästen vertauschen, rumpöbeln, Taxifahrer verhauen – das Übliche halt. Dazwischen arabischer Abend, Bauchtanz-Show, Fakir-Show, Schlangen-Show, Akrobatik-Show, ganz, ganz, ganz viel schlechtes Essen und jeden Abend gekniffelt, als gäb's keine großen und kleinen Straßen mehr.

Mit großer Sorge mussten wir allerdings beobachten, dass dieses Land mit seiner jahrtausendealten Kultur schwer gefährdet ist. Invasion von Ed Hardy, wohin das Auge blickt nur Totenköpfe und »Love dies slowly«, glitzernde Fake-Swarowskis kombiniert mit den Farben Pink, Neongelb und Türkis. Bis zum letzten Tag waren wir standhaft, nur bei unserem dreistündigen Aufenthalt am Hurghada-

Airport wäre ich um Haaresbreite zu Fall gekommen und hätte mir ein Ed-Hardy-T-Shirt von Christian »Au Digier« zugelegt. Aber da wir nur noch genügend Ägyptische Pfund für zwei Bier hatten, haben wir den Christian »Au Digier« dagelassen und lieber Stella getrunken. Die deutlich bessere Investition.

Noch mehr Details? Offenbar habe ich auf dem Heimflug meine Inspiration verloren und warte darauf, dass sie mir von der »Lost and Found«-Abteilung per Kurier zugestellt wird. Bis es so weit ist, harre ich Ihrer Antwort, die mich mit Sicherheit wieder zu verbalen Höchstleistungen beflügeln wird, denn wenn ich mir den langweiligen Quatsch so durchlese, den ich hier gerade von mir gegeben habe, tut das wirklich not ...

Aber ich bin froh, zu Hause zu sein und unsere Kommunikation wieder aufnehmen zu können. Jetzt muss ich allerdings wieder bei einem potenziellen Vermieter vortanzen und hoffe, dass es endlich, endlich mit einer Wohnung klappt. Werde mir aber vorsichtshalber langsam auch ein paar Brücken ansehen, von denen es in Hamburg ja bekanntlich eine Menge gibt. Sicher ist sicher.

Und wie war Ihre Woche?

Von: Christian Clerici – **An:** Wiebke Lorenz
Gesendet: Dienstag, 2. Juni 2009 11:39
Betreff: Re: Home, sweet home!

Welcome back, Frau Lorenz,
wobei, so kann man das nicht sagen, schließlich sind Sie nach Hamburg, also in Ihre Stadt zurückgekehrt, und da kann ich Sie eigentlich schlecht willkommen heißen.

Hurghada, sehr romantisch. Darf ich sagen, denn vor 15 Jahren war ich selbst ganz oft dort. Zum Tauchen, nicht, um mich wie Sie in einer seelenlosen Hotelbunkerlandschaft zu langweilen, permanent in Gefahr, mich an einem wiederbelebten Buffet zu vergiften.

Ich hatte italienische Freunde vor Ort, die drei wundervolle Motorjachten an Tauchurlauber wie mich und meine Kumpels vercharterten. Der Ursprung der schicken Boote lag wie einiges bei meinen Freunden irgendwo im sizilianischen Dunkel. Ich erinnere mich an ein Förderungsprogramm zur Ankurbelung der süditalienischen Wirtschaft mit Schwerpunkt auf Tourismus. Giancarlo, der Capo, hatte sich im Zuge dieses Programms von der Regierung drei 36-Fuß-Jachten sponsern lassen, um damit willfährige Italienurlauber an der malerischen Kulisse der Mittelmeerküste vorbeizuschippern.

Vielleicht hat die Familie Antoni nicht richtig zugehört, etwas falsch interpretiert oder ihre Auffassung von »Küstennähe« einfach um ihr Verständnis erweitert, denn ehe sich der Kreisbeamte für süditalienischen Bootstourismus versah, waren die Kähne auch schon in Ägypten, um mich und meine Jungs zu den schönsten Tauchplätzen des Landes zu bringen.

Eine großartige Zeit: Das Rote Meer noch nicht mit Tauchern überladen. Großfische und Wracks hingegen in Hülle und Fülle. Gerne auch mal drei Wochen ohne Unterbrechung auf hoher See, erkundeten wir die Küste bis hinunter zu Port Safaga und den Brother Islands. Mit viel Campari Orange, Tone Loc in der Stereoanlage, Mario, dem Skipper, Roberta, Marios Freundin und Tochter des Hauses Antoni, Hermann, dem holländischen Botsmann, und zwei ägyptischen Matrosen, die uns die schönsten arabischen Floskeln beibrachten.

Bin beinahe erschlagen worden, als ich sie später mal ausprobiert habe. Sehe ich auch ein, denn man sagt halt nicht: »Der Arsch deiner frigiden Mutter ist rot wie mein Turban.« Ich dachte es wäre eine fröhliche Bemerkung übers Wetter.

Legendär unsere konspirativen Zusammenkünfte auf der Flybridge, von der aus wir ungehinderte Sicht auf das Vorderdeck hatten, auf dem sich Roberta gern oben ohne die Sonne auf den blonden Pelz scheinen ließ. Roberta hatte eine Figur zum Niederknien, wirklich wahr, eine Laune der Natur, ziemlich aufreibend für ein paar Leichtmatrosen, die seit 14 Tagen über nichts anderes zu reden wussten als über jede nur erdenkliche Sexpraktik.

Robertas einziger Makel: Auf ihren Schultern trug sie den Kopf ihres Vaters samt dessen Nase – und diese Nase war so überdimensional groß, dass wir uns manchmal fragten, wie man mit so einem

Zinken überhaupt auf dem Bauch liegen und das Gesicht in ein Handtuch vergraben kann, ohne sich durch ungünstige Hebelwirkung das Genick zu brechen. Unfassbar, diese Nase. Doch nach einiger Zeit war sich Mario nicht mehr sicher, ob uns diese Nase noch länger davon abhalten würde, über sie herzufallen, und verbot unserem feuchten Traum das Vorderdeck, wenn wir in der Nähe waren ... Sicher ist sicher!

Als wir schließlich wieder in den Hafen einliefen, entdeckten wir direkt am Strand neben dem Pier ein gar anmutiges, sehr offensichtlich weibliches Geschöpf, das sich im Unterschied zu Ihnen, Frau Lorenz, gegen die brennende Sonne eincremte. Uns fielen fast die Augen aus dem Kopf, als Günther, der Riese, grunzend von Deck sprang, auf die Grazie zulief und brüllte: »Lasst sie mir, ich habe sie zuerst gesehen!«

Der Rest ist eine recht peinliche Geschichte, in deren weiterem Verlauf die Sonnenanbeterin kreischend die Flucht ergriff, ihre gesamte Habe zurückließ, um Minuten später mit ihrem Macker wiederzukommen, der allen Ernstes Ersatz für die Sonnencreme verlangte, die wir in Ermangelung der Besitzerin überall auf uns verteilt hatten ... Ich weiß, Wiebke, Alkohol ist keine Lösung.

Zurück in die Gegenwart: Meine Woche war wundervoll. Am 24. Mai nach achtmonatiger Trainingspause einen halben Ironman aus dem Stand in 5:44 ohne Nachwirkungen – das nenne ich mal eine echte Konstitution! Ein Badehosenfotoshootig für ein Wochenmagazin könnte ich Ihnen anhängen, aber ich möchte Sie nach Ihrem Urlaub nicht gleich wieder in Verwirrung stürzen.

Unterdessen bin ich auch mit meiner kleinen Familie in den Wald übergesiedelt. Erzählte ich schon von dem 400 Jahre alten Bauernhaus? Da verbringen wir immer einen Gutteil des Sommers. Wenn er denn kommt. Seit Freitag jedenfalls regnet es ohne Unterlass und hat 10 Grad. Das ist zwar eine Zeit lang ganz gemütlich, man putzt das Haus, guckt Videos, hockt vorm Feuer herum, aber irgendwann beginnt es echt zu nerven.

Von: Wiebke Lorenz – **An:** Christian Clerici
Gesendet: Dienstag, 2. Juni 2009 12:25
Betreff: AW: Re: Home, sweet home!

Jetzt schicken Sie schon die Badehosenfotos, Mann! Und seien Sie beruhigt, Sie werden mich mit Sicherheit nicht irritieren, denn bei mir sind es ja bekanntlich die inneren Werte, die zählen – und da, lieber Christian, können Sie doch eh nix mehr retten, dafür haben Sie mir in den vergangenen Wochen zu viel geschrieben ...

Eine längere Antwort erfolgt in Bälde, denn ich muss ja nun fix zu einem potenziellen Vermieter und einen guten Eindruck machen. Ob ich da vielleicht auch in Badehose ...?

Die besten Grüße in den Wald!
Wiebke

Von: Wiebke Lorenz – **An:** Christian Clerici
Gesendet: Mittwoch, 3. Juni 2009 08:09
Betreff: Wohnungssuche

Guten Morgen, lieber Christian,
Sie sehen, mal wieder habe ich in aller Herrgottsfrühe fluchtartig das Bett verlassen. Die Gründe dafür sind erschütternd, muss ich doch bis heute Abend einen Artikel zum Thema »Sex für Erwachsene« schreiben. Was auch immer das heißen mag, da werde ich mir gleich irgendwas Prickelndes aus den Fingern saugen müssen. Ich denke, Sextoys, Handschellen und Augenbinden werden eine zentrale Rolle spielen, aber noch will ich mich da nicht so festlegen.

In Sachen Wohnungssuche habe ich eine neue Strategie entwickelt: Ab sofort kommt ein Freund von mir mit, und wir geben das solvente Paar. Zwei spießige Arschlöcher, die keine Partys feiern, keinen Sex haben und auch sonst keinen Lärm machen, dafür aber immer pünktlich die Miete zahlen, weil sie außer Arbeit sowieso nix auf dem Zettel haben. Sie sehen: Ich kämpfe hier mittlerweile mit harten Bandagen, und mir ist *jedes* Mittel recht, um den Hamburger Immobilienmarkt zu erobern ...

Einen heiteren Tag wünscht:
Wiebke

PS Was machen die Fotos von Ihrem Badehosenshooting?

Von: Christian Clerici – **An:** Wiebke Lorenz
Gesendet: Donnerstag, 4. Juni 2009 11:39
Betreff: Re: Wohnungssuche

Liebe Wiebke,
Ihre Wohnungssuche betreffend haben Sie mein vollstes Mitleid, denn wer sich so erniedrigen muss, um an eine Bude zu kommen, ist wirklich tief gesunken.

Hingegen beneide ich Sie wirklich um die Aufgabe, diesen Artikel über Sex und Erwachsene zu schreiben. Vor allem um die Recherchen dazu. Sie recherchieren doch, oder? Gründlich? Ich finde ja Ihren Ansatz, sich etwas Prickelndes aus den Fingern zu saugen, gar nicht schlecht, wobei das nicht unbedingt sehr erwachsen ist.

Die Fotos schicke ich Ihnen nicht. Wie gesagt, ich möchte Sie wahrlich nicht deprimieren.

Von: Wiebke Lorenz – **An:** Christian Clerici
Gesendet: Donnerstag, 4. Juni 2009 16:56
Betreff: Bodydouble???

So, Christian, jetzt bin ich wieder am Platze, habe aber eigentlich immer noch keine Zeit, weil ich um 17.00 Uhr ein Interview mit Deutschlands führendem SM-Experten habe. Und das müsste ich eigentlich noch vorbereiten. Sei's drum, ein Vollprofi wie ich macht das natürlich aus dem Stehgreif.

Dafür habe ich aber jetzt auf eigene Faust im Internet Ihren Einsatz als Unterwäschemodell aus dem Jahr 2005 entdeckt, denn schließlich bin ich eine Top-Journalistin und habe es gar nicht nötig, von Ihnen Fotos gemailt zu bekommen, die finde ich schon allein! Und jetzt sagen Sie mir bitte, Herr C.: Das ist doch ein Bodydouble, dem man Ihren Kopf aufgesetzt hat. *Oder?* Da war doch Photoshop am Werk, das kann doch nicht sein, dass ein Mann in *Ihrem* hohen Alter, also, auch wenn das schon ein paar Jahre her ist ... Sie wissen schon, wie ich das meine, gell?

Von: Christian Clerici – **An:** Wiebke Lorenz
Gesendet: Donnerstag, 4. Juni 2009 17:31
Betreff: Re: Bodydouble???

Das war tatsächlich ich, der da in einer Sloggi-Unterhose steckt. Und wie Sie hat eine ganze Nation mit der Vermutung, es handele sich um ein Bodydouble, falschgelegen. Jetzt bin ich gerade fertig geworden mit Tomateneinsetzen und werde das Laufbein durch den Wald schwingen – das nächste Angebot, sich auszuziehen, kommt bestimmt.

Liebste Grüße
S.M. Clerici

Von: Wiebke Lorenz – **An:** Christian Clerici
Gesendet: Donnerstag, 4. Juni 2009 17:57
Betreff: AW: Re: Bodydouble???

Stichwort »Laufbein schwingen«: Meine Freundin Sabine will in einer Stunde um die Alster joggen und rief gerade an, um zu fragen, ob ich mitkommen will. Joggen! Ich! Um die Alster! 8 Kilometer!!!! Hahahahaaaa ... Dabei vertraue ich seit Jahren auf die verjüngende Wirkung von Wein und Nikotin. Hust. Lall. Und: Sport lehne ich ohnehin aus religiösen Gründen ab!

Meinen Sie, ich sollte das mal für den Playboy tun? Mich ausziehen, meine ich? Also, falls der Playboy mich mal fragen sollte. Ich finde, die könnten anstelle von diversen TV-Stars und -Sternchen mal eine Intellektuelle ablichten. Zum Beispiel eine Autorin, also mich. Noch ist mein biologischer Verfall ja nicht in unmittelbarer Sicht. Trotz meiner Religion.

Von: Christian Clerici – **An:** Wiebke Lorenz
Gesendet: Donnerstag, 4. Juni 2009 21:06
Betreff: Re: AW: Re: Bodydouble???

Wiebke,
gut, dass Sie das mit dem Joggen lassen. Es soll schon vorgekommen sein, dass einer zum Laufen an die Alster aufbrach und nie wieder gesehen ward. Und das ist nicht der Gleiche, der Zigaretten holen wollte. Die Welt ist voll von solchen Vorkommnissen, geheimnisvoll, düster, mystisch, gespenstisch, unerklärlich, aber wahr. Es muss irgendwo einen Ort geben, an dem sich alle diese Verschwundenen sammeln, und damit meine ich nicht die Davidwache. Nein, nein, ein Ort, an dem ein Jogger neben einem Raucher neben einem Segelflieger neben einem isländischen Elfenbeauftragten neben einem verrückten Wissenschaftler neben der Schwester von Fox Mulder steht. Klingt nach Verschwörungstheorie, beginnendem Wahnsinn oder getrübtem Wachbewusstsein? Nun, vielleicht ein bisschen von allem.

Haben Sie übrigens gehört, dass Red Bull Cola in Deutschland verboten wurde, weil darin wohl Spuren von Kokain nachweisbar waren? Es gibt Leute, die sagen, das kommt von dem Zeug, das den Leuten beim Trinken aus der Nase rinnt und so in die Dose kommt. Andere behaupten, das wäre ein Marketing-Gag und mache die Leute erst recht geil darauf. Ich glaube ja, dass das Blödsinn ist. Der Hotrod Hangar wird von Red Bull ausgestattet, wir haben das Zeug tonnenweise am Lager und saufen auch recht tüchtig davon, wenn der Tag lang ist. Mir ist da noch nie irgendwas aufgefallen ... außer, dass ich mich manchmal wundere, nur drei Stunden Schlaf pro Tag zu brauchen, und

Marion meint, ich würde ununterbrochen reden, fast manisch wäre das. Dann habe ich neuerdings schwere Depressionen und so etwas wie Verfolgungswahn. So nennt man das doch, wenn man ständig glaubt, beschattet zu werden, obwohl man allein, mitten auf einem Fußballfeld in der Mittagssonne steht? Na ja, nicht so wichtig ...

Von: Christian Clerici – **An:** Wiebke Lorenz
Gesendet: Montag, 8. Juni 2009 19:44
Betreff: Nun?

Nun? Wie ich diese Frage hasse, wenn Sie an *mich* gestellt wird, muss die Welt doch wissen, dass man nicht ohne Sinn und Verstand Stillschweigen bewahrt. Vor allem nicht ohne Verstand, der bei Lilalorenz landläufig und bereits über die Grenzen des Landes hinaus legendär ist. Sind Sie womöglich schon am Möbelpacken, um ein Plätzchen unter der Elbbrücke zu beziehen?

Ich für meinen Teil bin gerade überaus geschwätzig und kann genausogut Ihnen auf die Nerven fallen. Von daher, zu Ihrer Ermutigung, die kleine Anekdote über unsere damalige Wohnungssuche:

Seit meine Frau und ich uns vor den Türen der Hansestadt die Füße in den Bauch gestanden und gemeinsam mit dreißig anderen auf das Erscheinen der wohlproportionierten Maklerin gewartet haben, ist schon wieder etwas Zeit vergangen. Das war so um 1996. Wir haben ungefähr ein Jahr gesucht. Eigentlich hat Marion gesucht und sich viel gefallen lassen müssen, denn in der Hansestadt legt man ja gesteigerten Wert auf komplette Transparenz, wenn jemand sich erdreistet, eine Wohnung mieten zu wollen. Die Schwierigkeiten begannen schon mit dem Makel, Ausländer zu sein auch wenn es bloß Österreich war. Aber selbst das war suspekt, kannte doch jeder Vermieter oder Makler eine abenteuerliche Geschichte in Zusammenhang mit diesem wilden, verschlagenen Bergvolk im Herzen der Alpen, das keine Gelegenheit auslässt, den bundesdeutschen Reisenden nach Strich und Faden über den Tisch zu ziehen. Außerdem unterstreicht der Name Clerici ebenfalls die Vermutung, das Ganze habe irgendwas mit Balkan zu tun – und so war nicht selten zu hören: »Es tut uns sehr leid, Frau Kleretschek, aber in diesem Fall ...« Selbst wenn meine Frau hinzufügte, das sei ein italienischer Name und auch die Hamburger führen doch gern in dieses romantische Land mit der Pizza, der Pasta, dem Meer, den Gigolos, der Mafia, Berlusconi und den unverschämten Autobahngebühren, um ihre noble Blässe in der mediterranen Sonne zu rösten, um lebensverlängernden Rotwein zu trinken und im Straßenverkehr endlich mal die ganze aufgestaute Wut, die so ein Leben als höflicher Hanseat mit sich bringt, in Vortrieb umzuwandeln und ordentlich auf die Hupe zu hauen, änderte es nichts an der geballten Ablehnung, die ihr entgegenschlug.

Vergebens also, es blieb der einmal gefasste Vorbehalt, der dummerweise auch nicht durch den Umstand abgeschwächt wurde, hier zwei zuverlässige Mieter vor der Nase zu haben. Ich war doch Fernsehmoderator, wenn auch in den deutschen Anfängen, aber immerhin: Ich konnte einen unterschriebenen Vertrag über meine, für damalige Verhältnisse, durchaus lukrative Beschäftigung bei Premiere vorweisen – aber auch das erwies sich eher als Makel denn als Vorteil. »Ah, beim Fernsehen arbeiten Sie ...«, und bisweilen konnte man die unausgesprochene Fortsetzung des Satzes förmlich greifen, »... das ist doch dieser Zigeunerberuf, für den man nicht einmal eine ordentliche Ausbildung braucht.«

Am Ende und erniedrigende Erlebnisse später haben wir dann eine nette Bude in Winterhude gefunden. Unter dem Dach, aber nur im 3. Stock und bloß ein paar Minuten von der Alster entfernt. Geklappt hat es aber wahrscheinlich nur, weil die Maklerin Kraschnitschkilipowskaya hieß. Oder so ähnlich.

Was ich eigentlich sagen möchte, Wiebke: Ich drücke Ihnen fest die Daumen, dass es bald klappt. Halten Sie mich diesbezüglich auf dem Laufenden, dann erzähle ich Ihnen beim nächsten Mal die Story von der Razzia in diesem properen Backsteinbau in Alsternähe ... Und seien Sie auch nicht zu traurig, wenn Sie mal wieder voller Hoffnung um die Ecke biegen und mit nur mühsam zu unterdrückender Euphorie nach der Hausnummer aus der Annonce Ausschau halten, um dann – wie so oft – festzustellen, das da irgendwann in dunklen

Zeiten wohl doch eine einzige Bombe in diese wundervolle Straße mit diesen wundervollen Gründerzeitvillen und diesen wundervollen Kirschblütenbäumen gefallen ist. Wer auch immer den beschissenen Neubau zwischen die gewachsenen Substanz gepackt hat, ohne Rücksicht auf jedwede Harmonie, der muss wohl Teil der Verschwörung gegen die Lorenz gewesen sein. Denn: Warum ist es immer das beschissenste Haus in der Straße?

Von: Wiebke Lorenz – **An:** Christian Clerici
Gesendet: Montag, 8. Juni 2009 20:03
Betreff: Re: Nun?

Christian,
Sie schaffen es doch immer wieder, *genau* die richtigen Worte zu finden, um mich zu ermutigen. Aber lassen wir das Thema mit der Wohnung, ich habe meine Depression gerade erst mit Hilfe von starken Medikamenten in den Griff bekommen und will mich da jetzt nicht selbst erneut gefährden ...

Von: Wiebke Lorenz – **An:** Christian Clerici
Gesendet: Mittwoch, 10. Juni 2009 11:13
Betreff: Moin!

Guten Morgen!
Sitze gerade nach einer lustigen Lesung gestern Abend leicht derangiert am PC, muss aber gleich schon wieder los, weil wir heute Abend in Buxtehude lesen ...

Ich wollte eh nur kurz wissen, wer bei unserem nächsten Thema »Wie viel Pflege braucht der Mann« anfängt. Sie? Ich?

Ich weiß, ich schreibe in letzter Zeit immer kürzer, was nicht nur an meiner Roman-Arbeit liegt, sondern auch an der Tatsache, dass ich sonst rein gar nichts Erfreuliches zu erzählen habe. Nichts, nada, niente! Und da, findet meine Therapeutin, sollte man sich lieber nicht zu sehr reinsteigern, indem man jedem, der es wissen will oder auch nicht, mitteilt, dass man demnächst obdachlos, dafür aber overworked und underfucked ist. Hupsa, ich hoffe, ich habe mit dem dem letzten Wort nicht Ihre empfindsame Seele getroffen. Aber das musste mal raus.

Von: Christian Clerici – **An:** Wiebke Lorenz
Gesendet: Mittwoch, 10. Juni 2009 19:49
Betreff: Re: Moin!

Bei der Pflege lege ich mal vor, mir ist eh gerade danach.

Wir sind wieder im Wald. Im Kamin brennt knisternd das Feuer, schneller als sonst. Das wird daran liegen, dass hier minderwertiges Holz im Spiel ist. Anders kann ich es mir nicht erklären, denn schließlich schleppe ich den Dreck eigenhändig aus der Scheune ins Haus und darf doch mit Recht stutzig werden, wenn ich kaum zum Sitzen komme. Still ist es. Wunderbar.

Beim Laufen kam mir der Gedanke, was es wohl mit dem Spruch »Vorbereitung ist das halbe Leben« auf sich haben mag. Denn was ist dann mit der anderen Hälfte? Ist man, sagen wir mal, bis 40 in der Vorbereitung, um dann nur noch blinzeln zu müssen, um jedweden Wunsch erfüllt zu bekommen? Oder überschneiden sich die Hälften etwas? Eigentlich naheliegend, denn egal wie gut man etwas vorbereitet, es hakt ja dann doch wieder irgendwo. Hmmm.

Lilalorenz liest also heute in Buxtehude. Was denn?

Von: Wiebke Lorenz – **An:** Christian Clerici
Gesendet: Donnerstag, 11. Juni 2009 11:23
Betreff: Buxtehude

Moin Christian!
Nun war ich also in Buxtehude und habe der Bevölkerung da mal ordentlich eingeheizt. Sehr lustig war das Ganze, allerdings bin ich

seit gestern Abend ein klein wenig deprimiert, weil ich feststellen musste, dass mein Catsuit, den ich immer zu den Auftritten anziehe (der, mit dem ich Silverster auch mal ganz gern unterm Tisch liege), momentan nicht passt, weil ich ob meiner suboptimalen »Wo werde ich demnächst wohnen?«-Situation und meines noch suboptimaleren »Wo ist denn nun eigentlich ein neuer Psychopath?«-Zustandes ein klein wenig, äh ... Haben Sie schon mal was von Frustfressen gehört? Nun ja, ich bin eines der tragischen Opfer.

Igendwie scheint es bei Ihnen nicht so recht angekommen zu sein, dass ich eigentlich immer noch erwarte, dass Sie diesem »underfucked«-Zustand ein Ende bereiten. Natürlich nicht Sie persönlich, sondern einer Ihrer Psychopathen-Freunde. Da sind schon länger keine Vorschläge mehr gekommen, dabei hatten Sie mir doch *fest* versprochen, für mich einen Geisteskranken aufzutun. Was ist denn nun, Herr Clerici? Das Jahr ist doch schon fast zur Hälfte rum, es wird langsam Zeit!

Von: Wiebke Lorenz – **An:** Christian Clerici
Gesendet: Sonntag, 14. Juni 2009 11:44
Betreff: Kurze Nachfrage

Leben Sie noch? Sind Sie verschreckt, weil ich mal wieder auf die baldige Lieferung meines Psychopathen beharre? Oder hat Sie die Blair Witch im Wald geholt? Ich meine ja nur, weil ich seit Mittwoch auf die Saubermänner warte ...

Von: Christian Clerici – **An:** Wiebke Lorenz
Gesendet: Sonntag, 14. Juni 2009 14:30
Betreff: Re: Kurze Nachfrage

Ja, er lebt noch, und wie!
Zuerst einmal gehen Sie mir bitte nicht auf die Nerven, indem Sie sich Sorgen machen, ob ich mir Sorgen über das Wort »underfucked«

mache bzw. über den nämlichen Zustand, in dem Sie sich befinden. Ich mache mir keine Sorgen. Besser? Na also.

Sex wird maßlos überschätzt ... oder: Überschätzen sich die meisten maßlos beim Sex? Hmm. Sie müssen sich da mal locker machen, Lorenz. Bei Ihrem Ruf ist es kein Wunder, dass sich keiner rantraut. Vielleicht müssen Sie sich eine neue Masche einfallen lassen oder das Parfum wechseln oder mal welches benutzen. Versuchen Sie es mit einer Prämie oder mischen Sie sich in den einschlägigen Vierteln der Hansestadt unter die Leute, da geht doch immer was, und am Ende haben Sie auch noch ein paar Euro mehr in der Tasche. Wenn man etwas wirklich will, klappt das auch, geben Sie sich einfach mehr Mühe – oder greifen Sie endlich bei einem meiner Psychopathen zu! Einer meiner Kumpels, der Schlecki, wäre vielleicht etwas für Sie. Der wirkt total harmlos, hat es aber faustdick hinter den Ohren. Und nicht nur da. Schlecki ist natürlich sein Deckname. Nomen est omen. Wenn Sie also ein wenig mehr Enthusiasmus in diese Richtung zeigen würden, könnte ich Ihnen eine nähere Beschreibung geben.

In vier Tagen fliegen Marion und ich mal wieder nach Spanien, um nachzusehen, was unsere Immobilien-Investition in Andalusien so macht. Das nur zur Vorwarnung, falls ich in nächster Zeit ein klein wenig deprimiert klinge ... Oh. Marion sagt gerade, sie hat Hunger. Habe ich auch, wenn ich es genau bedenke. Die Lösung: Essen.

Mahlzeit, Frau Lorenz. Achten Sie auf Ihre Figur, denn ich mag nicht mit einer Fensterrolle in Verbindung gebracht werden, und nur weil Sie keinen übergewichtigen Liebhaber an Land gezogen haben, heißt das noch lange nicht, dass Sie jetzt ohne Sinn und Verstand anfangen müssen, selbst zu fressen.

Anbei die Saubermänner. Ich erwarte Ihren Gegenschlag!

Wie viel Pflege braucht der Mann?

Frau Lorenz, ich melde mich heute vom Flughafen in Malaga. Gerade hatte ich entschieden, dass mein kleines Reisetäschchen ohne Weiteres als Handgepäck durchgeht, da werde ich wenig später von einem verhinderten Stierkämpfer in billiger Polyesteruniform mit stumpfen Blick aufgefordert, eben jenes Täschchen zu öff-

nen. Was dann kommt, ist etwas zeitraubend. Ich schaue dem Bollwerk gegen den Weltterrorismus dabei zu, wie es übergewichtig, schwitzend und stirnrunzelnd erst die Shiseido-Körpercreme in einen Abfallbehälter wirft, dann folgt ein sündteures Juvenaensemble für das Männergesicht ab 40, abgerundet von meinem Dior-Shampoo, dem Issey-Miake-Rasierwasser inklusive Eau de Toilette. Die Zahnpasta für 2,90 Euro und eine unerträgliche Handseife aus Rinderknochen, die mir ein Kumpel als Souvenir aus einem Fernfahrerpuff mitgebracht hat, darf ich behalten. Natürlich bin ich selbst schuld, aber als Reisender ohne Sympathien für die Achse des Bösen hat man halt manchmal andere Dinge im Kopf, als ständig an verdächtige Flüssigkeiten in seinem Gepäck zu denken. Mich schmerzt der Verlust schon sehr, denn, wie Sie der vorstehenden Erzählung entnehmen können, gehöre ich zu der Sorte Mann, die auf Körperpflege achtet. Nicht nur, weil ich weiß, dass Frauen es mögen, sondern auch, weil ich grundsätzlich zu einer Form der Hygiene stehe, die über ein gepflegtes Bier hinausgeht. Ich liebe Frauen, die auf sich achten, also ist es doch das Mindeste, was ich als Mann in dieser Hinsicht zurückgeben kann. Es gibt kein Argument gegen gepflegte Männer, denn selbst der größte Idiot tut nicht ganz so weh, wenn er gut riecht und sich vorher gewaschen hat. Ich breche hier keine Lanze für Make-up oder lackierte Fingernägel, aber einmal im Monat zur Kosmetikerin, sich an und ab das Teufelshaar an den Brauen zupfen, pardon, ausreißen, oder mithilfe entsprechender Produkte für zarte Haut zu sorgen, finde ich auch bei Männern durchaus sexy. Unsexy finde ich das Wort sexy. Klingt irgendwie nach kleinem Sex, Sex für Arme. Die im Übrigen nicht enthaart werden. Vielleicht sind aber viele Männer nur deshalb solche Schweine, weil Sie immer, so wie ich, bei der Durchleuchtung am Flughafen ihre Pflegeprodukte ins Handgepäck packen. Frau Lorenz, das ist die Vorlage: Männer stinken, weil sie blöd sind …

Duftende Grüße,
der gepflegte Clerici

Von: Wiebke Lorenz – **An:** Christian Clerici
Gesendet: Montag, 15. Juni 2009 12:22
Betreff: Fensterrolle

Moooment, lieber Christian! Was soll das heißen, Sie möchten nicht mit einer Fensterrolle in Verbindung gebracht werden? Sind Sie etwa auch nur so ein Kerl, der eine Frau ausschließlich nach ihrem Aussehen beurteilt??? Dabei dachte ich, Ihnen wäre es egal, ob ich nun in Größe 36 oder 46 stecke, und Sie hätten schon längst meine inneren Werte erkannt, aber nein, auch Christian ist nur ein ganz normaler Mann, der ... der ... Na gut, ich höre mit dem Fressen auf. Ich könnte Ihnen und der Nation an dieser Stelle natürlich auch noch Figurtipps mitteilen, ich persönlich schwöre ja auf »no carb« ab mittags. Also nix mehr mit Pasta am Abend, nur noch Salat mit Hähnchenbruststreifen. Dazu Vino, was den Vorteil hat, dass man mangels ordentlicher Sättigungsgrundlage in null Komma nix lattenstramm ist. Das macht das Besaufen durchaus günstig!

Soda, ich habe um 13.00 Uhr einen Interviewtermin und sehe noch aus wie Harry Rowohlt. Da müsste ich mal gegensteuern.

Wie viel Pflege braucht der Mann?

Lieber Christian, da muss ich doch gleich mal einhaken: Sie kaufen Zahnpasta für 2,90 Euro? Also fast sechs Mark beziehungsweise vierzig Schilling? Verzeihung, aber das ist tatsächlich ziemlich blöd, gibt es doch – wie jede gute Hausfrau weiß – bei Rossmann die 100-ml-Tube Blend-a-med Complete plus für nur 1,29 Euro! Da könnten Sie mit 2,90 Euro gleich zwei Stück erwerben und hätten dann immer noch genug Geld übrig für, sagen wir, ein Erfrischungstuch, das Sie in Zukunft verschwitzten und militanten Handgepäck-Kontrolleuren reichen können. Das wirkt möglicherweise besänftigend aufs Gemüt. Oder die Duftstoffe umnebeln den Geist Ihres Gegenübers dermaßen, dass er Sie ungehindert mit Ihrer kleinen Reise-Parfümerie des Weges ziehen lässt. Ansonsten lassen Sie mich über die hohe Kunst der Männerpflege noch Folgendes feststellen: Sicher will keine Frau einen Kerl, der stinkt wie ein Moschusochse. Noch weniger möchten wir allerdings einen, der offen zugibt, hin und wieder zur Kosmetikerin zu schleichen, um sich dort zupfen, pudern und quasten zu lassen. Nein, Herr Clerici, der Mann von Welt sorgt im Geheimen für ein angenehmes Äußeres, zieht sich dann und wann in referentieller Besinnlichkeit aufs stille Örtchen zurück, um dort überflüssigem Gewächs, Mitessern und allem, was der testosterongeschwängerte Körper sonst noch so hergibt, den Garaus zu machen. Wir Frauen wollen den Marlboro-Mann, den verwegenen Cowboy, der nach getaner Arbeit aus dem Sattel springt und uns in seine starken Arme reißt. Natürlich soll er dabei nicht nach Pferd duften, sondern lieber einen Hauch von Bulgary Aqua verströmen, natürlich möchten wir keine Bartstoppeln an unseren zarten Wangen spüren, und selbstverständlich erwarten wir, dass er uns stets nur auf gepflegten Händen trägt. Wie genau ein Mann das hinkriegt, interessiert uns nicht. Es reicht uns vollkommen, wenn es einfach nur so ist.

Von: Wiebke Lorenz – **An:** Christian Clerici
Gesendet: Montag, 15. Juni 2009 15:09
Betreff: PS

Eine Sache hätte ich fast vergessen: Wenn Sie demnächst nach Spanien fliegen, bringen Sie mir doch bitte einen feschen Spanier mit, falls Sie einen blonden entdecken!

Von: Christian Clerici – **An:** Wiebke Lorenz
Gesendet: Dienstag, 16. Juni 2009 15:28
Betreff: Spanier

Das mit dem Dutzend betrunkener Spanier geht in Ordnung, ich kann nur nicht versprechen, Sie am Stück zu liefern – Sie wissen schon: Flüssigkeiten und Handgepäck.

Von: Wiebke Lorenz – **An:** Christian Clerici
Gesendet: Dienstag, 16. Juni 2009 18:20
Betreff: Re: Spanier

Prima, ich nehme die Typen auch in einzelnen Stücken, das macht gar nichts. Im Gegenteil, denn da ich die meisten Kerle in kürzester Zeit sowieso auseinandernehme, wäre das schon mal erledigt.

Von: Christian Clerici – **An:** Wiebke Lorenz
Gesendet: Dienstag, 16. Juni 2009 18:49
Betreff: AW: Re: Spanier

Bonsoir, chère Wibke!
Nach Spanien nehmen wir genug Gefrierbeutel mit, damit der Prinz aus der Sierra Nevada frisch bleibt. Spanisches Puzzle: Wiebke bastelt sich einen wilden Andalusier. Das wird lustig. So, jetzt gehe ich trainieren und stemme mir überschüssige Energie aus dem Leib.

Von: Wiebke Lorenz – **An:** Christian Clerici
Gesendet: Dienstag, 16. Juni 2009 18:53
Betreff: Wibke

Wenn Sie noch einmal »Wibke«, also mit ohne IE schreiben, gibt es Haue! Gehen Sie und stemmen Sie was. Sie sollen ja als Koautor neben mir eine gute Figur machen, was natürlich nicht leicht ist :-)

Von: Christian Clerici – **An:** Wiebke Lorenz
Gesendet: Dienstag, 16. Juni 2009 19:23
Betreff: Re: Wibke

Zwischen zwei Hanteln: WIIIEEEPKÄH :)
Gesendet von Christians iPhone

Von: Wiebke Lorenz – **An:** Christian Clerici
Gesendet: Dienstag, 16. Juni 2009 19:36
Betreff: AW: Re: Wibke

Stemmen Sie Ihr iPhone? Damit können Sie mich jetzt aber nicht beeindrucken, das Ding wiegt doch nix ...

Von: Christian Clerici – **An:** Wiebke Lorenz
Gesendet: Dienstag, 16. Juni 2009 19:57
Betreff: Foto Fitness

Gucken Sie mal, wo ich bin! Also: Nicht frech werden, Nordlicht!
Gesendet mit Christians iPhone

Von: Wiebke Lorenz – **An:** Christian Clerici
Gesendet: Dienstag, 16. Juni 2009 20:20
Betreff: Re: Foto Fitness

Wieso? Was passiert dann? Werfen Sie iPhone nach mir?

Dann schwitzen Sie mal schön und stemmen Sie weiter. Auf dem Foto, das Sie mir eben schickten, sieht Ihr Körperertüchtigungstempel allerdings ein wenig nach verwanzter Garage aus, aber vielleicht fühlen Sie sich in so einem Umfeld recht wohl ...

Ich bin ja naturschön und habe so was nicht nötig (um alles Weitere kümmert sich mein plastischer Chirurg). Aber immerhin war ich zwei Jahre lang förderndes Mitglied im Meridian Spa und habe mit meinen Beiträgen bestimmt einen halben Stepper finanziert. Nach einer traumatischen Begegnung im Saunabereich (mein damaliger Chefredakteur lief mir über die nackten Füße) habe ich öffentlichen Einrichtungen der Körperertüchtigung abgeschworen. Es geht mir seitdem nicht schlechter. Stattdessen habe ich hier zu Hause einen Crosstrainer stehen, den ich im Laufe der drei Jahre, die ich ihn mein Eigen nenne, immerhin schon zweimal benutzt habe. Ja, ich bin da recht verbissen, wenn ich mir erst mal etwas vorgenommen habe ... Auch meine Joggingschuhe und meine High-Tech-Pulsmessuhr habe ich schon ein einziges Mal an der Alster entlanggeführt, aber es hat ihnen nicht sonderlich gefallen, und man will ja niemanden zwingen.

Also, übertreiben Sie es nicht beim Training, gell? So ein iPhone-Arm ist keine schöne Sache ...

Von: Christian Clerici – **An:** Wiebke Lorenz
Gesendet: Mittwoch, 17. Juni 2009 07:59
Betreff: AW: Re: Foto Fitness

Hören Sie mal, Sie Couchpotatoe, ein bisschen mehr Respekt vor der anabolikadurchtränkten Wunderwelt, in der ich mich da regelmäßig zur körperlichen Ertüchtigung aufhalte.

Aber Sie stehen ja auf Dicke, was soll ich da schon groß Werbung für körperliche Ertüchtigung machen? Ich werde mich zu diesem Thema noch ausführlicher verbreitern, so, wie es Ihrem Hintern ergehen wird, wenn Sie ihn nicht endlich in Bewegung bringen. Sie bleiben nicht ewig jung, Wiebke, irgendwann werden die dünnen Ärmchen all die Verehrer, die da an jedem Ihrer Finger so zahlreich hängen, nicht mehr tragen können, Sie werden unter der Last der 1000 Bücher, die Sie geschrieben haben, in die Knie gehen – und noch etwas, Frau Wiebke Lorenz: Denken Sie an die Ungerechtigkeit der Natur, die sich mit weiblichem Bindegewebe einen Spaß erlaubt hat, und ...

Das, liebe Wiebke, ist das Bodybuildingstudio Lemperg. Kostet 360 Euro im Jahr und ist in zwei Gehminuten von mir zu Hause zu erreichen. Hier trainieren Menschen wie Bobby und Dimitrij, großartig fröhliche Leute, die mir nicht auf den Sack gehen und sich in ihren ewig gleichen Kraftshirts wohltuend von dieser Schickimickipseudotrainingssociety unterscheiden, denen der Auftritt im Fitnessdom wichtiger ist als der Sport selbst. Ich bekomme regelmäßig die Krätze, wenn es mich zufällig per Gutschein oder VIP-Einladung in einen der modernen, hellen, tollen, teuren, eleganten, hochnäsigen Tempel verschlägt, in denen so Damen wie Sie zweimal im Jahr irgendwas an ihrer ohnehin guten Figur ändern wollen und dafür mit eigenem Visagisten, Sauerstoffzelt und Sagrotansprühfläschchen ankommen. Einmal hat so eine Braut statt Desinfektionsmittel irrtümlich ihr Pfefferspray benutzt, um den Crosstrainer von ihrem nicht vorhandenen Schweiß zu reinigen. Daraufhin ist der Brandmelder losgegangen, die Feuerwehr und sämtliche Antiterroreinheiten der näheren Umgebung sind angerückt und haben am Ende einen verdächtig dreinblickenden Gummibaum verhaftet.

Was meinen iPhone-Arm betrifft, machen Sie sich mal keine Gedanken, der bildet sich nach zwei Tagen Dauertelefonieren mithilfe der bösen Strahlung wieder zurück. Übrig bleibt höchstens eine kleine Verfärbung, die man aber ganz gut mit einem Nikotinpflaster kaschieren kann.

Von: Wiebke Lorenz – **An:** Christian Clerici
Gesendet: Mittwoch, 17. Juni 2009 10:35
Betreff: Bindegewebe

Lieben Dank, dass Sie sich so um mein Bindegewebe sorgen, dazu besteht allerdings nicht der geringste Anlass. Und da Sex bekanntlich als sportliche Aktivität unschätzbar ist, brauchen Sie sich auch keine Gedanken um meinen Kalorienverbrauch zu machen, Sie Besserwisser!

Wie komme ich jetzt auf Kalorienverbrauch und Sex? Vermutlich hat es was mit dem Pizza-Taxi zu tun, das ich nachher ordern werde, und mit der Vorstellung, da würde zusammen mit der Quattro Stagioni auch gleich ein lecker Kerlchen mitgeliefert, vielleicht ein Unternehmensberater, der sich zwecks Selbstfindung im Sabbatical als Pizza-Taxi-Fahrer versucht, um – wie Günter Wallraff – die Gesellschaft einmal von »ganz unten« zu erleben ...

Und aus einschlägigen Softporno-Filmen wissen wir ja, was passiert, wenn der Pizza-Taxi-Mann zweimal klingelt. Ach nein, das war der Klempner, glaube ich.

Aber egal, Sex ist jedenfalls eine prima Sache für die, die ihn haben. Ich persönlich habe da wohl schlechte Karten, denn genau genommen esse ich gar keine Pizza, weil ich keinen Käse vertrage. Aber vielleicht geht's ja auch mit Mister Wong: »Sie aben die extlaschalfe Flühlingslolle bestellt?«

Verzeihung, Christian, ich bin heute schon wieder nicht ernsthaft. Jetzt gehe ich duschen und dann zur Einweihungsfeier einer Buchhandlung.

Von: Christian Clerici – **An:** Wiebke Lorenz
Gesendet: Donnerstag, 18. Juni 2009 10:54
Betreff: Re: Bindegewebe

Sie haben recht, Sex, das steht fest, ist ausgesprochen gesund, hält die innere Stabilität im Gleichgewicht, verjüngt die Seele und den Körper, gibt Selbstbewusstsein, baut überschüssige Energien ab und macht obendrein noch Spaß. Tolles Ding eigentlich, dieser Sex.

Deshalb bin ich froh, dass wir darüber gesprochen haben, denn so ist mir nun klar, warum Sie so bei sich sind. So ausgeglichen, so entspannt. Geben Sie es zu, die Suche nach einem Mann fürs Leben kommt doch für Sie eh nicht wirklich in Frage. Sie genießen es doch, jeden Tag einen anderen mit nach Hause schleppen zu können, Sie stehen doch zu diesem Gesundheitsprogramm!

Wiebke, ich kann Sie nicht weiterhin guten Gewissens bei meinen Freunden anpreisen. Die sind zwar Psychopathen, aber durchaus auch sehr sensible Menschen, die mit Ihrer Promiskuität nicht umgehen könnten. Ich kann einfach nicht zulassen, dass der letzte Rest dieser geprüften Menschen daran zerbricht, dass sie ihr Bett ständig mit anderen Männern teilen müssen, dass Wiebke jeden zweiten Tag betrunken über irgendeinen Tanzboden torkelt, sich mit einem Österreicher endlose Mails schreibt und bei der permanent der Pizzabote klingelt. Sie machen es einem wirklich nicht leicht, Frau Lorenz.

Von: Wiebke Lorenz – **An:** Christian Clerici
Gesendet: Donnerstag, 18. Juni 2009 11:55
Betreff: Pah!

Dass Sie mich aufgrund meiner Promiskuität, aus der ich *nie* einen Hehl gemacht habe, jetzt sanktionieren, nehme ich Ihnen übel! Das ist gemein. Und ungerecht. Und unfair. Ich dachte, Sie seien mittlerweile nach unserem sinnesumwälzenden Austausch ein kleines bisschen emanzipierter …

Von: Christian Clerici – **An:** Wiebke Lorenz
Gesendet: Donnerstag, 18. Juni 2009 13:28
Betreff: Re: Pah!

Wollten Sie nicht duschen gehen? Seit wann duschen Sie eigentlich? Gibt es Ärger mit Ihrer Wanne?

Von: Wiebke Lorenz – **An:** Christian Clerici
Gesendet: Donnerstag, 18. Juni 2009 18:55
Betreff: Warmduscher

Ich bin da durchaus flexibel, lieber Christian, und noch nicht festgefahren. Und wenn mir – so wie heute – mal danach ist, was *total* Verrücktes zu tun, hüpfe ich halt unter die Dusche.

Da komme ich gerade her und dufte wie der neue Tag. Herrlich!

Von: Christian Clerici – **An:** Wiebke Lorenz
Gesendet: Donnerstag, 18. Juni 2009 19:21
Betreff: Re: Warmduscher

Macht es Sinn, um kurz vor sieben am Abend zu duften wie der neue Tag? Ach ja, ich vergaß, Ihr Tag beginnt ja meistens erst am Abend.

Und so wie ich Sie einschätze, werden Sie nachher bei Ihrer Buchhandlungseröffnung wahrscheinlich wieder trinken, bis der Arzt kommt – oder Sie sich zu einer Apotheke schleppen ...

Besorgt,
Christian

Von: Wiebke Lorenz – **An:** Christian Clerici
Gesendet: Donnerstag, 18. Juni 2009 22:30
Betreff: Aw: Re: Warmduscher

Keine Panik, Herr Clerici, ich liege bereits nüchtern und brav im Bett, mache jetzt mein Notebook aus und konzentriere mich darauf, in den nächsten Tagen von früh bis spät zu schreiben. Sie wissen ja, mein Roman muss fertig werden, deshalb lasse ich mich von diesem Österreicher auch nicht länger provozieren. Wenn's von Ihnen nicht mal einen Psychopathen gibt, sehe ich nicht ein, weshalb ich noch länger Zeit und Energie auf Sie verschwenden sollte. Das lohnt sich nicht. Und ich tue *nie* Dinge, die sich nicht lohnen.

Von: Christian Clerici – **An:** Wiebke Lorenz
Gesendet: Dienstag, 23. Juni 2009 15:40
Betreff: Neue Folgen

Frau Lorenz, ich störe Sie nur ungern in Ihrer kontemplativen Schreibklausur, aber die beliebte Serie geht weiter. Ich fände es großartig, wenn Sie bei den Mausis vorlegen könnten – ich würde mit den Büchern den Anfang machen. Hier die Mail von der Redaktion:

Liebe Wiebke, lieber Herr Clerici,
die beliebte Serie »Er sagt/Sie sagt« läuft weiter. Wir haben zwar schon bis einschließlich Heft 10 abgedreht, aber da wir bereits mit der Planung bis zum Ende des Jahres fortgeschritten sind, könnten

wir jetzt schon mit den neuen Folgen beginnen. Ganz besonders gut haben uns aus der Vorschlagsliste diese beiden gefallen:
Weshalb mögen so viele Männer Mausis? Und: Weshalb lesen Frauen mehr Bücher als Männer?
Könnten Sie sich daranwagen?

Von: Wiebke Lorenz – **An:** Christian Clerici
Gesendet: Dienstag, 23. Juni 2009 16:07
Betreff: Mausis

Okay, ich mach mal eben schnell ...

Weshalb mögen so viele Männer Mausis?
Die Lage im Land ist ernst, lieber Herr Clerici. Vor einiger Zeit las ich nämlich im SZ-Magazin einen Artikel mit dem Titel »Einsame Spitze«. Es ging in der Geschichte um die Frage, weshalb es für intelligente Frauen so schwierig ist, einen passenden Partner zu finden. Während Männer nämlich kein Problem damit haben, sich in Beziehungen »nach unten« zu orientieren, fällt es Frauen ungleich schwerer, sich außerhalb ihrer eigenen Augenhöhe umzusehen. Der Autor des Textes kam letztlich zu dem Schluss, dass es nur eine Gruppe gibt, die ähnlich schwer vermittelbar ist wie erfolgreiche Frauen, nämlich männliche Hartz-IV-Empfänger. Täten diese beiden Gruppen sich nun zusammen, wäre das Problem mit einem Schlag gelöst. Deutschland – ach was, die gesamte westliche Welt – würde im Handumdrehen nur noch aus glücklichen Paaren bestehen, die die demografische Entwicklung wieder ankurbeln würden.

Nee, das ist zu wissenschaftlich und doof, weshalb ich jetzt mal wieder ein Nickerchen mache, bevor ich zurück an meinen Gegenwartsroman inklusive Bühnenadaption gehe. Und dann schreibe ich der Redaktion, dass die Mausis nicht funktionieren.

Gähn

Von: Christian Clerici – **An:** Wiebke Lorenz
Gesendet: Dienstag, 23. Juni 2009 16:29
Betreff: Re: Mausis

Sagen Sie mal, Lorenz, habe Sie womöglich irgendeine seltene Form der Malaria?

Von: Wiebke Lorenz – **An:** Christian Clerici
Gesendet: Dienstag, 23. Juni 2009 17:35
Betreff: AW: Re: Mausis

Nein, Clerici, ich mache nur folgende Dinge am liebsten:

1. Essen
2. Trinken
3. Schlafen

Noch Fragen?

Von: Christian Clerici – **An:** Wiebke Lorenz
Gesendet: Dienstag, 23. Juni 2009 17:37
Betreff: Re: AW: Re: Mausis

Sie schlafen ja gar nicht! Oder haben Sie einen Wecker, der Sie alarmiert, wenn Frechheiten aus Österreich reinkommen?

Von: Wiebke Lorenz – **An:** Christian Clerici
Gesendet: Dienstag, 23. Juni 2009 17:40
Betreff: Aw: Re: AW: Re: Mausis

Genau so ist es ...

Von: Christian Clerici – **An:** Wiebke Lorenz

Gesendet: Montag, 29. Juni 2009 11:11

Betreff: Angespannte Lage im Wald

Liebe Wiebke,
wir sind zurück im Wald, und hier ist mal wieder Dauerregen angesagt. Wenn das die Vorboten des Klimwandels sind, sollten wir vielleicht langsam an einer Arche basteln. Wenn es sein muss, auch aus minderwertigem Brennholz.

In der Zwischenzeit war ich zu Gast beim Bayrischen Fernsehen, »Das Beste aus 20 Jahren Herzblatt«, saß für drei Ausgaben mit der bezaubernden Susi Müller auf der Couch und habe über alte Zeiten geplaudert, in denen ich noch verdammt jung war. Zumindest im Verhältnis zu heute. Ich wurde dezent, aber doch bestimmt, gebremst, wenn ich zu sehr in die Details der Partys eintauchte, die im legendären Hotel »Nestor« in Unterföhring gefeiert wurden. Jenem Kandidatenhotel, das über viele Jahre all die spaßbeauftragten 18- bis 25-jährigen Menschen beherbergte, die mit ihren auswendig gelernten Texten, mitunter unfreiwillig, beste Fernsehunterhaltung boten. Es ging wirklich hoch her, selbst wenn man die pikantesten Details auslässt, bleibt noch genug Sünde für einen Kurzbesuch im Fegefeuer übrig.

An der Rezeption saß ein Portier namens Huber. Einer, der es bereits gewöhnt war, nur mehr die Augenbrauen zu heben, wenn wieder einer ankam und sagte: »Herr Huber, mich wecken Sie dann um acht. Die Zimmernummer sag ich Ihnen noch.« Ja, so war das. Aber ich vermute, es wird als nicht sendbar eingestuft werden, das Beste am Fernsehen erreicht halt nicht immer auch den Zuschauer.

So, jetzt werde ich mir mal die Gummistiefel anziehen und vor die Tür gehen, bevor ich den Lagerkoller bekomme. Und später hauen wir uns dann vielleicht noch ein paar Ungeheuerlichkeiten zu den neuen Cosmo-Themen um die Ohren. Bis dahin erzählen Sie mir doch vom Sommer im Norden.

Von: Wiebke Lorenz – **An:** Christian Clerici
Gesendet: Montag, 29. Juni 2009 17:40
Betreff: Re: Angespannte Lage im Wald

Nun, lieber Christian,
ich stelle mir gerade vor, wie Sie da in Ihrer Hütte hocken und es unablässig tropft und plätschert und sintflutet. Kein schöner Gedanke, das muss ich sagen. Vor allem, wenn ich hier so aus meinem Fenster blicke und Hamburg mich heute mit dem allerschönsten Sonnenschein erfreut ...

Aber bevor Sie jetzt neidisch werden und wieder auf die Nordmannen schimpfen: Der Sonnenschein ist momentan auch so ziemlich das Einzige, was hier schön ist. Residierte ich bis gestern nämlich noch auf herrschaftlichen 120 m^2 Altbau, hocke ich seit heute – und das für die nächsten zwei Monate – im Au-pair-Zimmer von meiner Schwester und ihrem Mann, mit kleinem Arbeitseckchen, provisorischem Kleiderschrank und Schlafsofa. Nein, ein Au-pair haben die beiden derzeit glücklicherweise nicht, sodass ich das ausklappbare Teil ganz für mich allein habe und es nicht mit Oksana aus der Ukraine teilen muss. Dennoch fühle ich mich urplötzlich wieder auf Studentenstatus zurückdegradiert. Ich kann mich kaum umdrehen, geschweige denn vernünftig arbeiten, denn Rauchen ist in diesem Zimmerchen natürlich auch nicht erlaubt. Also muss ich jedes Mal, wenn ich meiner Sucht frönen will, vor die Tür gehen. Und dazu, Christian, habe ich überhaupt keine Lust, weshalb ich nun übellaunig, weil auf Entzug, in meine Tastatur hämmere. Ich denke, Sie werden es bei den nächsten Texten für »Cosmopolitan« merken, dass mit der Lorenz irgendwas nicht stimmt. Mehr als sonst, meine ich. Vermutlich merken Sie es sogar schon bei dieser Mail. Na gut, ich gehe mal kurz in den *sonnigen* Garten ...

Das tat gut. Weiter geht's mit dem Gejammer, denn ich habe zwar endlich, endlich eine neue Bleibe gefunden, doch die Wohnung ist leider erst ab 1. September frei, sodass ich noch eine Weile im Au-pair-Zimmer kampieren werde. Zusätzlich wurde meiner Euphorie angesichts der Aussicht auf ein neues Heim ein empfindlicher Dämpfer versetzt, als ich gestern mein Demnächstdomizil erstmals mit einem Zollstock durchschritt. Was mir bei der Besichtigung und *vor* Unterzeichnung des Mietvertrags sehr großzügig und sensationell geschnitten erschien, entpuppte sich *nach* Vertragsabschluss und nach der Vermessung der Welt (ha! Sie sehen, ich bin trotz meines Zustands noch zu literarischen Anspielungen fähig, sooo ernst ist die Lage dann wohl doch noch nicht) als – zu eng: Das wird ein überaus knappes Höschen, wie man hier oben so schön sagt, jedenfalls, wenn ich im Schlafzimmer Wert darauf lege, dass sich die Türen des Kleiderschrankes öffnen lassen, sobald das Doppelbett danebensteht. Meine Schwester schlug daraufhin vor, mein 1,80 Meter breites Bett zu verhämmern und gegen eine 90er-Variante auszutauschen. Aber ganz ehrlich, Christian, ich bin nicht mehr zweiundzwanzig, ich brauche *Platz* zum Schlafen.

Und als wäre das nicht alles schon be- bzw. erdrückend genug, wurde ich heute früh um 7.30 Uhr (halb acht! Wir erinnern uns: zweieinhalb Stunden vor einer auch nur ansatzweise diskutablen Uhrzeit) durch ein penetrantes »Frau Scheunemann! Frau Scheueueueunemann!«-Rufen geweckt. Frauke, neben der man auch einen Dieter-Bohlen-Song abspielen könnte, ohne dass sie davon nur die geringste Notiz nähme, bekam natürlich nichts mit, stattdessen stand ich senkrecht in der Kiste, weil ich wach werde, wenn vier Zimmer weiter eine Ameise hustet.

Ich also raus aus dem Bett, um den Störenfried ausfindig zu machen. Es handelte sich um die neue Putzfrau. Sie hätte gerufen, weil sie wissen wollte, ob jemand da ist, den sie durch ihre Räumerei wecken könnte ... Nachdem ich endlich wieder ins Reich der Träume geglitten war, klingelte mein Handy, das ich vergessen hatte auszustellen. Also bin ich aufgestanden und habe draußen auf der Straße einen Passanten verprügelt ...

So. Ich gehe jetzt noch mal eine oder zwei rauchen. Und dann mache ich mir ein Bier auf. Wenn schon auf Studentenniveau, dann auch richtig!

Von: Wiebke Lorenz – **An:** Christian Clerici
Gesendet: Mittwoch, 1. Juli 2009 10:00
Betreff: Hallllooooo?

Herr Clerici? Wo sind Sie? Schon abgesoffen???

In Sorge:
Wiebke

Von: Christian Clerici – **An:** Wiebke Lorenz
Gesendet: Mittwoch, 1. Juli 2009 12:13
Betreff: Re: Hallllooooo?

Was denn? Ungeduldig? *Sie*? Das ist der Lagerkoller in Ihrem Kabuff. Ich stelle mir Ihre Kammer so ein wenig brazilmäßig vor, wandernde Wände und rätselhafte Geräusche. Achten Sie auf Ihr Gewicht, Frau Lornz. Schlanke haben es leichter in beengten Fazilitäten!

Knappes Höschen, das ist auch einer dieser Ausdrücke, für die man Ihnen hier in Österreich das Fell über die Ohren ziehen würde. Knappes Höschen. Sagenhaft!

Ich gehe jetzt Holz hacken und stelle mir vor, wie Sie in Ihrem Zimmerchen nach Luft ringen.

Von: Christian Clerici – **An:** Wiebke Lorenz
Gesendet: Freitag, 3. Juli 2009 11:12
Betreff: Tippfehler

Haben Sie es bemerkt? Frau Lornz, schrieb ich im letzten Mail. Das kommt gleich neben Schachzig in die Top Ten meiner persönlichen Tippfehlerhitparade.

Wieb Lornz. Darf ich das bei Gelegenheit als Pseudonym für einen Roman über obdachlose Trickbetrüger verwenden, die leicht bekleidet versuchen, Alstervillen zu ergaunern?

Wie sieht es denn im Übrigen mit unserer Kolumne aus? Wollen wir uns endlich mal wieder prügeln? Wie war noch das neue Thema? »Warum lesen Frauen mehr Bücher als Männer?« Ich würde mich gern abreagieren. Oder aufregen. Mir ist alles recht.

Von: Wiebke Lorenz – **An:** Christian Clerici
Gesendet: Freitag, 3. Juli 2009 15:02
Betreff: Re: Tippfehler

Ähhhhhh ... War die Frage, *ob* Frauen mehr Bücher als Männer lesen oder *warum* sie es tun? Außerdem wollten Sie doch bei diesem Thema anfangen, aber scheinbar haben Sie Ihre Meinung da ja geändert, oder? Ist es, weil ich bei den Mausis so kläglich versagt habe? Sanktionen aus Österreich?

Von: Christian Clerici – **An:** Wiebke Lorenz
Gesendet: Samstag, 4. Juli 2009 15:26
Betreff: Warum?

Warum oder ob, meine Güte, ist doch scheißegal. Hauptsache, Sie schreiben endlich was zu dem Thema, sonst ersaufe ich hier nicht nur in den Fluten, sondern auch in einem Ozean der Ungewissheit. Und Sie haben ja schon erlebt, was Ungewissheit bei mir auslöst: ungebremsten Erzählzwang. Wenn Sie also nicht noch mehr Geschichten aus dem Wienerwald hören wollen, machen Sie mal voran, Lorenz!

Von: Wiebke Lorenz – **An:** Christian Clerici
Gesendet: Sonntag, 5. Juli 2009 11:05
Betreff: Männer und Bücher

In aller Eile mein Text. Ich muss jetzt zu einem Geburtstagbrunch bei einem Freund. Was ich ihm schenke? Ein Buch natürlich!

Warum lesen Frauen mehr Bücher als Männer?

Warum Frauen mehr Bücher lesen als Männer, lieber Christian, ist eigentlich ganz einfach: Weil die Lektüre von mehreren Hundert Seiten ein gewisses Durchhaltevermögen verlangt, mit dem nur die wenigsten Herren der Schöpfung gesegnet sind. Woher sollten sie es auch haben? Schließlich beschäftigen sich die meisten Männer am liebsten mit Dingen, bei denen es zack, zack zur Sache geht. Jemandem auf die Fresse hauen, zum Beispiel. Durchs TV zappen. Mit quietschenden Autoreifen losfahren. Oder Sex haben. Denn, seien wir ehrlich, wenn er DA mal eine längere Nummer schiebt, war es garantiert IHRE Idee und nicht SEINE. Aber schweifen wir nicht vom Thema ab. Männer lesen auch deshalb weniger Bücher als Frauen, weil sie besser gucken als denken können. Den eindrucksvollen Beweis hierfür liefert uns ein schlichter Blick in unsere Gesellschaft, denn während die Kombination aus »erfolgreicher Mann/dusselige Silikon-Blondine« recht häufig anzutreffen ist, sind Karrierefrauen eher selten mit einem unterbelichteten Schönling unterwegs. Nein, da bleiben sie lieber allein und lesen stattdessen ein gutes Buch. Last but not least gibt es natürlich noch einen Grund, warum die Kerle ihre Nase lieber in Fachzeitschriften, ins Internet oder von mir aus auch unter eine Motorhaube stecken als in einen Roman: Ihnen fehlt die nötige Fantasie, das geschriebene Wort in Bilder umzusetzen. Da müssen schon Steven Spielberg, Peter Jackson oder Martin Scorsese ran, um die Story manngerecht aufzubereiten. Ich sagte ja bereits: Besser gucken als denken. Sie, Herr Clerici, sind da selbstverständlich eine rühmliche Ausnahme. Denn als wir vor einem Jahr mit unserer gemeinsamen Kolumne begannen, baten Sie mich ja darum, Ihnen meinen neuesten Roman zuzuschicken. Hat er Ihnen eigentlich gefallen? Sie haben bisher noch gar nichts dazu gesagt …

PS An dieser Stelle möchte ich noch einmal kurz mitteilen, dass ich ROMAN-Autorin bin!

Von: Christian Clerici – **An:** Wiebke Lorenz
Gesendet: Sonntag, 5. Juli 2009 13:16
Betreff: Re: Männer und Bücher

Wunderbar, da geht doch die Sonne über Niederösterreich auf:

Warum lesen Frauen mehr Bücher als Männer?
Meine Frau war so freundlich und hat mir Ihre Ergüsse zum Thema vorgelesen, denn wie immer, wenn Sie sich so subtil in schriftlicher Form an mich wenden, bleibt mir als Mann so manches zwischen den Zeilen verborgen. Und ja, stimmt, Sie haben mir mal Ihr Buch geschickt. Ich versuche mich gerade zu erinnern, um was es da ging ... Ah, jetzt weiß ich es wieder: »Was, wäre, wenn« – ich das Ding unter den wackeligen Kicker lege? Problem erkannt, Gefahr gebannt. Männer sind durchaus in der Lage, sinnvolle Verwendungszwecke für Bücher zu finden. Frauen, die lieber mit einem guten Buch zu Hause bleiben, als sich von einem unterbelichteten Liebhaber von Höhepunkt zu Höhenpunkt tragen zu lassen, blättern vermutlich auch gerne in Ratgebern, die umständlich zu erklären versuchen, dass Sex überbewertet wird. So viel dazu. Kein Wunder, dass Männer da lieber zur blonden Bettlektüre greifen. Und dass Frauen mehr lesen als Männer, glaube ich gern, vor allem, wenn man all die Liebeshoroskope, Handlinien und den Kaffeesatz dazuzählt. Sie haben recht, Frau Lorenz, wer daraus seine Lebensstrategien ableitet, braucht wirklich eine Menge Fantasie. Damit will ich mich als Mann gar nicht belasten. Abgesehen davon haben Sie offensichtlich keine Ahnung, was Männer alles aus den Abgasen eines getunten V8-Motors lesen können. Egal, jedem das Seine. Ich habe beschlossen, Ihnen heute ausnahmsweise nicht zu widersprechen, denn wissen Sie, was das Gute an diesem Thema ist? Selbst Frauen können nicht gleichzeitig lesen und reden. Lesen Sie also, Wiebke, lesen Sie nur. Und schicken Sie mir bei Gelegenheit wieder mal ein Buch, ich packe es dann zu den anderen unter einen Kasten Bier, um meinen Rücken zu schonen.

Von: Wiebke Lorenz – **An:** Christian Clerici
Gesendet: Mittwoch, 8. Juli 2009 15:41
Betreff: Cosmo-Party

Moinsen,
haben Sie auch eine Einladung zum Cosmo-Sommerfest? Bei mir kam eben eine angeflattert. Allerdings ist es schon nächste Woche Donnerstag, und da ich meinen Roman immer noch nicht fertig habe, muss ich mit meinem Hintern brav am Platze bleiben. Da ist keine Zeit für fröhliche Festivitäten, denn wie mein Vater immer sagt: »Bier ist Bier, und Schnaps ist Schnaps.« Oder so ähnlich … Und was ist mit Ihnen? Hat man Sie zu der Sause gebeten?

Von: Christian Clerici – **An:** Wiebke Lorenz
Gesendet: Mittwoch, 8. Juli 2009 16:54
Betreff: Re: Cosmo-Party

Ich bin beruflich heute in Berlin. Wozu? Großes Fernsehgeheimnis, Sie wissen schon. Sobald ich darüber reden kann, werden Sie es bereits aus der Zeitung wissen. Oder auch nicht.

Wiebke, ich kann förmlich spüren, wie Sie unter der Last Ihres Romans langsam zusammenbrechen, sich gern mal wieder fallen lassen würden, was aber nicht geht, weil Sie ja in einer Abstellkammer leben und dafür kein Platz ist. Wenigstens können Sie jetzt auch nicht mehr bis zum Umfallen saufen, und das macht Hoffnung, endlich mal wieder irgendetwas Vernünftiges von Ihnen zu lesen.

Nein, ich habe keine Einladung zur Cosmo-Party bekommen, es sei denn, sie kam per Einschreiben, und so etwas hole ich prinzipiell nicht ab. Könnte ja was vom Finanzamt dabei sein.

However, wie der Franzose so sagt. Ich harre der Dinge, die da kommen, und fliege nachher in die feuchtkalte Heimat zurück.

Von: Wiebke Lorenz – **An:** Christian Clerici
Gesendet: Mittwoch, 8. Juli 2009 20:28
Betreff: AW: Re: Cosmo-Party

Jetzt sitzen Sie mit Ihrem Astralhintern wahrscheinlich gerade im Flieger, und ich schreibe mal flugs zurück, damit Sie auf Ihrem Hausboot bereits eine Antwort von mir vorfinden, die Sie dann auf der langen Fahrt nach Übersee studieren können.

Stichwort »Astralhintern«: Haben Sie diese Diskussion mitbekommen, dass der Chef von Ryanair neben einer Klo-Gebühr auch einen Gewichtszuschlag nehmen will? Ich persönlich finde das ja gut. Also, nicht die Klo-Gebühr, die ist mir wurscht, von mir aus können sie da gern jemanden in weißer Kittelschürze und mit Trinkgeldtellerchen hinstellen, das gäbe der ganzen Fliegerei womöglich eine etwas bodenständigere Note. Nein, ich meine den Gewichtszuschlag. Denn schon so oft habe ich mich geärgert, wenn man mir zehn Kilo Übergepäck aufbrummen wollte, nur weil ich als *Frau* meine komplette Garderobe mitnehmen *muss*, wenn ich für eine Woche nach, sagen wir, Hurghada, reise, denn man kann ja nie wissen, welche eventuellen Eventualitäten auftreten, die es zwingend erforderlich machen, das Empire-Kleidchen von René Derhy und die komplette Lingerie-Serie von Vive Maria dabeizuhaben. Jedenfalls empfinde ich es als absolute Ungerechtigkeit, quasi als Fall für die Menschenrechtskommission, wenn ich mit meinen zarten 56 Kilochen (das war, *bevor* mich der Frust in die Fresssucht trieb) hinter einem Klitschko-Schwergewicht, das außer seinen Anabolika sowieso nichts im Koffer hat, einchecke und erst mal tüchtig zur Kasse gebeten werde.

Gesamtgewicht. So lautet meiner Meinung nach das Zauberwort: Jeder Passagier sollte nach seinem Gesamtgewicht, also inklusive Gepäck und der Last, die er auf den eigenen Schultern oder von mir aus am Arsch trägt, bemessen werden. Gut, da wird so mancher jetzt aufschreien, dass niemand was dafür kann, wie groß oder schwer er ist. Mir egal. Ich muss ja auch genug darunter leiden, körperlich meist unterlegen zu sein, da darf ich doch wohl bitte *einmal* auftrumpfen! Und beim nächsten Rockkonzert könnt ihr mir dann alle wieder die Sicht verstellen oder mich wie einen Hering in die Ecke quetschen, bis mich irgendein Security-Mensch Richtung Rot-Kreuz-Zelt abtransportiert.

Cosmo-Party: Ich denke schon, dass Sie eine Einladung haben, aber vielleicht kam die in Ihrem Häuschen gar nicht an, wurde möglicherweise weggespült? Oder sie liegt in Wien? Meine kam ja auch erst heute. Egal, dieses Jahr wird's bei mir eh nichts, und wenn ich mich an vergangenes Jahr erinnere, ist das vielleicht auch besser so. Augenzeugen behaupten, ich hätte zu fortgeschrittener Stunde einen »Moonwalk« getanzt ...

In diesem Sinne erwarten wir in der Zwischenzeit ehrfurchtsvoll die Sintflut, denn auch hier in Hamburg hat der Himmel mal wieder seine Schleusen geöffnet ...

Guten Heimflug!
Wiebke

Von: Christian Clerici – **An:** Wiebke Lorenz
Gesendet: Donnerstag, 9. Juli 2009 12:07
Betreff: Re: AW: Re: Cosmo-Party

Heyho, Wiebke,
heute ist ein großer Tag: Die Sonne scheint – und ich bin mit dem fröhlichsten Lächeln der Welt erwacht. Hatte zwar schlecht geträumt, nämlich, dass ich wie in »Und täglich grüßt das Murmeltier« in einer endlosen Telenovela gefangen bin und jeden Tag zwölf Stunden lang immer die gleichen drei Sätze sagen muss. Schauderhaft. Aber dafür scheint immerhin die Sonne.

Apropos Telenovela: Am Nachmittag bin ich bei einem meiner Kumpels zu Gast, weil es ein Sat.1-Team darauf abgesehen hat, die Freunde von »Schlecki« kennenzulernen. Hatte ich den nicht auch schon einmal angepriesen? Ja? Nein? Ja? Na ja, wie es das launige Schicksal so wollte, nimmt der Schlecki an einer wundervollen Sendung im Piefke-TV teil, in der prominente Frauen einen Mann fürs Leben suchen. Sie sollten sich also langsam mal entscheiden, Lorenz, denn der Schlecki ist an der Sabrina Setlur dran, und ich kenne keine Frau, die nicht irgendwann seinem Charme erlegen wäre. Gut, vielleicht nicht immer seinem Charme, aber gelegen haben sie am Ende alle. Und zwar nicht nur vor Lachen. Jedenfalls ist der Schlecki in die letzte Runde dieser skurrilen Bräutigamsschau gekommen, und heute, so will es die Dramaturgie dieser pulitzerpreisverdächtigen Show, möchte Sabrina sehen, in welchem Umfeld Schlecki so lebt. Ob das eine gute Idee ist, wage ich zu bezweifeln, denn gerade wenn wir uns als Gruppe von unseren besten Seiten zeigen, kann leicht ein falscher Eindruck entstehen.

Von: Wiebke Lorenz – **An:** Christian Clerici
Gesendet: Donnerstag, 9. Juli 2009 13:03
Betreff: Sabrina Setlur

Ha! Da kann ich doch gleich etwas Erhellendes beisteuern: Die Sabrina hat doch in einem ihrer Rap-Songs getextet: »Meine Muschi, die schmeckt lecker, frag doch Boris Becker.« Oder so ähnlich jedenfalls. Darüber müsste sich doch ein sehr eleganter Bogen hin zu Ihrem Freund Schlecki spannen lassen ... Ich erwarte in Bälde Ihren Bericht über die *schmutzigen* Details der Aufzeichnung!!!

Jetzt muss ich mal eben zur Metro. Der Wein ist ausgegangen.

Vinowiebke

Von: Christian Clerici – **An:** Wiebke Lorenz
Gesendet: Dienstag, 21. Juli 2009 12:19
Betreff: Re: Sabrina Setlur

Das ist aber ein schöner Reim, liebe Wiebke. Mir ist bei diesen beschaulichen Worten gleich mal das Laptop aus der Hand geglitten, und erst heute habe ich mich wieder getraut, es anzufassen. Diese Perle der subkulturellen Reimkunst werde ich natürlich an den Schlecki weiterleiten, denn so ein Sätzchen aus der Hüfte geschossen ist vermutlich auf jeder Party ein Killer.

Neulengbach, das ist der nächste größere Ort in der Umgebung, steht mittlerweile unter Wasser. Mit ihm die hypermoderne Drive-in-Apotheke an der Hauptstraße, die hier so sinnvoll wirkt wie ein Flaschenrückgabeautomat in der Sahelzone.

Warum ich das erwähne? Weil ich gehofft hatte, die Wassermassen würden auch was Gutes haben und den Pharmatempel samt blasierter Inhaberin gleich mit in die Unendlichkeit schwemmen. Jaaaa, Frau Lorenz da gibt es eine gemeinsame, unangenehme Geschichte mit dieser Apotheke, aber die erzähle ich Ihnen mal, wenn Sie noch älter sind.

Von: Wiebke Lorenz – **An:** Christian Clerici
Gesendet: Dienstag, 21. Juli 2009 13:57
Betreff: Neulengbach

Neulengbach. Da stecken Sie also gerade. Habe das mal bei Google Maps nachgesehen und mich ein bisschen erschrocken. Ihr Österreicher habt ja wirklich putzige Ortsnamen. Ich zähle mal meine Favoriten auf:

Würmla.

Pressbaum.

Bartberg.

Ja, lieber Christian, das passt zu Ihnen! Möchtegerns verbringen ihren Sommer in St. Tropez, auf Capri oder in Marbella, nicht so die Clericis, die treiben sich zwischen Würmla, Pressbaum und Bartberg herum. Sie vermitteln mir da ein vollkommen neues Bild vom Leben eines Celebrity ... Wahrer Glamour kommt aus dem Unterholz, möchte ich fast sagen.

Gern würde ich noch länger schreiben – aber Sie wissen ja, dass ich mit meinem Astralkörper in meinem Au-pair-Kabuff hocken und den Roman fertigstellen muss. Aber: Ein Ende ist in Sicht!!! Ich melde mich in Bälde.

Von: Christian Clerici – **An:** Wiebke Lorenz
Gesendet: Donnerstag, 30. Juli 2009 11:27
Betreff: Wanne

Sagen Sie mal, Frau Lorenz, wo sind Sie denn jetzt schon wieder abgetaucht? In Ihrer Wanne oder in Ihrem Roman? Zack, zack, Wiebke! Endspurt! Machen Sie fertig da mit Ihrem Buch, damit wir uns wieder kloppen und neue Ideen wälzen können.

Von: Wiebke Lorenz – **An:** Christian Clerici
Gesendet: Donnerstag, 30. Juli 2009 11:34
Betreff: Re: Wanne

Ja, ja, ich bin tatsächlich in den Untiefen meines Romans; habe übrigens Galgenfrist bis Montag bekommen, vor mir liegt also das letzte unerfreuliche Wochenende. Dienstag fliege ich dann mit der Frau Mama nach Irland, ab Montag 10.8. bin ich wieder in Hamburg.

Von: Christian Clerici – **An:** Wiebke Lorenz
Gesendet: Donnerstag, 30. Juli 2009 11:36
Betreff: AW: Re: Wanne

In Irland kannte ich mal ein Mädchen, das ... oh, Verzeihung ... So gut kenne ich Sie ja gar nicht, Wiebke ...

Von: Wiebke Lorenz – **An:** Christian Clerici
Gesendet: Donnerstag, 30. Juli 2009 11:39
Betreff: Re: AW: Re: Wanne

Nun erzählen Sie schon! Bei *mir* ist es doch gut aufgehoben, hö, hö.

Von: Christian Clerici – **An:** Wiebke Lorenz
Gesendet: Donnerstag, 30. Juli 2009 11:49
Betreff: Aw: Re: AW: Re: Wanne

Lieber nicht. Ich traue Ihnen einfach nicht so ganz über den Weg, Wiebke. Wahrscheinlich veröffentlichen Sie unsere Korrespondenz ohnedies eines Tages, ohne mich zu fragen, und dann bin ich erledigt. Sie vermutlich auch, aber das nehmen Sie als verzweifelter Mensch wohl in Kauf...

Ehrlich, mir geht Ihr Rückzug ins Schreibkabuff langsam auf die Nerven. Ich langweile mich ohne Ihr Aufmerksamkeitsdefizitsyndrom. Was werde ich jubeln, wenn Ihr Roman endlich fertig ist! Mein Gott, wie freue ich mich auf die Wiebke danach! Kämpferisch, frech, unverschämt, lärmend, versöhnlich, hinterhältig, anmaßend, überheblich, humorvoll, zum Schreien komisch, energiegeladen, ungehemmt, überraschend, begehrenswert, faul, zugedröhnt, badend und voller Hoffnung auf einen Psychopathen. Wiebke, es wird echt Zeit.

Von: Christian Clerici – **An:** Wiebke Lorenz
Gesendet: Montag, 3. August 2009 20:13
Betreff: Alles geschafft?

Glückwunsch, Frau Lorenz! Denn wenn ich richtig informiert bin, war doch heute die Deadline für Ihren Roman, oder? Und? Haben Sie es geschafft?

Von: Christian Clerici – **An:** Wiebke Lorenz
Gesendet: Dienstag, 4. August 2009 17:26
Betreff: Sie haben fertig

Wiebke, schon gestern traute ich mich forsch mit ein paar Zeilen an Sie heran, aber Sie schweigen einfach. Mir ist das natürlich wurscht, aber könnten Sie mir gefälligst wieder ein paar vernünftige Worte schreiben? Jetzt, wo Sie mit Ihrem Roman fertig sind, müssen wir an die gemeinsame Zukunft denken. Eine andere haben wir doch nicht, oder? Sie ernst und eingepfercht auf 3 Quadratmetern, ich fernsehmüde und unentschlossen, was noch kommt. Ist das womöglich schon das Ende?

Von: Wiebke Lorenz – **An:** Christian Clerici
Gesendet: Mittwoch, 5. August 2009 13:46
Betreff: Re: Sie haben fertig

In aller Eile: Internet-Café in Dublin. Mama sitzt daneben. Scheiss Ami-Tastatur!!! Laengere Mail am Sonntag, dann wieder zurueck!

Failte!
Wiebke

Von: Christian Clerici – **An:** Wiebke Lorenz
Gesendet: Mittwoch, 5. August 2009 19:02
An: Lorenz Wiebke
Betreff: Ach ja, Irland ...

Bravo, Wiebke,
ich wäre kurz nach der Fertigstellung eines so zähen Projekts auch zuallererst nach Irland geflogen. Irland, Heimat der fröhlichen Gaukler, lustigen Gesellen, Eiland der Leichtlebigen, Insel der Heiterkeit und des sprichwörtlichen Optimismus. Zudem haben Sie sich die

beste Reisezeit ausgesucht, denn dem Vernehmen nach ist im August die Selbstmordrate am niedrigsten. Und dann auch noch gleich mit der Frau Mama. Wiebke, Sie machen mir Angst! Nicht dass ich den innerfamiliären Zusammenhalt nicht auf das Höchste schätzen würde, aber Entspannung sieht doch eigentlich anders aus, oder?

Aber jetzt, wo Sie schon mal da sind, verrate ich Ihnen doch noch die Geschichte mit dem irischen Mädchen. Ich war 15, sie etwas älter, ich hatte noch nie einen BH geöffnet, sie noch nie einen erlebt, der sich dabei so ungeschickt anstellte. Ich war zu allem bereit, egal wie lange es dauern würde, den Verschluss zu knacken. Sie nicht. Im Sommer darauf war ich wieder in Irland, kannte mich schon wesentlich besser aus in diesen Dingen, wusste aber mittlerweile auch, dass Brüste allein noch keinen guten Sex machen.

Weiterhin eine gute Zeit – und lassen Sie sich nichts Rothaariges andrehen!

Von: Christian Clerici – **An:** Wiebke Lorenz
Gesendet: Sonntag, 9. August 2009 10:31
Betreff: Irish Coffee

Good morning, Wiebke, old fregatt,
how is everything in Ireland ? Let me guess: green?

Gerade bin ich durch Zufall auf lustige Sexgesetze aus aller Welt gestoßen. Das ist nicht neu, ich weiß, aber es geht ja wie immer um den Zugang. Jedoch möchte ich Ihnen, zumindest solange Sie da bei den Irrrren sind, eine gut gemeinte Warnung auf die Insel schicken: Frau Lorenz, es hat einen Grund, weshalb man in Irland keine Kondome kaufen kann: Sex, abgesehen von dem Zweck der Fortpflanzung, ist auf der Grünen Insel nämlich verboten. Und im Übrigen: Kommen Sie jetzt langsam wieder nach Hause! Erst UmAusAbzug, dann der Roman und jetzt Irland. Irgendwie sind Sie nicht ganz bei der Sache, Wiebke, und das macht mich nervös ...

Von: Wiebke Lorenz – **An:** Christian Clerici
Gesendet: Montag, 10. August 2009 11:46
Betreff: Re: Irish Coffee

Da bin ich schon wieder! Nun gut, es ist nicht wie versprochen Sonntag, sondern Montag, aber gestern musste ich erst einmal zu Hause schnell ein bisschen Wäsche in die Maschine stopfen und dann komatös ins Bett fallen, um mich von Irland zu erholen.

Das heißt, die Iren waren eigentlich ganz entspannt, nur die Mama ... Wie Mütter halt so sind. »Kind, willst du wirklich heute nur ein T-Shirt anziehen? Das ist doch viel zu kalt!«, »Wiebke, du trinkst viel zu wenig, das ist nicht gut!« (das mit dem »zu wenig trinken« habe ich auch schon länger nicht mehr gesagt bekommen, pruhahahaha!), »Schatz, musst du schon wieder eine Zigarette rauchen?«, »Wiebke, wir müssen hier rechts abbiegen, reheeeechst!«. Ich tat's – und wir waren irgendwo lost in Kerry. Noch dazu versuchte Mutter hartnäckig, uns beide umzubringen, indem sie immer wieder »Rechts ist frei« rief – und im links lenkenden Irland interessiert es nun mal keine Sau, ob *rechts* frei ist! Wie auch immer, ich hab's überlebt, Mama auch, wiewohl ich auf Höhe von Bunratty Castle kurz davor war, sie dort in einem der imposanten Torbögen festzunageln ...

Von: Wiebke Lorenz – **An:** Christian Clerici
Gesendet: Mittwoch, 19. August 2009 23:46
Betreff: Huhu?

Leben Sie noch? Haben Sie mich noch lieb???

Ich weiß, ich war in den vergangenen Wochen schrecklich unzuverlässig (aber: ICH HATTE DOCH MEINE GRÜNDE!!!), würde mich aber doch über ein Lebenszeichen freuen ....

Von: Christian Clerici – **An:** Wiebke Lorenz
Gesendet: Donnerstag, 20. August 2009 16:14
Betreff: Re: Huhu!

Ja, ich lebe noch. Heute allerdings *leider*. Ob es an den Shrimps von gestern liegt oder sich die neue Grippe meiner bemächtigt hat, ich weiß es nicht, jedoch, ohne ins Detail zu gehen: Es ist nicht lustig.

Dass Sie ständig irgendwo abtauchen, daran habe ich mich gewöhnt, und nachdem es ja meistens etwas mit Wahn zu tun hat, bin ich mittlerweile höchst verständig. Jedenfalls kann ich da heute gerade mal ein Lebenszeichen geben. Nicht viel mehr.

Christian

Von: Wiebke Lorenz – **An:** Christian Clerici
Gesendet: Donnerstag, 20. August 2009 22:06
Betreff: AW: Re: Huhu!

Ach, lieber Christian, dann sende ich mal Genesungswünsche nach Österreich und drücke Sie ganz fest. Das heißt, wenn Sie die neue Grippe haben, drücke ich Sie natürlich nicht ganz fest, Sie werden verstehen, da müssen wir Freiberufler schon ein bisserl aufpassen, denn kaum hat man den Falschen gedrückt, liegt man auf der Nase, und dann ist nix mit Lohnfortzahlung im Krankheitsfall und soziales Netz und überhaupt, nein, da ist man schneller in der Gosse, als man überhaupt Schweinegrippe sagen kann und ...

Wo war ich? Egal. Ich winke Ihnen jedenfalls ganz lieb aus sicherer Entfernung zu! Hoffe, die werte Gattin kredenzt Ihnen Hühnersüppchen und wickelt Ihre mit Sicherheit strammen Wadeln. Ich bin mir sicher, Sie kommen durch. So einen wie Sie kann doch nichts umhauen ...

Von: Wiebke Lorenz – **An:** Christian Clerici
Gesendet: Mittwoch, 26. August 2009 17:22
Betreff: Tratschen

Schon gehört, Herr Clerici?
Sandy Meyer-Wölden ist schwanger – was sagt man nun dazu? Kommen Sie, Christian, tratschen Sie ein wenig mit mir! Ich wäre gerade in der richtigen Stimmung!

Von: Christian Clerici – **An:** Wiebke Lorenz
Gesendet: Mittwoch, 26. August 2009 17:28
Betreff: Sandy

Was Sie nicht sagen, die Sandy ist schwanger? Hat also was ins Getriebe bekommen?

Von: Christian Clerici – **An:** Wiebke Lorenz
Gesendet: Mittwoch, 26. August 2009 19:00
Betreff: Ich weiß ...

... ja nicht, was Sie so unter Tratschen verstehen, Wiebke, aber Ihr plötzliches Verstummen, nachdem alles so aussichtsreich begonnen hat, kann ich nur so deuten: Sie holen Luft und sammeln Energien für die Frechheiten, die gleich zum Thema Sandy kommen.

Oder wollten Sie mir gerade schreiben, sind aber dann auf die Idee gekommen, schnell noch eine Flasche Roten in sich einzufüllen? Und ist Ihnen, nachdem Sie Ihre normale Betriebstemperatur erreicht haben, wieder eingefallen, dass Sandy Meyer-Wölden eigentlich Ihre beste Freundin ist?

Von: Wiebke Lorenz – **An:** Christian Clerici
Gesendet: Mittwoch, 26. August 2009 19:57
Betreff: Re: Ich weiß ...

Christian, hätten Sie mir zu Beginn unserer gemeinsamen Zusammenarbeit unterstellt, dass ich mit jemandem wie Sandy Meyer-Wölden befreundet bin, hätte ich Sie einfach nur für einen taktlosen Deppen gehalten. Nun aber, nach Monaten des Briefwechsels, nach Zeilen voller Esprit und brillanter – teils revolutionärer – Erkenntnisse, die wir miteinander ausgetauscht haben, wollen Sie das allen Ernstes von mir wissen? Da fehlen mir die Worte.

Ach, wissen Sie was, Christian: Sie hatten mit der Flasche Roten nicht ganz unrecht. Ich verschiebe unser verbales Duell also lieber auf bessere, sprich, nüchternere Zeiten. Heute war ein lauer Doof-Tag, den ich jetzt mal auf meiner Gäste-Pritsche mit einer Folge »Grey's Anatomy« beenden werde. Wird Zeit, dass ich endlich in meine neue Wohnung komme.

Aber am 1. September geht's endlich, endlich in meine neue Wohnung. Heureka, dass ich das noch erleben darf!

Von: Wiebke Lorenz – **An:** Christian Clerici
Gesendet: Donnerstag, 10. September 2009 14:26
Betreff: Hurraaa!

Christian,
es ist vollbracht! Nach zähen Wochen der Entbehrungen und Verzweiflung bin ich nun also wieder Herrin über mein eigenes Reich. Drei Zimmer Altbau nur für mich, mich, mich!!! Herr Clerici, lassen Sie für mich die Champagnerkorken knallen und entzünden Sie ein Feuerwerk, Ihre Schreibpartnerin darf endlich wieder leben wie eine ERWACHSENE!!! Na, was sagen Sie dazu?

Von: Christian Clerici – **An:** Wiebke Lorenz
Gesendet: Samstag, 12. September 2009 07:36
Betreff: Re: Hurraaa!!

Toll. Ehrlich.

Ich bin übers Wochenende zum Autorennen in Salzburg. Endlich wieder ein Wochenende, an dem sich Ihr Gejammer über die Welt und das Leben an sich im Dröhnen der Motoren verliert und mir eine wohltuende Auszeit beschert. Ich finde sowieso, dass wir uns langsam etwas viel Alltägliches unter die Nase reiben, und, ehrlich gesagt, ich würde gerne mal wieder aus dieser Systemik ausbrechen. Ich klinge bisweilen schon wie Sie und merke, wie meine Kumpels immer misstrauischer werden. Wenn mir demnächst im Suff einer Avancen macht, sollte mich das nicht wundern. Deshalb streife ich mir jetzt den feuerfesten Rennoverall über, kneife die Augen zusammen, lasse eine Zigarette aus dem Mundwinkel baumeln, streiche mir mit einer ultralässigen Geste durchs Haupthaar und deute einen leichten Griff in den Schritt an. Ja, das müsste passen. Ein Foto dieser Demonstration ungezügelter Männlichkeit finden Sie anbei.

Lässigst,
Christian

PS Was macht eigentlich Ihre Figur? Haben Sie die jetzt langsam wieder in den Griff bekommen, oder ist das Schlafzimmer nur deshalb zu klein, weil es nun mal nicht für ein Rhinozeros konzipiert wurde?

Von: Wiebke Lorenz – **An:** Christian Clerici
Gesendet: Montag, 14. September 2009 18:39
Betreff: Haare

Danke für Ihre euphorische Anteilnahme, Sie egomaner Idiot!

Aber nun zu einem anderen Thema, Herr C.: Ich habe mir Ihr mitgemailtes Foto angesehen. Sie müssen zum Friseur. Schnell!

Ehrlich gesagt sollte sich jemand, der auf dem Kopf wie ein *Wischmob* aussieht, nicht unbedingt über die körperlichen Ausuferungen anderer lustig machen. *Ich* kann schließlich nichts dafür, dass mich die vergangenen Wochen vor lauter Frust wieder und wieder zum Kühlschrank getrieben haben – aber welche Ausrede haben Sie für das, was da auf Ihrem Kopf wuchert? Oder züchten Sie schon einmal etwas Wolle für den bevorstehenden Herbst, damit Ihre Frau Ihnen daraus einen warmen Pullover stricken kann? Ist die finanzielle Lage mittlerweile derart aussichtslos, Herr Clerici, dass Sie auf Selbstversorger umstellen müssen? Brauchen Sie Hilfe, Unterstützung, Trost? Ich könnte Ihnen, sagen wir, gut und gern fünf Euro zukommen lassen, wie fänden Sie das?

Nun, Spaß beseite, ich muss mir die Küchenschürze überwerfen und was Essbares zubereiten, mein dicker Magen knurrt. Morgen schreibe ich mehr!

Von: Christian Clerici – **An:** Wiebke Lorenz
Gesendet: Freitag, 18. September 2009 08:49
Betreff: Re: Haare

Frau Lorenz,
das mit dem Wischmob habe ich persönlich genommen, wie Sie an meinem verzweifelten Schweigen vermutlich schon erkannt haben. Das, was ich da am Kopf trage und Ihnen ganz vertraulich zeigte, sind keine Haare, sondern eine Zwischenlösung. Wenn sich einer die Haare wachsen lässt, dann kommt es halt auf dem Weg zur Ideallänge manchmal zu derartigen Auswüchsen, zumal beim Autorennen auch keiner darauf achtet, wie die Frisur unter dem Helm zurechtkommt.

Ich gebe Ihnen zum Teil recht und gehe nun bald zum Friseur. Notieren Sie schon mal Datum und Uhrzeit, denn so schnell wird das wahrscheinlich nicht mehr vorkommen. Unabhängig von meinem Reinigungsutensil auf dem Kopf wollte ich doch wenigstens kurz anmerken, dass ein geschickter Maskenbildner mit ein paar Handgriffen aus diesem Wischmob eine saugeile Frisur machen kann, während

Sie mit 20 Kilo Übergewicht vermutlich zur Absaugung müssen. Denken Sie also gefälligst nach, wenn Sie sich das nächste Mal einen Schokoriegel zwischen die Zähne schieben.

Als Sie schrieben »Morgen mehr«, war das vor drei Tagen. Die letzte Information, die einigermaßen brauchbar daherkam, handelte von Ihrer Absicht zu kochen. Was ist passiert? Sind Sie sofort nach dem Essen in einen Hungerstreik getreten und schauen jetzt, ob Sie erst verhungern oder mir die Haare ausfallen?

Von: Wiebke Lorenz – **An:** Christian Clerici
Gesendet: Montag, 21. September 2009 19:26
Betreff: Streiten

Werter Christian,
zuerst einmal die Frage, weshalb Sie sich die Haare wachsen lassen wollen. Streben Sie in Ihrem hohen Alter noch eine Karriere als Rockstar an? Vergessen Sie's. Andererseits: »Pop aus der Geriatrie«, das könnte vielleicht durchaus eine Marktlücke sein.

Und ansonsten habe ich gerade mit der Redaktion telefoniert, sie haben ein neues Thema für uns. »Wer hat die bessere Streitkultur, Männer oder Frauen?« Abgabe ist der 5. Oktober, was gut passt, denn ich stecke noch immer in Umzugskartons.

Von: Christian Clerici – **An:** Wiebke Lorenz
Gesendet: Sonntag, 4. Oktober 2009 18:10
Betreff: Streitkultur

Lassen Sie uns also streiten, Lorenz, was gäbe es Schöneres an so einem lauschigen Oktoberabend, als sich mit der Lorenz zu kloppen, mit einer, die glaubt, die Weisheit mit der Heugabel gefressen zu haben und die ihren Senf über alles kippt, egal ob man darum gebeten hat oder nicht. Kein Problem, Lorenz, ich lege nur mal schnell meine Pazifistenschleife ab, stelle meine Vereinsmitgliedschaft bei den anonymen Cholerikern ruhend und sperre mich mit rohem Fleisch im Kühlhaus ein:

Wer hat die bessere Streitkultur – Männer oder Frauen?
Das Wort »Streitkultur« kann sich nur eine Frau ausgedacht haben. Wahrscheinlich, um dem Kreischen, Kratzen, Toben und Bohren einen vermeintlichen Anstrich von Würde zu geben. Manche Frauen können im Zustand der streitlustigen Erregung in Tonlagen vorstoßen, die das männliche Gehör gar nicht mehr wahrnehmen kann, der Einzige, der dann so tut, als ob er versteht, hat vier Beine und wedelt. Das ist weder Streit noch Kultur, es ist vielmehr der ganz normale Wahnsinn, wenn die Geschlechter sich nicht einig sind. Wobei: Der Mann ist sich eh meistens einig, aber das gilt ja mehr als Provokation denn als Tugend. Um noch einmal das Beispiel mit dem pelzigen Freund zu bemühen: Frauen sind im Streit wie Terrier, die, haben sie sich einmal in etwas festgebissen, einfach nicht mehr loslassen, während Männer, ebenfalls wie Hunde, ein ganz bescheidenes Kurzzeitgedächtnis haben, wenn die Gefahr einer Auseinandersetzung mit dem anderen Geschlecht droht. Deshalb macht es auch keinen Sinn, einen Mann mehr als ein paar Minuten in ein Drama zu verwickeln, denn wir haben den Grund für das ganze Theater schon längst vergessen, bevor die Frau überhaupt zum Punkt kommt. So gesehen leben Männer ganz sicher die bessere Streitkultur, weil sie eigentlich gar nicht streiten können. Zumindest nicht mit Frauen. Untereinander ist das etwas ganz anderes, da wird nicht lange herumgeredet, dem kurzen Gebrüll folgen ein paar saftige Ohrfeigen, und dann liegt man sich entweder wieder in den Armen oder halt am Boden. Das ist Kultur und funktioniert schon seit Urzeiten hervorragend. Ja, zugegeben, es sind aus ein paar Ohrfeigen mitunter ausgewachsene Kriege entstanden, aber ob daran wirklich die Männer schuld sind, darüber lässt sich streiten. Mit Ihnen zum Beispiel, Frau Lorenz, aber machen Sie schnell, sonst weiß ich womöglich gar nicht mehr, um was es überhaupt geht.

Soda, jetzt ist mir leichter, und ich bin sicher, sobald Sie das gelesen haben, wird in Hamburg wieder aus unerklärlichen Gründen die Temperatur steigen. Dem sehe ich allerdings gelassen entgegen, denn ich fahre jetzt in die Werkstatt, werde ein paar Bier kippen und mich, falls ich Ihre Antwort noch wachbewusst erlebe, sowieso einen feuchten Dreck drum scheren. Ahhhh, es ist so herrlich, ein Mann zu sein, diese süße Ignoranz, diese beschränkte Sicht auf die Welt, diese klaren Bedürfnisse zur persönlichen Erbauung, es ist herrlich!

Sollten Sie jedoch heute *gar* keine Lust verspüren, aus der Reserve zu kommen, macht das auch nichts, ich würde dieses Wunder in mein Büchlein der seltsamen Erlebnisse mit Frauen eintragen und bei nächster Gelegenheit in launiger Männerrunde herumfragen, ob das Zufall, Berechnung, Desinteresse oder schlicht ein Ausdruck von Todessehnsucht ist.

Von: Wiebke Lorenz – **An:** Christian Clerici
Gesendet: Montag, 5. Oktober 2009 09:23
Betreff: Re: Streitkultur

Binnochnichfertichabbadran ...

Von: Wiebke Lorenz – **An:** Christian Clerici
Gesendet: Montag, 5. Oktober 2009 11:12
Betreff: Jetzt aber!

Soda, ich habe zugeschlagen.

Wer hat die bessere Streitkultur – Männer oder Frauen?
Das, lieber Christian, was Sie hier so schön mit den Worten »der Mann ist sich eh meist einig« umschreiben, wird in der Frauenwelt gemeinhin auch als Ignoranz bezeichnet. Auf einer einsamen Insel mitten im Ozean, weit und breit kein anderer Mensch in Sicht – von einer Frau ganz zu schweigen –, spricht auch wirklich nicht das

Geringste gegen diese innere Einigkeit. Problematisch wird sie erst in der zwischenmenschlichen Interaktion, speziell in der heterosexuellen Partnerschaft. Denn auch, wenn Ihnen diese Vorstellung möglicherweise absurd erscheint: Wir Frauen streiten nicht um des Streitens willen. Nein, wir tun es, weil der Kerl an unserer Seite uns keine andere Wahl lässt, wenn er uns mit seiner stoischen »Was-soll's?«-Attitüde in den Wahnsinn treibt: »Meine Socken fliegen schon wieder überall in der Wohnung rum, was soll's« ... »Ich krieg's nicht hin, den Klodeckel runterzuklappen, was soll's« ... »Sie möchte über die Beziehung reden, welche Beziehung eigentlich? Was soll's« ... Diese Kohl'sche Strategie des Aussitzens ist es, die uns Frauen in regelmäßigen Abständen die Fassung verlieren lässt. Ebenso sein Gedächtnis, das zwar die Fußballergebnisse seines Lieblingsclubs von anno 1887 bis heute speichern kann, aber nicht fähig ist, sich Dinge zu merken wie unseren Geburtstag, den Hochzeitstag oder die Bitte, auf dem Heimweg vom Büro noch Milch und Staubsaugerbeutel zu besorgen. Nein, Herr Clerici, aus vergessenen Staubsaugerbeuteln sind wahrscheinlich noch keine ausgewachsenen Kriege entstanden. Aber wenn Sie sich das nächste Mal bei Ihren Kumpels über das zeternde Weib beschweren, das sich wie ein Terrier in Ihre Waden verbeißt, dann vergessen Sie bitte schön auch nicht, den Versöhnungssex zu erwähnen, der darauf gefolgt ist. Und dafür, lieber Christian, nimmt man doch ein bisschen Gekeife gern in Kauf!

Von: Christian Clerici – **An:** Wiebke Lorenz
Gesendet: Sonntag, 11. Oktober 2009 17:25
Betreff: Versöhnungssex

Frau Lorenz, ich fange jetzt nicht wieder von vorne an, Kolumne geschrieben ist Kolumne geschrieben, aber darf ich trotzdem noch anmerken, dass die Kombination von liegen gelassenen Socken, hochgeklappten Klobrillen, vergessenen Staubsaugerbeuteln und Versöhnungssex so ziemlich das Abtörnendste ist, was ich jemals gehört habe? Erstens war mir gar nicht bewusst, dass über solchen Mist überhaupt gestritten wird, zweitens finde ich die Vorstellung, den Druck, der ob dieser weltbewegenden Dinge zur Eskalation geführt hat, mit ein wenig Wiedergutmachungsvögeln abzubauen, indiskutabel.

Das war's auch schon. Meine nächste Auseinandersetzung findet in Köln statt. Ich werde meinen Titel als Stockcarchampion gegen Stefan Raab verteidigen und auch dann nicht davon ablassen, ihn über den Haufen zu fahren, wenn er mir Versöhnungssex anbietet.

Versöhnlichst
Christian

Von: Wiebke Lorenz – **An:** Christian Clerici
Gesendet: Montag, 12. Oktober 2009 13:20
Betreff: GLÜCKWUNSCH!!!!

Na, Sie? Da haben Sie dem Raab und allen anderen ja mal wieder gezeigt, wo der Hammer hängt, beziehungsweise, wo das Gaspedal ist. Glückwunsch! Es ist mir eine Freude und ganz besondere Ehre, einen so heißen Feger wie Sie zu meinem Bekanntenkreis zählen zu dürfen. Wenn auch nur schriftlich ;-)

So, das war die *nette* Wiebke. Jetzt kommt die *böse*: Nur, weil *Sie* noch nie guten Versöhnungssex hatten, brauchen Sie nicht schon wieder auf mir rumzuhacken. Ich kann nämlich auch nichts dafür!

Von: Christian Clerici – **An:** Wiebke Lorenz
Gesendet: Montag, 12. Oktober 2009 19:23
Betreff: Re: GLÜCKWUNSCH!!!!

Ja, nicht wahr, da hab ich wieder zugeschlagen. Mehr gibt es dann demnächst, denn jetzt falle ich wieder ins Koma. Ich sage Ihnen: Sieger haben es nicht leicht. Was ich auf diesen Triumph hin alles saufen musste – Sie machen sich keine Vorstellung (doch, *Sie* machen sich eine Vorstellung ...).

An Schlaf war da lange nicht zu denken. Nickelback, die im Rahmen der Veranstaltung auftraten, sangen übrigens Vollplayback mit Telepromter, obwohl der Song schon uralt ist. Ob die wohl auch saufen? Ich habe mir heute Morgen einen Schummelzettel für »Guten Morgen« usw. gemacht, weil mir neben allem anderen auch das schwerfiel.

Liebe Grüße, der Raabkiller

PS Wie es bei mir um den Versöhnungssex bestellt ist, geht Sie nichts an, Lorenz!

Von: Wiebke Lorenz – **An:** Christian Clerici
Gesendet: Donnerstag, 22. Oktober 2009 14:12
Betreff: Neues Thema

Lieber Herr Clerici,
huch, die Zeit rast mal wieder, vor zehn Tagen haben Sie geschrieben, erst jetzt melde ich mich zurück. Nun ja, ich war auf der Buchmesse und außerdem noch bei IKEA (Sie wissen, die neue Wohnung), da kann man schon mal unter die Räder kommen ...

Gerade fragte die Redaktion an, ob wir uns schon einmal Gedanken über das Januar-Thema machen könnten, das da lautet: »Wer hält sich konsequenter an Vorsätze – Männer oder Frauen?« Also, Herr C., können wir?

Fragt und grüßt:
Wiebke

PS Na gut, ich habe mich auch deshalb zehn Tage lang nicht gemeldet, weil Sie sich mit mir ja nicht einmal über Ihren Versöhnungssex austauschen wollen. Wie langweilig!

Von: Christian Clerici – **An:** Wiebke Lorenz
Gesendet: Samstag, 24. Oktober 2009 16:10
Betreff: Vorsätzlich

Liebe Wiebke,
ich sitze mal wieder am Flughafen auf dem Weg nach Malaga und habe mir beim Warten aufs Boarding kurz Gedanken zu den Vorsätzen gemacht. Und dabei gleichzeitig den Vorsatz gefasst, bei meiner Ankunft in Spanien niemanden niederzuschlagen, wenn ich sehe, was die Burschen während meiner Abwesenheit auf der Baustelle so getrieben haben ...

Wer hält sich konsequenter an Vorsätze – Männer oder Frauen?
Er nimmt sich vor, ihr gegenüber in Zukunft aufmerksamer zu sein. Sie nimmt sich vor, ihn mehr zu ignorieren. Er schwört, nie wieder besoffen nach Hause zu kommen. Sie schwört sich, im nächsten Jahr mehr Party zu machen. Er wird nie wieder beim Sex furzen. Sie wird zu ihrem Fitnesstrainer ziehen. Er wird weniger Spaß am Leben haben, sie wird dadurch kein besserer Mensch. Ihm bleiben die Kinder, sie wird feststellen, dass der Fitnesstrainer auch verdaut. Er wird krank vor Kummer, sie von den Steroiden. Theoretisch können die Rollen bei diesen Beispielen auch vertauscht sein, aber zum besseren Verständnis habe ich versucht, nahe an der Realität zu bleiben. Männer haben gute Vorsätze, Frauen schlechte. Muss ja auch so sein, weil Frauen gute Menschen und Männer schlechte sind. Mit aller Konsequenz. Deshalb fordere ich: Weg mit den Vorsätzen, sonst ändert sich nie was. Sie, Frau Lorenz, haben sich bestimmt schon oft vorgenommen, nach Wien zu kommen und mir für meine Frechheiten eins auf die Nase zu geben, ich wiederum war nicht nur ein Mal kurz davor, Richtung Norden zu fliegen und Ihnen persönlich ein paar Blumen zu bringen. Stellen Sie sich vor, wir hätten Ernst gemacht. Dann hätten Sie dem Mann eine verpasst, der Ihnen Blumen schenken wollte, und ich hätte einer Frau meine Aufwartung gemacht, die eigentlich die Absicht

hatte, mich zu verprügeln. Das bedeutet nicht, dass man nichts mehr vorsätzlich tun sollte. Morden, Brandschatzen, Kampfshoppen, Kekse völlern, eine Bank überfallen, ein Tier auslachen, so etwas überlässt man nicht dem Zufall oder einer Laune. Geschweige denn dem Affekt. Mein guter Plan für 2010: Ich werde in Hinkunft ganz nett zu Ihnen sein – und wenn mir das nicht gelingen sollte, können Sie es immer noch bei mir mit Blumen probieren.

Perfektes Timing, mein Flug wird aufgerufen. Hoffe, mein Text kommt Ihnen nicht zu spanisch vor ...

Von: Wiebke Lorenz – **An:** Christian Clerici
Gesendet: Montag, 26. Oktober 2009 12:06
Betreff: Re: Vorsätzlich

Lieber Christian,
nur ganz schnell, denn ich muss gleich ins Krankenhaus, wo meine Schwester gerade Kind Nummer vier entbunden hat (nach drei Mädchen nun – endlich! – der Thronfolger, heißa, die Scheunemänner können mit der Überbevölkerung aufhören ...): Ich schreibe gern eine Antwort zu Ihrem Text, gebe aber zu bedenken, dass das Thema eigentlich war: Wer hält sich besser an Vorsätze, Männer oder Frauen? So. Insgesamt kommt mir Ihr Ansatz tatsächlich etwas spanisch vor ... Und ich bin mir gerade nicht sicher, ob es die Leser wirklich interessiert, wer da nach Wien oder Hamburg fliegt, um Blumen oder Kinnhaken zu verteilen ...

Von: Wiebke Lorenz – **An:** Christian Clerici
Gesendet: Montag, 26. Oktober 2009 19:13
Betreff: Meckerliese

Die Meckerliese stellt fest: Das hier ist vermutlich auch nicht wirklich ein Knaller ...

Wer hält sich konsequenter an Vorsätze – Männer oder Frauen?

Bei dieser Frage bin ich befangen, lieber Christian, halte ich doch weder etwas von Vorsätzen noch von Konsequenzen. Ich weiß gerade nicht, ob der große Paul Watzlawick in seiner »Anleitung zum Unglücklichsein« auch erklärt, dass Vorsätze letztlich garantiert zu Frustration und Misserfolg führen, denn ich habe sein Buch seinerzeit nicht auswendig gelernt. Aber für den Fall, dass es nicht drinsteht und Sie es eventuell auch gar nicht gelesen haben, möchte ich es hier noch einmal erwähnen. Das gilt ganz besonders für Vorsätze, die zum neuen Jahr gefasst werden. Wenn sich Hundertschaften von weinseligen und übergewichtigen Kettenrauchern um Mitternacht in den Armen liegen, um gemeinsam beim Stummel ihrer letzten Filterzigarette Nikotin, Alkohol und Kartoffelchips abzuschwören, empfinde ich das als Massenhysterie, als einen gruppendynamischen Hype, der spätestens mit Abklingen des Katers wieder vorüber ist. Was dann kommt? Der Katzenjammer, das Eingestehen der eigenen Kraft- und Charakterlosigkeit, das Gefühl, ein Versager zu sein. Deshalb, lieber Herr Clerici, lasse ich von so was lieber gleich die Finger, paffe stattdessen fröhlich die nächste Kippe, ordere noch einen Gin Tonic und steuere auf dem Heimweg einen Fastfood-Tempel an. Und falls – ich sage falls! – ich jemals das Bedürfnis verspüren sollte, meinen liederlichen Lebenswandel in geordnetere Bahnen zu lenken – dann tue ich das heimlich, still und leise, ohne großes Tamtam und pompöse Silversterknaller-Untermalung. Und …

… jetzt weiß ich nicht weiter, denn im Grunde ist das auch alles Mist, Mist, Mist und beantwortet ebenfalls nicht die Frage, wer denn nun konsequenter ist, Männer oder Frauen.

Inkonsequent:
Wiebke

Von: Wiebke Lorenz – **An:** Christian Clerici
Gesendet: Dienstag, 27. Oktober 2009 16:39
Betreff: Vorsätze

Okay, jetzt aber!

Wer hält sich konsequenter an Vorsätze – Männer oder Frauen?
Seien Sie ruhig nett zu mir, Herr Clerici, das wäre ja mal ganz was Neues. Aber halten Sie mich bitte nicht für so dumm, dass ich die Strategie, die dahintersteckt, nicht durchschauen würde. Sie, lieber Christian, haben offenbar den Vorsatz gefasst, sich mit mir zu verbrüdern, um irgendwann vollkommen unerwartet – zack! – zum verbalen Vernichtungsschlag auszuholen und mich von unserer gemeinsamen Seite wegzumobben. Aber nicht mit mir, das sage ich Ihnen! Und dann sage ich Ihnen noch, dass Sie komplett an dem von der Redaktion erteilten Thema vorbeigeschrieben haben und es deshalb wahrscheinlicher ist, dass man Sie demnächst als Kolumnist feuern, mich aber weiterhin hegen und pflegen wird, weil ich konsequent und vorsätzlich sämtliche Vorgaben befolge. In diesem Sinne will ich nun auch die eigentliche Frage beantworten, die an uns herangetragen wurde: Natürlich sind wir Frauen in Sachen Vorsätze das konsequentere Geschlecht. Sonst wäre die Menschheit längst ausgestorben. Oder kennen Sie einen Mann, der freiwillig neun Monate aufs Saufen, Rauchen und rohes Hackfleisch verzichtet, noch dazu nicht für sich selbst, sondern für ein neues Leben, das unter seinem Herzen wächst? Eine rhetorische Frage, ich weiß. Oder warum, glauben Sie, bieten die Weight-Watchers ein eigens für Männer entwickeltes Programm an, bei dem die Herren der Schöpfung nicht zu den wöchentlichen Sitzungen gehen müssen, sondern zu Hause rumlaborieren können? Nicht weil die Kerle es nicht schaffen, einen regelmäßigen Termin wahrzunehmen (das natürlich auch, denn das hätte ja etwas mit Konsequenz zu tun), nein, um ihnen die Schmach zu ersparen, coram publico auf eine Waage zu steigen und öffentlich einzugestehen, dass der Vorsatz,

den Bierbauch zu schmälern, an mangelnder Konsequenz gescheitert ist. Ich könnte noch viele Beispiele nennen, lieber Christian, lasse es aber. Stattdessen ermahne ich Sie, sich in Zukunft an die Themenvorgabe zu halten – mögliche Konsequenzen habe ich Ihnen ja bereits aufgezeigt.

Ich werde dann jetzt mal unsere beiden Texte abschicken und warte ansonsten auf weitere und heitere Anekdoten aus Spanien!

Von: Wiebke Lorenz – **An:** Christian Clerici
Gesendet: Donnerstag, 5. November 2009 10:08
Betreff: Interpol?

Wie geht es Ihnen eigentlich in Spanien? Habe gar nichts mehr gehört! Sind Sie von der Bau-Mafia entführt worden? Soll ich Interpol einschalten???

Von: Christian Clerici – **An:** Wiebke Lorenz
Gesendet: Montag, 9. November 2009 12:23
Betreff: Re: Interpol?

Liebe Wiebke,
nein, Interpol können wir hier nicht gebrauchen. Eher einen Mediator, der die Lage unter Kontrolle hält, die demnächst eskalieren könnte.

Morgen ist sozusagen Bauabschluss, mit Bauarbeiterfest und Mängelliste. Die Mängelliste werden wir erst nach dem Fest rüberreichen, denn dann sind die Jungs zu geschwächt, um in spanischer Manier jede Verantwortung von sich zu weisen. Haben die Herren ihre bauernschlauen Siebensinne nämlich noch beisammen, finden sie sogar eine plausible Erklärung, warum zwar alle Klimaanlagen montiert sind, aber keiner an die entsprechende Verrohrung gedacht hat. Im schlimmsten Fall muss man sogar noch einen Aufpreis zahlen, weil ja auch die Gewerkschaft von etwas leben muss.

So geht das nun seit fast vier Jahren. Jedes Mal, wenn ich mir vornehme, dem Chef der Baufirma und seinen beiden debilen Brüdern mit einer genagelten Holzlatte eins über den Schädel zu ziehen, erinnert mich Marion daran, dass alle drei mit dem Bürgermeister verwandt sind, dessen Nichte mit dem Premierminister schläft, und dass das deshalb vielleicht keine so gute Idee ist.

Das einzig Beruhigende daran ist: Es geht nicht nur mir so. Es gibt da im Dorf zum Beispiel die Geschichte von diesem deutschen Gynäkologen, der sich in Bestlage ein schönes Häuschen mit Meerblick hingestellt hat, um mal was anderes zu sehen als weibliche Unterleiber, und dachte, er könne, ganz der preußischen Weltordnung verpflichtet, ein paar Dinge für sich bei der Gemeinde reklamieren. Eines davon war die Abwassersituation, die zugegebenermaßen etwas unappetitlich war. Irgendwo war der Kanal verstopft, und beim Doktor gingen die Toiletten über.

Die Gemeinde meinte, das sei nicht ihr Problem, solle der Weiberspezialist doch einfach weniger kacken. Darauf der aufrechte Arzt wehrhaft und hoch motiviert zum Anwalt, der aber mit dem Neffen des örtlichen Sachverständigen für Bauwesen verschwägert war, sein Geld nahm, um dann die Behörden auf eine kleine Ungereimtheit in Bezug auf den Stromzähler des Doktors aufmerksam zu machen, die wiederum selbigen abstellten, das Wasser gleich dazu und meinten: Ohne Wasser kann man auch keine Klospülung betätigen, ohne Klospülung kann keine Toilette überquellen, ohne überquellende Toiletten kein Ärger, wo also eigentlich das Problem wäre?

Na ja, Sie können sich denken wie das so weitergegangen ist. Am Ende, als die Scheiße bereits mitten aus der Straße floss, weil eben genau dort der Kanal kaputt war und sich noch ungefähr 18 andere Anrainer beklagten, kam die Sache in Schwung, und der Schaden wurde behoben. Gedauert hat das, was ich Ihnen da so vage schildere, ungefähr 2 Jahre. Man braucht ein dickes Fell in Südspanien und hat seine Verdauung lieber im Griff. Es gibt also Momente, in denen auch der schönste Blick aufs Meer nichts ändert und man sich fragt: Warum habe ich mir das angetan? Und meiner Frau? Und meiner Brieftasche?

Von: Wiebke Lorenz – **An:** Christian Clerici
Gesendet: Dienstag, 10. November 2009 08:56
Betreff: AW: Re: Interpol?

Na, lieber Herr Clerici, dann wünsche ich mal ein schönes Bauabschlussfest! Schlagen Sie sich mit einer korrupten Dorfgemeinde herum, ich wünsche Ihnen mafiöses Verhandlungsgeschick. Sie wissen ja, wie das bei der Cosa Nostra läuft, oder?

Und weil Sie ja offensichtlich momentan nicht allzu viel zu lachen haben, passt das nächste Thema, das die Redaktion mir eben mailte, doch ganz hervorragend: »Haben Männer und Frauen einen unterschiedlichen Humor?« Ich lache mich dann mal leise in meiner kleinen Wohnung schlapp, die mir nicht gehört und bei der mir sämtliche Fehlanschlüsse somit komplett am Arsch vorbeigehen können, und lege Folgendes vor:

Haben Männer und Frauen einen unterschiedlichen Humor?
Christian, Sie kennen doch sicher die Bezeichnung »Altherrenwitz«, oder? Erzählen Sie doch mal einen, alt genug dafür sind Sie ja! Spaß beiseite (aber der war gut, nicht wahr?) ... Natürlich haben Männer und Frauen einen unterschiedlichen Humor. Hätten sie den gleichen, zahllose Missverständnisse zwischen den Geschlechtern hätten sich bereits erledigt, bevor sie überhaupt aufkommen können. Doch während wir Frauen durchaus einen Sinn für feine Ironie und Zwischentöne haben, braucht es für die meisten Kerle schon einen Mario Barth mit seiner Plattitüden-Keule, um sie auf unterstem Niveau zu amüsieren. Da wird sich brüllend auf die Schenkel geklopft über Witze, die für uns schon im Kindergarten einen Bart von Flensburg bis nach Konstanz hatten, wird gegrölt und Tränen gelacht, wo eigentlich nur peinlich berührtes Schweigen bleibt. Herr Clerici, ich kann es nicht beweisen, gehe aber jede Wette ein, dass neben dem Blondinenwitz noch viele andere »Spaßigkeiten« rein männlichen Ursprungs sind. Das Furzkissen beispielsweise. Kunstkacke. Hugo Egon Balder und sein Tutti Frutti. Hauptsache, es hat was mit Sex oder Körperausschei-

dungen zu tun, mehr braucht der Mann an sich nicht zum Fröhlichsein. Wie die lieben Kleinen, zeit ihres Lebens der analen und oralen Phase nicht entwachsen, reicht ein anzügliches Grinsen aus, um ganze Bierzelte voller Herren gut zu unterhalten. Nur bei einer Sache verstehen sie keinen Spaß: Wenn es um die Größe ihres Siewissenschon geht. Oder haben Sie mal von einem Mann gehört, der gelacht hätte, wenn eine Frau beim Anblick der nackten Tatsachen lachend fragt, ob er vielleicht gerade zu scherzen beliebt …? Sehen Sie, Christian, schon ist es da, das Missverständnis zwischen den Geschlechtern – und alles nur wegen einer unterschiedlichen Auffassung von Humor!

Von: Christian Clerici – **An:** Wiebke Lorenz
Gesendet: Donnerstag, 12. November 2009 11:59
Betreff: Re: AW: Re: Interpol?

Sehr lustig, Wiebke! Hier meine Antwort:

Haben Männer und Frauen einen unterschiedlichen Humor?
Frau Lorenz, ich weiß, Männer können hin und wieder ganz schön lächerlich sein, wahrscheinlich vergeht vielen Frauen auch deshalb in so mancher Beziehung auf Dauer der Spaß, aber das, was Sie da beschreiben, ist schlicht ein Witz. Seien Sie bloß froh, dass ich jetzt nicht auch noch den humorigen Unterschied zwischen österreichischen Männern und deutschen Frauen herausstreiche, denn dann hätten wir sowieso ein Riesenproblem. Sie kennen doch dieses dreiseitige, reich bebilderte Faltblatt »1000 Jahre deutscher Humor«? Nein? Egal, ich sagte ja, dieses Fass will ich gar nicht erst aufmachen. Der sensible, tiefsinnige Humor der Frauen, den Sie da so akribisch beschreiben, ist in meinen Augen nichts anderes als eine ausgeprägte Spaßhemmung. Zugegeben, es muss auch nach meinem Unterhaltungsverständnis nicht Barth oder Balder sein, aber was gegen einen lustigen Herrenabend mit entsprechenden Witzen einzuwenden ist, mag mir nicht recht einfallen. Wenn ich

Lust auf Zwischentöne habe, dann mache ich einen Hörtest, wenn mir nach feinsinninger Ironie ist, kann ich Lorenz lesen. Jaaaah, das war ein Kompliment, denn Sie sind für eine Frau ausgesprochen lustig – aber wenn ich mir all die verzwickten Weibergesichter vor Augen halte, die jedes Mal, wenn es unter uns Burschen etwas lauter und deftiger zugeht, ein Gesicht machen, als ob sie gerade alle Zitronen dieser Welt schlucken müssten, dann steigt mir die Galle hoch. Männern steht im Unterschied zu Frauen Schamgefühl nicht im Weg, deshalb lachen sie auch aus vollem Hals. Herrlich. Und ganz unter uns: Ich möchte nicht wissen, worüber Sie und Ihre Freundinnen sich amüsieren, wenn Sie sich unbeobachtet glauben und einen im Tee haben. Da geht es vermutlich um noch viel schlimmere Dinge als Blondinen. Ach so, und wenn Sie das nächste Mal über einen nackten Mann lachen, denken Sie bitte daran, was ein paar gezielte Worte über Ihre Cellulite anrichten können. Haha, Frau Lorenz, viel Spaß noch in der Bauch-Beine-Po-Stunde.

Von: Wiebke Lorenz – **An:** Christian Clerici
Gesendet: Donnerstag, 12. November 2009 12:04
Betreff: Cellulite

ICH HAB GAR KEINE CELLULITE!!!! SIE DOOFER DEPP, SIE!!!!!!!!!!!

Von: Wiebke Lorenz
Gesendet: Donnerstag, 12. November 2009 12:06
Betreff: Aber ...

... trotzdem habe ich mir über Ihren Text den Pöppes abgelacht!

Pöppesline
Wiebke

Von: Christian Clerici – **An:** Wiebke Lorenz
Gesendet: Samstag, 14. November 2009 11:33
Betreff: Pöppes

Pöppes, Wiebke, Pöppes, genau das meinte ich, und Sie sind auch noch so freundlich und geben gleich ein Paradebeispiel für ein lustiges deutsches Wort. Sehr lustig. Pöppes. Hihihahahoho. Daran müssen wir arbeiten, wenn Sie ernsthaft einen österreichischen Mann in Erwägung ziehen, ganz unabhängig davon, ob es nun ein Psychopath aus meinem Fundus ist oder sogar ein ganz normaler, ausgeglichener, gebildeter und respektvoller Typ von der Straße sein soll. Bei uns in Österreich gibt es diese Exemplare an jeder Ecke und unter vielen Brücken. Sie sind nicht reich und auch nicht immer ganz sauber, aber dafür sehr lustig und vor allem anspruchslos und dankbar für ein Dach über dem Kopf und eine warme Mahlzeit täglich. Wenn man den richtigen Blick dafür entwickelt, kann man unter den Tausenden Schichten ihrer Lebenserfahrung auch ganz hübsche entdecken, denn nicht jeder, der unter der Brücke lebt, wurde zwangsläufig da geboren. Oft sind es Frauen und ihr Humor gewesen, die den einen oder anderen erst in den Wahnsinn, dann in den Suff und schließlich aus dem Haus getrieben haben. Wenn Sie sich da mit Ihren lustigen Späßen etwas zurückhalten, werden Sie vielleicht den Mann Ihres Lebens finden, und er wird Ihnen aus lauter Dankbarkeit für seine Errettung bis zum letzten Atemzug dienstbar sein.

So viel Theorie heute, ich weiß gar nicht, ob das alles auf einmal in Ihren schönen Kopf geht. Pöppes ... Hey, Wiebke ... PÖPPES ... Na, ein kleines Lächeln? ... Pöppespöppespöppes ... Na also, geht ja.

Von: Wiebke Lorenz – **An:** Christian Clerici
Gesendet: Samstag, 14. November 2009 14:07
Betreff: Re: Pöppes

Das ist toll, Christian, wirklich! Da mache ich Ihnen ein Kompliment zu Ihrem Text, und Ihnen fällt nichts anderes ein, als mich wegen des »Pöppes« aufzuziehen (der bei mir übrigens, wenn ich mich noch einmal kurz auf Ihre Unverschämtheit in Sachen Bindegwebe beziehen darf, absolut bezaubernd ist und dessen Anblick jeden Psychopathen auf der Stelle wieder seelisch gesunden lassen würde!!!). Ich sag's ja immer: Männer darf man nicht gut behandeln, das vertragen sie einfach nicht. Vor allem, wenn sie sich zu lange in Spanien rumtreiben, da ergreift dann das südländische Macho-Temperament von ihnen Besitz und sorgt für schwere Allmachtsphantasien. Kümmern Sie sich lieber um Ihr Haus, es klingt so, als hätten Sie damit genug zu tun. Und wenn Sie trotzdem noch unterbeschäftigt sind, sichten Sie halt noch ein paar Psychopathen für mich. Langsam wird's ja wieder Winter und kalt, da könnte ich wen gebrauchen, der sich an meinen Pöppes kuschelt.

Von: Wiebke Lorenz – **An:** Christian Clerici
Gesendet: Mittwoch, 25. November 2009 21:10
Betreff: Abfuhr

Christian,
über zehn Tage Funkstille, wie soll ich das verstehen? Ist das eine Abfuhr von Ihnen? Falls ja, passt es ganz gut, denn das neue Thema für unsere Kolumne lautet, wie man charmant eine ebensolche erteilt. Ich bin gespannt, was Sie dazu meinen. Aber lassen Sie mich Ihnen schon Folgendes verraten: Komplett auf Tauchstation zu gehen, hat auf gar keinen Fall etwas mit Charme zu tun.

Von: Christian Clerici – **An:** Wiebke Lorenz
Gesendet: Donnerstag, 26. November 2009 8:56
Betreff: Re: Abfuhr

Nein, Wiebke, keine Abfuhr, genau das Gegenteil ist der Fall: Seit ich hier in Spanien bin und mich mit den Wehen meines Neubaus an der andalusischen Küste herumschlage, ist mir neben vielen Tränen jetzt auch noch die Idee gekommen, meine liebe Frau Lorenz vielleicht auf der Iberischen Halbinsel zu verkuppeln. Mir ist nämlich aufgefallen, dass es in dieser Gegend einen ganz speziellen Männertyp gibt, der sich weiß Gott von deutschen und selbst österreichischen Männern unterscheidet. Ob wohltuend, sei dahingestellt, aber es geht ja auch nicht darum, eine Nullachtfünfzehnsituation für Sie herzustellen, sondern eine Herausforderung, eine Lebens-und Liebessituation, die Sie bis zum Äußersten reizt und Ihnen das Gefühl gibt, es muss einen tieferen Sinn haben, eine Frau zu sein, denn allein wegen Ihres Humors kann es ja nicht lohnen (Pöppes). Jedenfalls sind die spanischen Männer echte Prachtexemplare in Sachen Respekt gegenüber Frauen. Da kann es unmöglich passieren, dass es wegen eines falschen Blicks in Ihre blauen Augen zu Missverständnissen kommt, denn Sie werden es gar nicht erleben, dass Ihnen einer wirklich in die Augen schaut. Frauen sind hier in der Öffentlichkeit gar nicht so wichtig, wie sie sich in unseren Breiten gern nehmen ...

Jetzt ist es 8.26 Uhr, und die Sonne erhebt sich gleißend über dem Meer. Können Sie sich vorstellen, wie schön und einladend das ist, einen neuen Tag zu beginnen?

Also, herzliche Grüße aus Spanien und ein schönes Erwachen in der grauslichen Kälte des europäischen Nordens.

Don Christiano

PS Anbei mein Text.

Wie erteilt man charmant eine Abfuhr?

Eine Abfuhr bleibt eine Abfuhr, da ändert auch Charme nichts daran. Ich sage: Je mehr Charme man aufwenden muss, um eine Frau loszuwerden, umso mehr hat man den Zeitpunkt des natürlichen Ablaufdatums einer Beziehung, eines Flirts oder eines Abhängigkeitsverhältnisses überschritten. Solange sich die Dinge noch mit »Tschüss« oder »Verpiss dich« regeln lassen, ist nichts verloren. Dann bleibt immerhin noch genug Wut oder Gleichgütigkeit, um einen Neuanfang zu versuchen – mit einer neuen Frau versteht sich, denn wenn einen die alte nach solchen Sprüchen immer noch behält oder einem den Hof macht, sollte ohnedies der Therapeut eingeschaltet werden. Charme, Frau Lorenz, ist eigentlich die Pest. Und das sage ausgerechnet ich als Österreicher und, viel schlimmer noch, als italienischstämmiger Wiener, als einer, dem diese hohe Kunst der halb legalen Kommunikationsform auch noch in formvollendeter Perfektion nachgesagt wird. Charme führt in den meisten Fällen zu grotesken Missverständnissen, und weil Frauen ja angeblich »Nein« sagen, wenn sie »Ja« meinen und umgekehrt, kann man sich ausrechnen, wie ungleich komplizierter es wird, die Dame loszuwerden, wenn man sich nicht klar ausdrückt. Da bemüht man allen zur Verfügung stehenden Charme, um eigentlich nur zu sagen, dass sie sich verziehen soll, sie aber fasst das Getue falsch auf, will sich zieren und geht darauf ein, obwohl das ja bedeutet, dass sie gern weitermachen würde, und am Ende kommt es wieder zu einer jener sinnlosen Gewalttaten, die uns Männer als roh, gewissenlos und unsensibel dastehen lassen. Mit anderen Worten: Ein klares NEIN zur charmanten Abfuhr, es lebe das deutliche Wort. Oder wäre es Ihnen lieber, ich würde, falls ich jemals keine Lust mehr hätte diese Kolumne mit Ihnen zu schreiben, anbieten, gemeinsam auf einem feurigen Araber in den Sonnenuntergang zu reiten, um dann doch allein ins Auto zu steigen und einfach abzuhauen?

Von: Wiebke Lorenz – **An:** Christian Clerici
Gesendet: Donnerstag, 26. November 2009 12:53
Betreff: AW: Re: Abfuhr

Don Christiano,
das haben Sie aber hübsch geschrieben! Aber das kann ich besser (Sie wissen, ich lobe Sie ja ab sofort nicht mehr ...):

Wie erteilt man charmant eine Abfuhr?

Lieber Christian, Sie haben natürlich vollkommen recht. Ein klares »Nein« ist wesentlich zielführender als umständliches Rumgeeier, an dessen Ende man plötzlich und unverhofft mit einem Menschen vor dem Altar landet, den man doch eigentlich loswerden wollte. So habe ich auch noch nie etwas von Männern gehalten, die feige und verweichlicht was von »Ich will, aber ich kann nicht« faseln, während sie doch eigentlich das genaue Gegenteil meinen und zur vermeintlichen Besänftigung von uns Frauen nur die korrekte Reihenfolge der Modalverben vertauschen. Gleiches gilt für »Es liegt an mir und nicht an dir«. Neihein, da ist, bei allem Charme, ganz einfach der Mut gefragt, dem Gegenüber mitzuteilen, dass es durchaus an ihm und keinem anderen liegt. Womit wir beim Thema wären: Charmant ist eine Abfuhr, wenn sie mutig ist. Wenn man sich dem Partner stellt, ihm höchstpersönlich in die Augen blickt und ihn vom Ende der Beziehung in Kenntnis setzt. Eine Selbstverständlichkeit, möchte man meinen, aber das, lieber Herr Clerici, scheint heutzutage fast die Ausnahme zu sein. Prominente wie Boris Becker machen es vor: Da wird der Schlussstrich mittels SMS gezogen oder auf Twitter verkündet, der Myspace-Account mutiert zur Trennungshilfe, und ganz verwegene Zeitgenossen ändern auf Facebook ihren Beziehungsstatus in »Single«, ohne es dem Partner vorher mitzuteilen – er wird es ja sehen, wenn er sich das nächste Mal einloggt und zum Profil des/der Liebsten surft. Seien Sie also unbesorgt, Herr Clerici, falls unser verbales Techtelmechtel eines Tages zum Erliegen kommt. Sie werden es von mir höchstpersönlich erfahren und nicht von einem Autoresponder, der Ihnen verrät, dass ich Ihre E-Mail-Adresse gesperrt habe. Charmant, oder?

Gut? Rausschicken? Ach, *natürlich* ist das gut, was frage ich *Sie* eigentlich ...

Von: Christian Clerici – **An:** Wiebke Lorenz
Gesendet: Montag, 30. November 10:04
Betreff: Abserviert

Natürlich ist das gut, Wiebke, aber es wird *natürlich* besser, wenn Sie *mich* vorher fragen.

Danke für Ihr Vertrauen

Von: Wiebke Lorenz – **An:** Christian Clerici
Gesendet: Mittwoch, 2. Dezember 2009 20:02
Betreff: Raaaaah!

Auch ein schönes Thema: Mütter.
Lassen Sie uns darüber bitte, bitte unbedingt mal schreiben, denn meine Wenigkeit hat eben in einem zweistündigen Telefonat versucht, ihrer Frau Mutter zu erklären, dass hier gerade Highlife in Tüten ist, ich deshalb morgen Abend nicht zum besinnlichen Schlendern über den Lübecker Weihnachtsmarkt vorbeikommen kann und dass wir es auf nächste Woche verschieben müssen.

Die Reaktion: Muttern ist beleidigt.

Wiebke, das schreckliche Kind

Von: Christian Clerici – **An:** Wiebke Lorenz
Gesendet: Mittwoch, 2. Dezember 2009 20:17
Betreff: Re: Raaaaah!

Nur Mut, Wiebke, ich weiß, wovon Sie sprechen. Ich habe meiner Erzeugerin gerade erklärt, dass ich zu Weihnachten nicht im Lande sein werde, und damit eine Gräuschkulisse provoziert, die an einen sterbenden Katzenchor erinnerte. All die Weihnachtsbäckerei, was soll sie damit tun? Die hole ich mir vorher ab, gab ich zurück (sterbender Katzenchor). Wird schon, Frau Lorenz.

Von: Wiebke Lorenz – **An:** Christian Clerici
Gesendet: Dienstag, 15. Dezember 2009 07:50
Betreff: Idee für Er sagt/Sie sagt

Lieber Christian,
schönes Thema für »Er sagt/Sie sagt«: Warum gehen Männer nicht zum Arzt? Oder, mal anders formuliert: Warum müssen Frauen sich das Gejammer ihrer Kerle anhören, die aber nichts dagegen tun????? Ich musste gerade meinem besten Freund zu unchristlicher Stunde etwas von der Notapotheke holen, weil er angeblich die Schweinegrippe hat. Wenn Sie mich fragen, ist es ein normaler Schnupfen. »Was weißt *du* schon?«, wurde mir entgegengeschleudert, als ich diese Vermutung äußerte, dicht gefolgt von einem »Wenn ich tot bin, wird es dir noch leidtun ...«. Zum Arzt will er trotzdem nicht gehen. Denn: »Was soll *der* noch tun?« Geheimnisvolle Männerlogik ...

Von: Christian Clerici – **An:** Wiebke Lorenz
Gesendet: Dienstag, 15. Dezember 2009 22:47
An: Wiebke Lorenz
Betreff: Re: Idee für Er sagt/Sie sagt

Ja, liebe Wiebke, das finde ich ein gutes Thema, das sollten wir machen. Denn dann kann ich Ihnen auch gleich mal erklären, wie es sich mit uns tapferen Männern *wirklich* verhält!

Von: Wiebke Lorenz – **An:** Christian Clerici
Gesendet: Donnerstag, 24. Dezember 2009 14:11
Betreff: Frohe Weihnachten!!!

Nun, Herr Clerici, aus Kostengründen schicke ich dieses Jahr meine herzlichsten Weihnachtsgrüße an Sie und Ihre Sippe per Mail. Das Geld, das ich so an Karten und Porto spare, wird für einen guten

Zweck verwendet: Für mich. Denn, wie soll ich sagen? Passend zum Heiligen Abend habe ich gerade einen Schrieb aus meinem Briefkasten gezogen, den mein Steuerberater mir noch schnell vor den Feiertagen zukommen lassen wollte. *Den* hätte er sich ebenfalls sparen können. Ich meine, schlimm genug, dass die Titanic gesunken ist – aber wenigstens wussten die Passagiere es vorher nicht und konnten so noch eine rauschende Sause feiern. Meine Stimmung hingegen ist in etwa so festlich wie ... wie ... wie ... Ach, vergessen Sie's. Frohes Fest!

Von: Wiebke Lorenz – **An:** Christian Clerici
Gesendet: Dienstag, 29. Dezember 2009 12:59
Betreff: Verschollen?

Seit Tagen keine Mitteillung von Ihnen, nicht einmal eine Weihnachtsgrußerwiderung! Soll ich die Behörden informieren?

Von: Christian Clerici – **An:** Wiebke Lorenz
Gesendet: Dienstag, 29. Dezember 2009 14:38
Betreff: Re: Verschollen?

Bitte lassen die Behörden aus dem Spiel! Ich habe meine Gründe. Hier ist alles gut so weit. Bis jetzt.

Aber nun gehe ich mit meiner Mutter zum Friedhof, die Großmutter besuchen, und wie lebendig ich danach noch sein werde, weiß ich nicht.

Von: Wiebke Lorenz – **An:** Christian Clerici
Gesendet: Mittwoch, 30. Dezember 2009 19:08
Betreff: AW: Re: Verschollen?

Christian, Sie waren also mit Ihrer Frau Mutter auf dem Friedhof. Und? War da was los? Ich fühle mich heute auch toter als sonst, was daran liegt, dass ich mit meinen Nichten und zwei weiteren Kindern am Nachmittag in »Alwin und die Chipmunks II« war, damit meine Schwester ein paar Dinge für Silvester vorbereiten kann. Sind Sie schon mit vier Rotznasen zwischen vier und neun Jahren mit dem Bus in die Stadt gefahren, haben für alle Apfelsaftschorle und Popcorn besorgt und während eines nervtötenden Animationsfilms versucht, die Bande davon abzuhalten, den Inhalt ihrer Tüten und Becher durchs ganze Kino zu verteilen? Nein? Dann mein Rat an Sie fürs neue Jahr: Lassen Sie es bleiben, ich bin nur mit Mühe und Not einer Schadensersatzforderung entkommen.

So. Und nun legt Tante Wiebke die Füße hoch und träumt von den Chipmunks.

Von: Christian Clerici – **An:** Wiebke Lorenz
Gesendet: Mittwoch, 30. Dezember 2009 21:41
Betreff: Silvester

Dann erholen Sie sich mal schön, ich brauche Sie ja noch! Morgen ist Silvester und dann der Neujahrstag. Sie wissen hoffentlich auch von dem Sprichwort, was man am 1. Jänner tut, tut man das ganze Jahr. Falls wir uns nicht mehr hören, wünsche ich Ihnen viel Erfreuliches, Unterhaltsames für diesen Tag und natürlich einen ordentlichen Rausch, hemmungslosen Sex und *kein* Erkältungsbad.

Von: Wiebke Lorenz – **An:** Christian Clerici
Gesendet: Mittwoch, 30. Dezember 2009 22:08
Betreff: Re: Silvester

Eine schnelle Antwort, da ich hier noch bis zum Hals in einem Artikel stecke, der bis morgen fertig werden muss, bevor ich mich dann auch den Silvesterfeierlichkeiten hingeben kann.

Und um den heutigen Tag mit einem Witz zu beschließen: Sex? Was war das noch gleich? Ich kann mich gerade nicht erinnern ...

Aber wissen Sie, Herr Clerici, auch wenn ich sicher nichts dagegen hätte, den 1. Januar statt im Erkältungsbad mit einer anderen Aufwärmmethode zu verbringen, so bin ich doch mit meinen 37 Jahren schon zu alt, um nicht zu wissen, dass nächtlich gemachte Neubekanntschaften seltener zu hemmungslosen Zusammenkünften als vielmehr zu Erlebnissen führen, auf die man im Nachhinein lieber verzichtet hätte.

Und so werde ich morgen ganz brav mit meinen zwei besten Freunden eine Mottoparty heimsuchen (ich gehe als Teufelchen mit roter Langhaarperücke), viele Gin Tonics trinken, um dann – im Morgengrauen – unter dem Abgesang schmutziger Seemannslieder nach Hause zu wanken.

Von: Christian Clerici – **An:** Wiebke Lorenz
Gesendet: Donnerstag, 31. Dezember 2009 13:14
Betreff: The final word in 2009

Ich wollte es eigentlich gut sein lassen, aber als ich gerade den Computer anmachte, um ... um ... um ... ach ja, um nach dem Rechten zu sehen, entdeckte ich ein Stöhnen in meinem Posteingang. Ein geknechtetes, gequältes, bemitleidenswertes Geräusch, ausgestoßen von einer, die bis zum Hals in einem Artikel steckte und dann offensichtlich doch nicht darin untergegangen ist.

Das freut mich, denn alles, was irgendwie mit Hals, Drinstecken und Geradeebennichtmehrdiekurvegekratzt zu tun hat, wird selbst in der Pathologie nicht gern gesehen. Meistens handelt es sich um ganz abscheuliche Dinge.

Ich bin heute um 6.30 Uhr aufgestanden und war kurz davor, eine Vermisstenmeldung zu machen, denn das Bett neben mir war leer, und ich konnte mir beim besten Willen nicht erklären, wieso. Die Antwort fand sich im Wohnzimmer auf der Couch, mit einem Bier in der einen Hand, mit der Fernbedienung in der anderen.

Da habe ich mir halt auch ein Bier geholt, einen Zug aus der falschen Pfeife genommen und gesagt: »Mach lauter, Baby!« Die »Royal

Tennenbaums« sind einfach zu gut, um auch nur einen Ton davon zu verpassen.

Silvester fing also gut an. Dann bin ich wieder schlafen gegangen, und als ich gegen 12.00 Uhr erwachte, galt es, keine Sekunde mehr zu verlieren: Max, der Hund, war kurz davor zu platzen. Also bin ich raus, habe festgestellt, was die Leute an Silvester noch für einen Stress um diese Zeit haben, und musste zum nächsten Bier greifen.

Ich werde nun noch ein Bier aufmachen, Ihnen zuprosten und mir vorstellen, wie Sie Stunden damit verbringen, sich auf Teufelchen zu trimmen. Schließlich kann das für einen Engel nicht so leicht sein ... pfrrrrr ... pffffffffrrrrr ... pruhahahahahhhh ... schnüfff ... hihi ... grumpf ... pfrrrrrHAHAHAHAHAHAHAH ...

Verzeihung, es war stärker als ich, diesen Witz musste ich noch anbringen ... huhuhuuu ... Moment, ich wische mir nur schnell die Tränen weg ...

Von: Wiebke Lorenz – **An:** Christian Clerici
Gesendet: Donnerstag, 31. Dezember 2009 14:29
Betreff: Re: The final word in 2009

Na, da bin ich ja mal gespannt, ob Sie Mitternacht überhaupt noch erleben ... Aber richtig so: Früh dahin und schnell davon, so ein amtlicher Tagsüberglimmer hat doch was für sich. Würde mich Ihnen jetzt sofort anschließen, wenn ich nicht noch eine Klitzekleinigkeit an meinem Artikel schrauben müsste.

Herr Clerici, bleiben Sie mir gewogen, grüßen Sie die Gattin und die Royal Tennenbaums und richten Sie nicht allzu viel Unheil an – ich will da morgen nix in der Zeitung lesen müssen!

PROST!
Wiebke

Von: Wiebke Lorenz – **An:** Christian Clerici
Gesendet: Freitag, 1. Januar 2010 12:00
Betreff: Frohes ...

... neues Jahr!

Ich hoffe, Sie sehen heute besser aus als ich. Meine eine trinkt jetzt gleich mal 'nen Stützsekt ...

Skol.

Von: Christian Clerici – **An:** Wiebke Lorenz
Gesendet: Freitag, 1. Januar 2010 17:42
Betreff: Re: Frohes ...

Wiebke, wenn Sie sich noch kürzer fassen, verhält es sich mit unserer Korrespondenz bald so wie mit der Mengenlehre. Sie wissen, was Mengenlehre ist, oder? Wenn 4 Leute in einem Zimmer sind und 5 rausgehen, muss einer zurückkommen, damit keiner mehr drinnen ist.

Um Ihnen den Tag leichter zu machen: Ja, ich sehe heute definitiv besser aus als Sie, denn ich lag schon um 2.00 Uhr im Bett. Zu dem Zeitpunkt war ich auch schon wieder nüchtern, denn die Kunst an Silvester ist: Tagsüber saufen und dann, wenn alle glauben, jetzt sei der Moment gekommen, die Welt zu umarmen, idiotische Böller zu zünden oder seiner Auserwählten ins Dekolleté zu kotzen, wieder klar zu sein und sich tunlichst fernzuhalten von massigen Ansammlungen. Ich habe da nämlich eine Phobie. Na ja, Phobie ist übertrieben, Aversion trifft es eher ... Zum Teufel, Frau Lorenz, das erzähle ich Ihnen mal, wenn wir uns besser kennen.

Das, was Sie Stützsekt nennen, heißt bei uns Reparaturseidl, wohingegen Schaumwein ganz allgemein die Bezeichnung »Hurendiesel« trägt. Das müsste in Ihrer ebenfalls verschobenen Sprache »Nuttensprudel« heißen.

So verbleibe ich mit dem Wahlspruch für 2010: Stütze statt Stützsekt – und freue mich auf ein neues Jahr mit Ihnen.

Von: Wiebke Lorenz – **An:** Christian Clerici
Gesendet: Samstag, 2. Januar 2010 19:50
Betreff: Pippi Langstrumpf

Christian,
zu den Momentaufnahmen des alltäglichen Wahnsinns:

Habe mich in einem Augenblick geistiger Umnachtung vorhin dazu überreden lassen, mit meinen Nichten eine DVD zu gucken. High School Musical 3. Der Niedergang des kulturellen Abendlandes steht kurz bevor. Nach dem Film ließ ich mich von Kira, der Ältesten, dann in einen kleinen Diskurs zum Thema »Schule« verwickeln. Dabei ging es um die Frage, warum man da eigentlich hingehen muss. Tante Wiebke, pädagogisch ganz wertvoll: »Damit du Lesen, Schreiben und Rechnen lernst und später dann arbeiten und Geld verdienen kannst.« Die genaue Argumentationskette, die Kira mir daraufhin entgegenschleuderte (irgendwie spielten Pippi Langstrumpf und die Tatsache, dass die den ganzen Tag machen kann, was sie will, eine entscheidende Rolle), kriege ich jetzt nicht mehr hin, doch letztlich endete meine 7-jährige (!!!) Nichte mit der Feststellung: »Aber Tante Wiebke, du arbeitest doch auch nicht, sondern schreibst nur den ganzen Tag.« Ich denke, das Mädchen wird mal in meine Fußstapfen treten, es hat das Zeug dazu ...

Darüber hinaus frage ich: Was ist nun eigentlich mit den Männern, die nicht zum Arzt gehen? Soll ich da mal was vorlegen? Ich glaube, es wird langsam Zeit, die Arbeit wieder aufzunehmen.

Von: Christian Clerici – **An:** Wiebke Lorenz
Gesendet: Montag, 4. Januar 2010 16:07
Betreff: Männer zum Arzt

Ja, machen Sie mal die kranken Männer, ich schließe mich dann an! Und entschuldigen Sie meine kurze Mail, aber die Woche fängt grauenhaft an und wird es wohl auch bleiben. Heute geht es nämlich mal wieder nach Spanien, wo meine Frau und ich versuchen, den Bau unseres Hauses zu einem erfreulichen Abschluss zu bringen. Und ich kann Ihnen sagen: Für 2010 ist das ein Projekt, gegen das sich Ihre Suche nach dem Traumpsychopathen wie Pipifax ausnimmt …

Von: Wiebke Lorenz – **An:** Christian Clerici
Gesendet: Dienstag, 12. Januar 2010 10:50
Betreff: Kranke Männer

Soda, nehm'se hin:

Warum gehen Männer nicht zum Arzt?
Herr Clerici, heute möchte ich aus dem Nähkästchen plaudern: Ich hatte mal einen Freund. Der war groß, blond und stark, hatte Oberarme wie Obelix und ein Kreuz, hinter dem sich die Klitschko-Brüder verstecken könnten. Alle beide, nebeneinander gestellt! Er war, um es auf den Punkt zu bringen, ein echter Kerl. Dachte ich. Bis zu dem Tag, an dem er an einer Magen-Darm-Grippe erkrankte. Da mutierte er von meinem norddeutschen Hünen zu irgendetwas … Matschigem, das sich unter der Decke verkroch und Klagelaute von sich gab, die entfernt an ein verendendes Tier erinnerten. Nicht weiter tragisch, wissen wir doch alle, dass Männer in suboptimaler gesundheitlicher Verfassung dazu neigen, sich aufzuführen, als hätten sie Grippe, Pest und Cholera auf einmal. Nach einer Woche des anhaltenden Ausnahmezustands wurde es problematisch, denn auf meine Bitte, doch mal einen Arzt aufzusuchen, erntete ich lediglich den Hinweis, mein Vorschlag sei absurd und unsinnig, denn auch ein Mediziner könne den kurz bevorstehenden Exitus nicht mehr verhindern. Und so besorgte ich weiterhin Salzstangen und Cola, kochte Hühnersuppe und Kamillentee und versuchte nebenbei, das letzte große Rätsel der Menschheit zu entschlüsseln. Jedoch ohne Erfolg. Warum also gehen Männer nicht zum Arzt? Bitte, Herr Clerici, verraten Sie es mir, ich bekomme sonst vor lauter Grübeln noch eine Magen-Darm-Grippe! PS Er lebt übrigens noch und erfreut sich heute bester Gesundheit.

Von: Christian Clerici – **An:** Wiebke Lorenz
Gesendet: Dienstag, 12. Januar 2010 23:08
Betreff: Re: Kranke Männer

Sehr schön, Wiebke! Herrgott noch mal, möchte ich endlich in diesem vermaledeit schönen Haus in Spanien sitzen und, anstatt Wasserrohrbrüche zu beheben, wieder in die Tasten und Ihnen geschmackvolle Frechheiten mailen. Wir sollten das ganz schnell wieder kultivieren. Aber wenn es statt aus der Feder aus dem Pool und den Wänden rinnt, ist der Schreibfluss halt doch etwas gebremst.

Aber gut: Im Unterschied zu anderen geprüften Häuslbauern kann ich wenigstens auf eine ständig gesprächsbereite Gesprächstherapie zurückgreifen. Das tue ich jetzt auch, bevor sich die ersten Symptome der Mordlust zeigen und ich den Klempner im Pool ersäufe. Wenn da überhaupt noch Wasser drin ist.

Warum gehen Männer nicht zum Arzt?
Frau Lorenz, Sie machen mich krank. Krank vor Sehnsucht, einmal Ihre Hühnersuppe zu probieren. Muss ich jetzt zum Arzt? Sehen Sie, Männer sind wesentlich simpler gestrickt als Frauen, brauchen sozusagen weniger Wartung. Mehr Schiffsdiesel denn komplexe Maschine. Warum sollen wir uns mit einer Diagnose belasten? Keine Diagnose, keine Krankheit. Ganz einfach. Außerdem gibt es veraltete Zeitschriften und sinnlose Gespräche genauso in der Kneipe um die Ecke, wo Männer regelmäßig etwas für ihre Gesundheit tun. Tischfußball, raufen, grölen. Abgesehen davon ist in Männerkreisen immer irgendein Mediziner vorrätig, der zwischen zwei Bier und einem deftigen Frauenwitz die erste Anamnese stellt. Reicht doch. Ihr beeindruckender Riese hatte wahrscheinlich ganz andere Probleme. Liebeskummer, Aufmerksamkeitsdefizit, vielleicht war er sexuell unterbeschäftigt. Der Trick mit der Magen-Darm-Grippe ist einfallslos, da sind geschwollene Lymphknoten oder ein rätselhaftes Ziehen in der Leiste wesentlich zielführender, denn das muss man sich ganz genau anschauen. Oder Schweinegrippe, das wäre glaubwürdiger, nicht wahr? Männer verwechseln

Vorsorge gerne mit Fürsorge, dabei altern wir gar nicht so dramatisch wie Frauen. Gesundheit, Frau Lorenz. Sie habe doch gerade geniest, oder?

Na, sagen wir zumindest etwas übel könnte Ihnen bei diesen Zeilen schon geworden sein …

Von: Wiebke Lorenz – **An:** Christian Clerici
Gesendet: Freitag, 22. Januar 2010 17:03
Betreff: Soda

Lieber Christian,
es hat ein bisschen gedauert, aber jetzt geht's los. Die Steuererklärung ist gemacht, die Wohnung geputzt, die Wäsche gewaschen, die Socken sortiert, alle Aufträge vorerst abgearbeitet – und nun habe ich Zeit für eine Mail an Sie.

Was gibt es sonst noch Aufregendes aus meinem Leben? Morgen steht hier der Hamburger Presseball an. Kleidchen hab ich schon länger, nur zwecks Accessoire-Findung musste ich Mittwoch in die Innenstadt. Es wurden dann lilafarbene, überzogene Peeptoes und ein Abendschal in der gleichen Farbe, sehr, sehr elegant. Aber dann kamen meine Freundin Sabine, die mich bei der Shopping-Tour begleitete, und ich an einem Laden mit dem vielsagenden Namen »New World Nails« vorbei. Viele kleine Asiaten saßen an vielen kleinen Tischchen, feilten und lackierten, was das Zeug hält. Wir da rein, um uns noch eine Maniküre verpassen zu lassen. Irgendwie wurde ich aber von meinem Manikeur (nennt man das so oder wäre das auch wieder was für unser Lexikon???) nicht richtig verstanden, ehe ich mich versah, säbelte er mir sämtliche Fingernägel ab, klebte dann weiße Plastikplättchen auf und überzog das Ganze mit Gel. Damit sehe ich aus wie eine Prolette mit French Manicure (Sie wissen schon, wenn die Spitzen an den Nägeln weiß sind, gerne auch noch mit einem kleinen Strasssteinchen verziert). Mal sehen, wie ich die Situation bis morgen Abend rette …

Auf dem Heimweg entdeckten Sabine und ich noch einen Ed-Hardy-Shop – und waren uns einig, dass man diese Sachen, selbst wenn sie einem gefallen würden, nicht tragen kann. Denn Klamotten, in denen Cora Schumacher und Claudia Effenberg rumlaufen, sind per se für jede andere Frau untragbar. Obwohl: Die passenden Fingernägel hab ich ja schon ...

Mehr Aufregung habe ich momentan nicht zu bieten, setze aber voll und ganz auf den morgigen Abend. Im letzten Jahr bin ich nachts um drei mit dem Chef der Landespressekonferenz beim Tanzen mitten im Saal hingefallen, es soll angeblich Beweisfotos geben (habe aber noch nie eins davon gesehen). Mal sehen, wie wir das dieses Jahr toppen können.

Nun mal wieder ab in die Wanne (nein, kein Erkältungsbad, aber hier ist die Heizung ausgefallen. Oder wurde sie abgestellt?), und dann noch ein bisschen arbeiten.

Herzlichsten Gruß
Wiebke

Von: Christian Clerici – **An:** Wiebke Lorenz
Gesendet: Samstag, 23. Januar 2010 10:08
Betreff: Re: Soda

Ein Satz vorweg:
Wenn Sie noch einmal Ihre Wohnung putzen, die Wäsche waschen und Ihre dämlichen Socken sortieren, bevor Sie mir schreiben, sind wir geschiedene Leute! Das mit der Steuererklärung kann ich noch verstehen, Frauen wollen ja immer alles erklären, bevor sie auf den Punkt kommen, aber der Hausarbeit den Vorzug zu geben, das finde ich doch etwas stark. Als Nächstes ist Clerici dann zwischen Spitzenblusen und Leggings dran ... Sie *ticken* wohl nicht richtig! Darüber hinaus möchte ich darum ersuchen, dass Sie mich trotz aller mittlerweile vorhandenen Zuneigung mit diesem Weibergeschwätz über Maniküre und Kleidchenfindung verschonen. Ich bin nicht Ihre *Freundin*,

Wiebke, und wenn Sie nach wie vor wollen, dass ich Ihnen einen feinen Psychopathen aus meinem Umfeld suche, dann lassen Sie das!

So. Jetzt geht's mir besser.

Hallo Wiebke,

Frau Lorenz lebt. Wie schön. Wobei, lebt sie überhaupt noch, oder ist sie womöglich wieder auf dem Presseball verunglückt? Ich habe sofort heute Morgen im Internet recherchiert, aber nur eine eher unspektakuläre Meldung über eine Hanseatin gefunden, die ausschließlich mit Rubbellosen bekleidet vom Michel gesprungen ist und im freien Fall von einem Pelikan gerettet wurde, der sie nun als Geisel hält und mehr Fisch für alle fordert. Das können Sie nicht gewesen sein. Oder?

Nein, im Ernst, ich war verzweifelt bei der Vorstellung, meine wunderbare Schreibpartnerin hätte sich im Rausch des Überschwangs oder der Verzweiflung (ich weiß schließlich nicht, in welchem Zustand Sie vor der Veranstaltung Ihre gelobte Wanne verlassen haben) in das Ballgeschehen gestürzt, und irgendein Idiot, der schon vor dem Überschreiten der Promillegrenze nicht in der Lage war, eine richtige Frau richtig anzufassen, wirbelt die Lorenz beim Cha-Cha-Cha im Morgengrauen durch den Saal ... und lässt sie fallen. Katastropho. Maledizione. Macchiavellico. Nun, das schicke ich alles voraus, weil ich hoffe, Sie geben bald Entwarnung und senden mir eine Botschaft, die Ihr Wohlergehen außer Zweifel stellt.

Oh. Gerade stoßen mir wieder Ihre sortierten Socken auf. Raaahhhh, ich muss schnell was kaputtschlagen, irgendetwas töten, malträtieren oder beißen ... Oder ich tröste mich einfach mit dem Gedanken, dass Ihnen beim Sortieren der Socken auch schon Tausende Paar untergekommen sind, bei denen eine fehlt, und das hat Sie bestimmt schön geärgert.

Warten Sie mal, Wiebke ... Ich entdecke da gerade an der linken Sesselleiste einen Fliegenschiss oder irgendetwas in dieser Art. Ich mache das mal schnell weg und bin gleich wieder da ...

PS Wiegen Sie sich bloß nicht in Sicherheit, Frau Lorenz, das Thema mit den Socken ist noch nicht durch ...

Von: Wiebke Lorenz – **An:** Christian Clerici
Gesendet: Samstag, 23. Januar 2010 18:52
Betreff: Gleich

»... bin gleich wieder da« schrieb er – und verscholl. Hm. Schade. Machte ja doch Spaß, sich mit dieser Knalltüte aus Wien zu schreiben ...

Übrigens, falls Sie doch noch leben und das hier lesen: Der Presseball ist *heute*. Nicht gestern. Und ich gehe da jetzt mal hin. Behalten Sie also *morgen* die Medien und den Michel im Auge!

Von: Wiebke Lorenz – **An:** Christian Clerici
Gesendet: Montag, 25. Januar 2010 00:30
Betreff: Presseball und Fanpost

Also, Herr Clerici,
ich bin ja nicht beleidigt, weil Sie mir nicht mehr – wie *versprochen* – geschrieben haben. *Ich* verstehe das. Sie sortieren momentan vermutlich Ihre Socken. Das nehme ich Ihnen nicht übel, Ordnung muss sein. In der Zwischenzeit schreibe ich Ihnen einfach wieder eine Mail. Vielleicht antworten Sie ja mal.

Zu den wichtigen Dingen des Lebens: der Presseball. Ich will hier erst gar nichts beschönigen, lieber Christian, dafür kennen wir uns schon zu gut. Frau Lorenz war voll wie 1000 Russen, wurde gegen 1 Uhr nachts von ihrer Begleitung abtransportiert, ins Bettchen gebracht – und schlief. *Ohne* die Begleitung natürlich. Die Versatzstücke, an die ich mich erinnern kann, lassen mich vermuten, dass ich eine Menge Spaß hatte und viel Geld für Lose ausgeben habe, ohne etwas zu gewinnen. An Losen komme ich einfach nicht vorbei, es ist gar bedenklich. Die Einnahmen bei der Tombola gehen allerdings an eine Stiftung für in Not geratene Journalisten, da kann ich dann ja vorstellig werden, wenn ich mich beim Zocken ruiniert habe. Alles in allem also eine runde Sache, möchte ich mal sagen. Und wenn mein Brummschädel auch irgendwann wieder weggeht, kann ich durchaus zufrieden sein. Tja, ansonsten sah ich natürlich bezaubernd aus, jedenfalls bis zu dem Zeitpunkt, als ich leicht zerzaust durch den Saal taumelte. Aber ich bin mir sicher, auch in diesem Zustand werde ich noch eine gute Figur gemacht haben ...

Was sonst noch passiert ist? Ich habe mich verliebt, lieber Christian. Heute bekam ich von meiner Agentur einen Fanbrief zugeschickt, nachdem neulich was über meine Schwester und mich in der Zeitung stand. Ich möchte mal Auszüge zitieren:

»Vielleicht bin ich zu direkt, und dieser Brief wird sehr schnell bei Ihnen im Papierkorb landen. Doch so ist das nun einmal im Leben, nicht im Café oder in der U-Bahn sieht man die Frau, die einem den Puls höher schlagen lässt, sondern in der Zeitung. Ich habe den Bericht ausgeschnitten, um Sie optisch noch heute präsent zu haben. Sie haben eine so faszinierende Ausstrahlung, die einem den Atem stocken lässt. Oder auf gut Deutsch: Sie sehen einfach traumhaft schön aus, und Ihre blauen Augen haben mich total verzaubert. Jeder Mensch hat ja irgendwie auch optisch eine Vorstellung von seiner Partnerin; mein Herz und meine Seele finden sich in Ihnen wieder.«

Ist das ein Hammer?

Leider geht es dann *so* weiter:

»Ein paar Stichworte zu meiner Person: Ich bin Single (vor zehn Jahren geschieden) und möchte diesen unbefriedigenden Zustand gern beenden; inzwischen im Renten-Alter ...«

Ja, es hätte mich gleich stutzig machen sollen, dass der Brief in Sütterlin verfasst war. Das beiliegende Foto zeigt einen netten Herrn um die 70. Muss man da antworten? Ist Schweigen gemein? Sagen Sie doch mal, mein Mediencoach, was tut man da am besten??? Ach so, wahrscheinlich haben *Sie* noch nie solche Briefe bekommen und wissen es selbst nicht ...

Spaß beiseite, liebe Marion (ich gehe mal davon aus, dass Sie mir in Wahrheit die ganze Zeit schreiben, ein Mann ist doch zu so viel Witz und Selbstreflexion gar nicht fähig), ich freue mich auf Ihre nächste Mail!

Wiebke

Von: Christian Clerici – **An:** Wiebke Lorenz
Gesendet: Montag, 25. Januar 2010 09:38
Betreff: Re: Presseball und Fanpost

Hallo Wiebke,
Sie haben mich durchschaut. Hier ist Marion, die Frau von Christian. Nun ein Geheimnis, das Sie bitte unbedingt für sich behalten, aber ich denke, das wird Ihnen nicht schwerfallen, denn dafür sind wir Frauen ja über die Grenzen des Universums hinaus bekannt: Christian Clerici, den gibt es im eigentlichen Sinne gar nicht. Ich saß eines Tages so rum, in einer ähnlich beschissenen Situation wie Sie, würde ich sagen, der Mann war weg, die Jugend auch, meine finanzielle Situation etwas angespannt, und zudem sind mir damals nur langweilige Idioten begegnet, die nicht einmal zu einem ordentlichen One-Night-Stand zu gebrauchen waren.

Da dachte ich mir: Erfinde dir doch einen Traummann. Jetzt sind wir natürlich Realistinnen und wissen, so einfach geht das nicht, aber ich hatte in einem Selbstfindungsseminar einen kleinen Chinesen kennengelernt, den ich, obwohl ich die Chinesen nicht sehr schätze, auf seine berüchtigten okkulten Künste ansprach. Das, liebe Wiebke, hat mein Leben verändert, und ich würde für Sie gerne den Kontakt zu diesem wundervollen Menschen herstellen.

Tläumwaida heißt er. Ein Foto von ihm kann ich Ihnen leider nicht zeigen. Ich habe ihn zwar mal fotografiert, aber stellen Sie sich vor: Auf dem Film war nichts zu sehen. Irgendwie gruselig. Der langen Rede kurzer Sinn: Ich wünschte mir von Tläumwaida einen gut aussehenden, starken, klugen, verständnisvollen, draufgängerischen, mutigen, zärtlichen, erfolgreichen, liebevollen, gewandten, potenten, ausdauernden Mann – und dann ist es passiert: Eines Tages klingelte es an der Tür, ein Traum von einem Mann stand vor mir, und ich wusste sofort, dass ich von nun an glücklich sein würde bis ans Ende meiner Tage. Ich nannte dieses zauberhafte Geschöpf Christian Clerici.

Anfangs war auch alles perfekt. Christian las mir jeden Wunsch von den Augen ab und war sogar so rücksichtsvoll, das Haus zu verlassen und sich auf eigene Faust nach einem Sinn umzusehen, wenn ich mal allein sein wollte. Es war herrlich. Aber dann hat ihn so ein unseliger Fernsehfuzzi in einem Café entdeckt und ihm eingeredet, er müsse unbedingt vor die Kamera. Rückwirkend betrachtet ein schwarzer Tag, denn seitdem ist nichts mehr so, wie es einmal war.

Christian ist sehr oft weg, hat unausstehliche Menschen um sich, benimmt sich manchmal so, als ob er hinter jeder Ecke ein kreischendes Publikum erwartet. Ich sage Ihnen, das kann ganz schön nerven; da spaziert man gerade durch den Wald, und plötzlich breitet der Typ neben Ihnen die Arme aus und sagt: »Hallo und herzlich willkommen, meine sehr verehrten Damen und Herren ...«

Jahrelang ging das so, bis ich derart mürbe war, dass ich wieder bei dem Chinesen vorstellig wurde und ihn energisch bat, mit einer Lösung für diesen Irrsinn rüberzukommen. Der Scheißkerl lächelte süffisant (Sie wissen schon, so wie diese neunmalklugen Figuren in irgendwelchen blöden Märchen, die immer schon wissen, was passieren wird) und fragte mich, ob ich wirklich nichts mehr mit alldem zu tun haben wolle. Ich hätte es doch so sehr gewollt.

Und dann passierte etwas Seltsames. Eigentlich hätte ich mir gewünscht, den Mann wiederzubekommen, der vor Jahren vor meiner Tür gestanden hatte, mit denselben wunderbaren Eigenschaften, von Beruf allerdings Buchhändler. Doch während Christian Clerici der Medienmensch blieb, war *ich* nun nicht mehr da. Wie die Frau von Columbo.

Mittlerweile fragen sich schon viele: Wer ist diese Frau, von der Christian immer schwärmt, die ihm angeblich eine intelligente, wunderschöne, verständnisvolle, sensible, kräftige, unerschrockene, vorausschauende, anmutige, humorvolle, verführerische, geheimnisvolle, bezaubernde Partnerin ist?

Tja, Wiebke, das Schicksal ist schon eine launige Gesellin, irgendwie weiblich ... Oh, ich muss aufhören, da kommt gerade Christian Clerici, und er kann doch so aufbrausend sein ... Wenn er herausfindet, dass wir uns schreiben und ich so getan habe, als wäre ich er ... nicht auszudenken ... ich muss jetzt wirklich Schluss machen ...

Von: Wiebke Lorenz – **An:** Christian Clerici
Gesendet: Montag, 25. Januar 2010 12:59
Betreff: AW: Re: Presseball und Fanpost

Liebe Marion,
um Gottes willen, bringen Sie sich meinetwegen bloß nicht in Gefahr! Nicht auszudenken, was passieren könnte, wenn unser kleines Geheimnis entdeckt würde. Ich hatte bei Christian Clerici gleich so ein Gefühl, dass mit dem Mann etwas nicht stimmt. Danke, dass Sie mir nun die Wahrheit anvertraut haben, sie ist bei mir in besten Händen.

Moment, das Telefon klingelt ... Ah, das Showressort der BILD-Zeitung ...

So, da bin ich wieder, musste denen nur eben mal was durchdiktieren. Ich kann Sie gut verstehen, liebe Marion. Welch ein schreckliches Schicksal Ihnen widerfahren ist! Dieser traumhafte Mann, und dann wird er durch die Medien vollkommen verdorben. Ich kenn das: Ich habe mich mal eine Weile mit einem Schauspieler getroffen. Schrecklich war das, in jedem Café, im Supermarkt, im Kino blickte er aufmerksamkeitsheischend um sich und raunte mir zu: »Ich glaube, die da eben hat mich erkannt, die hat mich so auffordernd angesehen.« Darauf ich: »Schatz, das war die Kassiererin, die darauf gewartet hat, dass du unsere Einkäufe bezahlst.« Doch eines Tages waren wir in einer Buchhandlung; ich bezahlte mit EC-Karte, und die Verkäuferin fragte: »Entschuldigen Sie, sind Sie *die* Wiebke Lorenz? Die Schriftstellerin?« Damit war das Ende unserer Beziehung besiegelt ...

Trotzdem hätte ich gern die Kontaktdaten von Tläumweida. Vielleicht habe ich ja mehr Glück als Sie, wenn ich den Traummann einfach im Keller einschließe. Oder haben Sie schon einmal davon gehört, dass ein Kellerbewohner vom Fernsehen entdeckt worden wäre? Also, liebe Marion, schicken Sie den Kontakt, bitte, denn ich bin in der Tat ausreichend verzweifelt. Und geben Sie acht auf sich, ja? Versprechen Sie mir das?

So, Herr Clerici, jetzt mal wieder ernsthaft. Ernsthaft, ernsthaft,

ernsthaft. Ernsthaft? Hm. Da fällt mir gerade nichts ein. Ich habe Hunger. Aber der Kühlschrank ist leer. Und draußen ist es saukalt. *Das* sind doch mal Probleme!

Liebsten Gruß
Wiebke

PS Ach, Mist, ich habe es *schon wieder* getan, das böse Wort »Keller« geschrieben! Können Sie darüber hinwegsehen? Und mir vielleicht stattdessen endlich mal Ihre Sockentheorie erläutern? Das klingt nach einer überaus spannenden Thematik ...

Von: Christian Clerici – **An:** Wiebke Lorenz
Gesendet: Dienstag, 26. Januar 2010 17:34
Betreff: Socken

Liebe Wiebke,
über die Verschwörung der Socken ist viel gesagt und geschrieben worden. Vermutlich weil alle Menschen, zumindest dort, wo Waschmaschinen zum Einsatz kommen, das gleiche Problem haben. Die Dinger verschwinden nicht etwa paarweise, sondern verdrücken sich einzeln und hinterlassen eine zwiespältige Problematik. Da ist zum einen die zurückgebliebene Socke, einsam, weil der Partner fehlt, unbrauchbar, weil nicht mit anderen Artgenossen kombinierbar, lästig, weil man noch so ordentlich sein kann, eine einzelne Socke bleibt immer liegen, schließlich könnte die zweite ja wieder auftauchen, und dann darf der Wiedervereinigung nichts im Wege stehen. Zum anderen ist da die simple Frage: *Wo* steckt die andere? Wohin ist sie verschwunden? Was hat sie dazu veranlasst?

Ich für meinen Teil habe mit dieser Art von Ärger Frieden geschlossen und mir 1000 Paar gleiche Socken auf Lager gelegt. Sollte es also eine geheime Botschaft der Socken geben, so habe *ich* sie nicht verstanden. Von mir aus sollen sie machen, was sie wollen. Das macht ja sowieso alles im Universum. Ich bin frei vom Kommen und

Gehen der Socken und kann mich in stillen Stunden ganz und gar den Spekulationen hingeben, wo die verschwundenen Exemplare landen.

Ich mache mich jetzt auf die Socken und gehe meiner Wege. Vielleicht später mehr. Vielleicht auch nicht. Falls Sie sich schon vollständig von Ihren Eskapaden des Presseballs erholt haben, grüßen Sie die 1000 Russen von mir ...

Von: Wiebke Lorenz – **An:** Christian Clerici
Gesendet: Dienstag, 26. Januar 2010 18:44
Betreff: Re: Socken

Große Antworten ... kommen morgen. Muss leider schon wieder zu einer wichtigen Abendveranstaltung. Hach, schrecklich dieses Society-Leben, dabei sehne ich mich doch im Innersten nach stiller Kontemplation ...

Von: Christian Clerici – **An:** Wiebke Lorenz
Gesendet: Donnerstag, 28. Januar 2010 18:15
Betreff: Große Antworten?

Liebe Frau Lorenz,
Ihre letzte vollmundige Androhung, es würden große Antworten folgen, habe ich zur Kenntnis genommen, bin mir aber in Anbetracht Ihrer Ankündigung, eine weitere Abendveranstaltung zu besuchen, sicher, dass Sie vermutlich wieder in taumelndem Exzess die Schwerkraft herausfordern und – gestützt oder auch fallen gelassen – kaum vor Ende dieser Woche wieder in der Lage sein werden, einen geraden Satz zu schreiben. Was war es denn diesmal, Wiebke? Ein Themenabend in der Flora? Eine Matrosenparty in der Speicherstadt? Oder gar ein Benefizrodeo für Hagenbecks Tierpark?

Wie auch immer, Hauptsache, es geht Ihnen gut, und Sie sammeln bereits frische Kräfte, um wieder aus der Rolle zu fallen. Oder sind Sie indisponiert?

Von: Wiebke Lorenz – **An:** Christian Clerici
Gesendet: Freitag, 29. Januar 2010 14:40
Betreff: Indisponiert

Lieber Christian,
Sie haben recht, Frau Lorenz ist indisponiert. Was allerdings *nicht* an der Abendveranstaltung liegt. Es war übrigens eine Firmeneinweihungsfeier und ich schon um 22 Uhr zurück auf meinem Sofa. Da sind Sie platt, nicht wahr? Die Lorenz um zehn zu Hause, vollkommen nüchtern und bei sich. Ja, ich habe mir auch kurz Sorgen gemacht, denke aber, das geht ausnahmsweise in Ordnung.

Jedenfalls, nein, diesmal sind es ganz andere Dinge, die mich vom Schreiben abhalten: mein neues Notebook, an dem ich seit Tagen rumfummle, um alles zu installieren. Das waren noch Zeiten, als sich mein Mann um so etwas gekümmert hat ... Dabei fällt mir ein: Die Rechnungseingänge hat er auch immer kontrolliert sowie meine Steuererklärung gemacht.

Das war – genau genommen – überhaupt der Grund für unsere Heirat. Denn als er mir den Antrag machte, fragte er nicht: »Willst du meine Frau werden?«, sondern: »Willst du, dass ich bis ans Ende deiner Tage deine Buchhaltung mache?« Mal ehrlich, wer hätte da schon »Nein« gesagt??? Tja, seit der Trennung versinke ich nun im Chaos, die Technik läuft nicht, die Konten sind leer.

Also, Herr Clerici, jetzt legen Sie endlich mal los, Mann! Wo ist denn nun der tolle blonde dickleibige Sexgott, der nebenbei meine Finanzen regelt? Ich warte!!!! Sonst sind Sie selbst schuld, wenn ich nur noch so selten und so kurz maile, jawohl, das haben *Sie* sich zuzuschreiben, Sie unzuverlässiger Österreicher! Ich sach ja immer, die Wiener, alle gleich, alle in einen Sack stecken und draufhauen, die sind halt nicht aus dem gleichen Holz geschnitzt wie wir Preußen, wir wissen nämlich, wo es langgeht, nix hier mit südlichem Laissez-faire (Laisser-Faire? Woher soll ich das wissen, ich bin Künstlerin und hab für so ein Pillepalle wie korrekte Orthografie keine Zeit) ... Huppila. Jetzt hatte ich mich aber gerade in Rage geschrieben. Ist ja auch kein Wunder, wenn man hier mit drei

Computern sitzt und versucht, die Systeme aufeinander abzustimmen. Da kann man schon mal kurz ausflippen, nicht wahr, lieber Christian?

Von: Wiebke Lorenz – **An:** Christian Clerici
Gesendet: Sonntag, 31. Januar 2010 20:36
Betreff: BOMBEN AUF BILL GATES!!!!

Mehr sag ich dazu nicht. Vista blockiert Office XP, Testversion Office 2007 läuft auch nicht, Service Pack 1, 2 oder 3 wird verlangt, ich habe keine Ahnung und bin seit Tagen nur in Computerforen unterwegs ... grrrrr ... aaaaaaahhhh ...

Von: Christian Clerici – **An:** Wiebke Lorenz
Gesendet: Dienstag, 2. Februar 2010 10:58
Betreff: Re: BOMBEN AUF BILL GATES!!!!

Frau Lorenz,
Sie haben mein ungeteiltes Mitleid. Natürlich können Sie sich davon nichts kaufen, aber das sollen Sie ja auch nicht, denn Sie haben ohnedies schon genug sinnloses Geld für einen PC ausgegeben. Hätten Sie sich dem Thema Computer doch lieber ganzheitlich gewidmet und in einen gesunden Apfel investiert.

Hach, was hätten Sie da jetzt für einen Spaß! Sie könnten sogar in einem PDF-Dokument herumfummeln und den Text meinetwegen in Kyrillisch umwandeln. Und Sie könnten Ihren lieben Freund Clerici jederzeit um Rat fragen, denn der weiß Bescheid über elektronisches Obst.

Nicht ärgern, Wiebke, heben Sie sich das für unser nächstes Kolumnenthema auf.

Liebe Grüße
Christian

Von: Wiebke Lorenz – **An:** Christian Clerici
Gesendet: Dienstag, 2. Februar 2010 11:07
Betreff: AW: Re: BOMBEN AUF BILL GATES!!!!

Ich ärgere mich ja gar nicht. Überhaupt nicht ärgere ich mich. Ärgern? Niemals. Ha. Ich, und mich ärgern ... sicher nicht.

Raaahhhhwahhhhwiebke

Von: Christian Clerici – **An:** Wiebke Lorenz
Gesendet: Dienstag, 9. Februar 2010 02:08
Betreff: Bedenklicher Befund

Da bin ich gerade mal für einen Kurzbesuch aus Spanien zurück und schon in der Röntgenabteilung meines Vertrauens. Nein, Wiebke, ich habe *nicht* vor einer feministischen Kampfabordnung Männerwitze erzählt und so auf die Fresse bekommen, dass man überlegt, ob die Entfernung des Schlagringes aus meinem Hinterkopf Spätfolgen bedingen könnte, ich tat etwas noch viel Sinnloseres: Ski fahren.

In meiner Eigenschaft als Abenteurer vom Dienst bin ich am Samstag schnell mal wieder ein Charity-Skirennen gefahren, denn man kann ja in so eine Woche Heimaufenthalt neben ein paar Drehtagen, dem Gang zum Steuerberater, einem halben Dutzend Terminen und noch so ein paar Sachen, die sich in monetelanger Abwesenheit ansammeln, auch etwas richtig Sinnloses hineinpacken. Der Koautor stürzt, ganz unspektakulär, spürt ein Stichlein im Knie und denkt sich nix Arges.

Mittlerweile weiß der Koautor, dass richtiger Ärger im unterentwickeltsten Gelenk des Körpers nicht besonders schmerzen muss, aber recht langwierige Konsequenzen hat. Kreuzband ab, Meniskus durch, Knorpel gesplittert und noch ein paar Kleinigkeiten, die keine Sau aussprechen kann. Morgen geht es trotzdem wieder nach Spanien. Sie können mich bemitleiden, müssen aber nicht.

Christian

Von: Wiebke Lorenz – **An:** Christian Clerici
Gesendet: Dienstag, 9. Februar 2010 14:22
Betreff: Mitleid

Mein lieber Christian,
ich bemitleide Sie, sogar sehr – denn spätestens seit den »kranken Männern« wissen Sie ja, dass ich weiß, wie man mit einem Mann in suboptimalem gesundheitlichem Zustand umgeht. Von daher: Ooooch, puste, pust! Nein, ernsthaft, das ist natürlich großer Mist. Allerdings: Vielleicht sollten Sie doch mal überlegen, ob Sie in Ihrem hohen Alter nicht aufhören sollten ... Nein, okay, ich lasse meine Frechheiten, die sind jetzt wirklich nicht angebracht. Stattdessen gebe ich Ihnen die Möglichkeit, Ihren Frust an anderer Stelle zu kompensieren: Beim nächsten Cosmo-Thema. Titel: »Wer sieht im Sommer besser aus, Männer oder Frauen?« Tja, was meinen Sie dazu, Herr Clerici? Hier schon einmal das, was ich so meine:

Wer sieht im Sommer besser aus, Männer oder Frauen?
Für Sie als Mann, Herr Clerici, muss der Sommer ein recht trauriges Thema sein. Zumindest in modischer Hinsicht. Denn während wir Frauen bereits beim Aufblitzen der ersten Sonnenstrahlen in luftige Kleidchen schlüpfen, die unsere grazilen Körper umschmeicheln und unsere makellosen Beine zeigen, wobei wir die zierlichen und selbstverständlich perfekt pedikürten Füßchen in verführerischen Highheel-Sandaletten zur Geltung bringen und uns in der Gewissheit sonnen, dass wir jedem Kerl den Kopf verdrehen, haben Sie und Ihre Artgenossen keine wirkliche Auswahl bezüglich leichter Sommerbekleidung. Jedenfalls, wenn MANN Wert auf eine gewisse Würde legt. Ein kurzärmeliges Hemd, meinetwegen, das lasse ich noch durchgehen. Aber ansonsten sollten die Herren der Schöpfung nach Abschluss der Pubertät aus rein ästhetischen Gründen alles bedecken, was eben nicht so ansehnlich ist wie bei dem von Natur aus schöneren Geschlecht. Wir wollen das alles nicht: blasse, haarige Beine, die in khakifarbenen Bermudas stecken, verschwitzte Achseln unterm lustigen Animal-Print-T-Shirt,

riesige Quadratlatschen in praktischen Trecking-Sandalen mit Klettverschluss (schlimmer nur, wer seine krummen Zehen deshalb erst in Socken – besser noch: Strümpfen! – versteckt). Nein, das ist in der Tat völlig würdelos und höchstens noch der Altersgruppe Ü 80 auf Mallorca erlaubt. Aber keine Sorge, Christian: Der nächste Winter kommt bestimmt! Bis dahin legen Sie sich halt einen Ventilator zu ...

Also, schlagen Sie ruhig zu, Knie Clerici wird sich dabei sicher schon viel besser fühlen!

Von: Christian Clerici – **An:** Wiebke Lorenz
Gesendet: Mittwoch, 10. Februar 2010 10:01
Betreff: Re: Mitleid

Moin, moin, Frau Lorenz,
ach, wissen Sie, Sie haben recht, ich brauche Ihr Mitleid nicht, denn wie ich eben im Internet las, sind Sie da oben kurz davor, die ersten Eisbären zu sichten, die sich ob der anhaltenden Schneemassen überlegt haben, dass Norddeutschland ein ganz schöner Lebensraum für sie sein könnte ...

Ich hingegen, den Blick aufs Meer gerichtet, hänge hier so beim Frühstück meinen Gedanken nach und kaue auf dem soeben mit zusammengezwickten Augen Gelesenen herum. Zusammengezwickt, weil die Sonne schon solche Kraft hat, dass sich ein Laptopbildschirm dagegen ausnimmt wie eine Petroleumfunzel. Und sobald ich noch ein kleines Nickerchen auf der Terrasse gehalten habe, werde ich tun, worum Sie mich baten: zurückschlagen. Aber so was von! Ziehen Sie sich schon mal warm an. Ach so, Verzeihung, das sind Sie ja wahrscheinlich schon.

Meinem Knie geht es übrigens besser! Ich war nach einer durchwachten Nacht gestern um 7.00 Uhr bei einem Superguru der Sportorthopädie, und der hat, o welch Erleichterung, die Diagnose der Radiologin zu zwei Dritteln entkräftet. Um genau zu sein, er sagte:

»Die Kollegin kenne ich ... Sehr übergenau und sehr unerfahren.« Das nennt man Wiener Charme, wenn es eigentlich heißen müsste: Die blöde Sau hat keine Ahnung! Jedenfalls habe ich weder irgendwelche Knochenabsplitterungen, noch sind Seitenbänder eingerissen, der Schaden am Meniskus ist alt, nur das Kreuzband, ja, das hat was abbekommen, scheint aber noch mit ein paar Fasern zu halten.

Ich trage jetzt eine sogenannte Orthese, das ist so eine Art Terminatorausrüstung, und habe eine Fiftyfifty-Chance, bei guter Führung mit dem Schock davonzukommen. Irgendwann wird man das blöde Gelenk wohl sanieren müssen, aber Sie wissen ja, wie das ist: Irgendwann ist eben irgendwann ...

Wer sieht im Sommer besser aus, Männer oder Frauen?

Frau Lorenz, wissen Sie, warum ich auch den Winter liebe? Wegen der bodenlangen wattierten Daunenjacke, die es ideal versteht, all das an Frauen zu bedecken, was Sie in Ihrer herzigen Fantasie so rührend beschreiben. Kaum fällt dieses praktische Kleidungsstück nämlich unter dem Eindruck steigender Temperaturen, kann man Frauen zwar wieder als solche erkennen, nur entspricht das Bild halt in den seltensten Fällen Ihrer Darstellung. Ich habe als Mann nichts von einem Sommer, in dem Frauen GLAUBEN, so auszusehen, wie Sie gerne wären, liebe Wiebke. Wir brauchen, da gebe ich Ihnen recht, nicht über Herrensandalen zu diskutieren, auch Cabrios finde ich an Männern ausgesprochen lächerlich. Ebenso beeindruckt es die Ladies nicht besonders, wenn Männer in der sommerlichen Hitze ihre Alkoholverträglichkeit überschätzen und samt Hawaiihemd in die Alster fallen. Aber haben Sie schon einmal einen durchtrainierten, definierten, braun gebrannten, gepflegten Männerkörper aus einem weißen Hemd mit hohem Kragen (zwei Knöpfe offen) geschält und sich mit der bodenlangen ausgestellten G-Star-Hose noch etwas Zeit gelassen, weil der Bund so tief auf den schmalen, markanten Hüften liegt, dass Sie diesen Moment auskosten wollen? Entschuldigung, blöde Frage, Frau Lorenz, ich vergaß, Sie leben ja in einer Märchenwelt. Und was hätten solche Männer dort schon verloren?

Von: Wiebke Lorenz – **An:** Christian Clerici
Gesendet: Sonntag, 21. Februar 2010 14:00
Betreff: Reeperbahn

Herr Clerici,
ich muss jetzt mal ein bisschen angeben: Gestern Abend war ganz, ganz großes Tennis. Eine Freundin von mir feierte auf dem Kiez in ihren Geburtstag hinein, und obwohl ich erst gar keine Lust hatte, hinzugehen, landete ich schließlich morgens um halb sechs wieder bei mir zu Hause. Es war eine fantastische Nacht, wir hatten Spaß ohne Ende, und ich wurde von einem 23-Jährigen angeschwärmt, der mich für Mitte 20 hielt.

Ja, Mitte 20!!! Okay, als ich dann mein wahres Alter verriet, wurde das Bürschlein kurz mal blass und verlangte, meinen Perso zu sehen. Den hatte ich aber nicht dabei, und so beharrte er darauf, ich würde ihn anlügen. Gut, im »Ex-Sparr« war's etwas dunkel ...

Leider habe ich von meinem gestrigen Verehrer kein Foto gemacht, aber so schmeichelhaft das Ganze auch ist, Ihre Kommentare möchte ich mir nicht mal *vorstellen*, wenn ich Ihnen das Bild eines Teenagers schicke. Nein, das lasse ich lieber, so richtig ernsthaft habe ich den Jungen ohnehin nicht in Betracht gezogen. Ich bleibe jedoch dran! Irgendwann finde ich schon einen, der uns *beiden* gefällt. Und wenn nicht, muss ich halt doch zu Ihnen nach Wien übersiedeln, damit wir uns dort umsehen. Aber das wird kein Problem sein, seit gestern Nacht liegt mir schließlich die Welt zu Füßen!

Von: Christian Clerici – **An:** Wiebke Lorenz
Gesendet: Sonntag, 21. Februar 2010 19:58
Betreff: Re: Reeperbahn

Heyho, Wiebke, dieser beschwingte Unterton in Ihren Zeilen, wie schön!! Nein, wirklich, es freut mich zu hören, dass Sie eine spontane, unterhaltsame Nacht auf dem Kiez hatten, denn ich weiß genau, wovon Sie sprechen. So lange ist das noch gar nicht her bei mir. Während der Dreharbeiten zu »Mein Restaurant« hat mich der Mälzer Tim überredet, ihm doch ins bunte Treiben im Dunstkreis der Reeperbahn zu folgen, mich in eine Burlesque-Bar geschleppt, mich mit Bier abgefüllt, tja, und dann war's um mich geschehen. Am frühen Morgen hatte ich Blasen an den Händen vom Tischfußballspielen mit wildfremden Menschen, ordentlich einen in der Krone und das gute Gefühl, mein Leben faktisch wieder um einige Tage verkürzt zu haben.

Andererseits habe ich mich auch jünger gefühlt, denn so eine durchgemachte Nacht gibt einem ja subjektiv das Gefühl, unsterblich zu sein, was auch die Vermutung nahelegt, dass viele in unserem, Verzeihung, meinem Alter förmlich danach gieren, das Morgengrauen zu sehen und als Aufbruch in ein neues Leben zu deuten. Die Kopfschmerzen danach sind es wahrscheinlich, die einem den Widerspruch dieser Erkenntnis und die eigenen Grenzen bewusst machen, aber wenn die kommen, ist es ja meistens schon früher Nachmittag, und das Spiel beginnt von vorne.

Zu Ihrem Erlebnis mit der holden Jugend: Da will mir nichts Kritisches einfallen. Viele ältere Frauen haben junge Liebhaber und kommen damit blendend zurecht. Sagt zumindest meine Frau – und als ich neulich fragte, woher sie das so genau wisse, hat sie einfach den Kopf geschüttelt und den Hund gefüttert. Dabei sind weder meine Frau noch Sie, Frau Lorenz, nur annähernd ältere Frauen, ganz im Gegenteil. Es wundert mich also nicht, Sie von einem jugendlichen Bewunderer schwärmen zu hören. Ich freue mich sogar richtig, denn wenn Sie was mit so einem anfangen, wird Ihre gute Laune, Ihre Energie, Ihre Lebenslust und Ihre Schreibfreude unendlich sein, aus jeder Ihrer Zeilen wird der Schalk springen, mein Zwerchfell wird knapp vor dem Zerreißen stehen, meine Lachfalten einen Mops ein aalglattes Wesen schimpfen. Bravo. Ich bin stolz auf Sie! Gehen Sie ruhig forsch ran, und lassen Sie nichts anbrennen. Los, Wiebke, was hängen Sie denn immer noch auf dem Sofa rum? Schwingen Sie Ihre jugendlichen Keulen ins Bad, ein bisschen Make-up drauf und zack auf die Piste!

Nur eines macht mich stutzig: Dieses Beharren darauf, Ihren Ausweis sehen zu wollen. Sind Sie sicher, dass Sie nicht zufällig in eine Razzia geraten sind, das Ganze irrtümlich für eine Performance von Straßenkünstlern hielten und Ihr jugendlicher Verehrer in Wirklichkeit Kriminalhauptkommissar Kabunke ist, der, gerade vom Cluburlaub in der Domrep zurück, besser aussah als für gewöhnlich?

Von: Wiebke Lorenz – **An:** Christian Clerici
Gesendet: Sonntag, 21. Februar 2010 23:47
Betreff: AW: Re: Reeperbahn

Jau, lieber Christian, mit einer Sache haben Sie natürlich recht: Ich hatte mich auch schon gewundert, warum der Knabe auf einmal eine Leibesvisitation bei mir vornehmen wollte, schob es aber bis zu Ihrer Mail auf die Unwiderstehlichkeit meines elfengleichen Wesens, dass er da gleich mal Hand anlegen musste. Möglicherweise liegen Sie mit Ihrer Theorie vom Zivilfahnder gar nicht falsch, was mich natürlich sofort wieder in eine Sinnkrise stürzt ...

Jetzt muss ich ins Bett, die Nacht und die Leibesvisitation stecken mir noch in den Knochen.

Wenn ich mich demnächst doch nicht nach Wien absetzen sollte, kommen Sie gefälligst nach Hamburg. Dann treiben wir uns nachts auf dem Kiez rum, spielen die ganzen Besoffskis beim Tischfußball unter eben jenen Tisch und behaupten, wir seien eineiige Zwillinge im Alter von 17 und 24 (es war eine längere Geburt).

Von: Wiebke Lorenz – **An:** Christian Clerici
Gesendet: Dienstag, 16. März 2010 18:16
Betreff: Buchmesse & Boltenhagen

Huhu, Herr Clerici,
schon wieder ist so viel Zeit vergangen, ich weiß auch nicht, wo sie immer bleibt. Jedenfalls wollte ich Sie nur darüber informieren,

dass der Zivilfahnder nicht wieder aufgetaucht ist, um mich festzunehmen. Irgendwie dann doch schade ...

Jetzt muss ich mal wieder Socken waschen, meinen Bikini bügeln und am Donnerstag den Computer ins Auto werfen, denn es geht erst einmal zur Leipziger Buchmesse und im Anschluss – wieder mit meiner Schwester – in die Schreibklausur. Diesmal nach Boltenhagen ... Ist das nicht aufregend? Aber immerhin: Meine Schwester hat mir diesmal einen Internetzugang erlaubt, sodass unsere Kommunikation nicht erlahmen wird. Und falls doch, so liegt es jedenfalls nicht am fehlenden Netz ...

Es grüßt:
die Literaturnobelpreisträgerin

PS Freitag ist doch auch die Wok-WM, oder? Immer schön aufpassen, Sie werden hier noch gebraucht! Ich werd's mir dann im Hotel angucken und erwarte, dass Sie alle in Grund und Boden wokken!

Von: Christian Clerici – **An:** Wiebke Lorenz
Gesendet: Dienstag, 16. März 2010 18:27
Betreff: Re: Buchmesse & Boltenhagen

Wakkawokka, Frau Lorenz,
Boltenhagen, das ist ja super! Ich habe im Guide Moulin Rouge nachgeschaut und, hallo!, das Unterhaltungsprogramm dort soll ja erste Sahne sein. Ein Abend ist besonders empfehlenswert: Da tanzen zwei Schwestern im Dorfgasthaus auf dem Tresen und zerreißen Telefonbücher.

Wenn Sie Ihren Computer ins Auto werfen, achten Sie bitte darauf, dass die gegenüberliegende Tür geschlossen ist, sonst können Sie das Ding gleich auf den Boden schmeißen. Im Wok werde ich mein Bestes geben und ebenso auf mich achten. Wichtig ist, den Raab zu demütigen, alles andere ist zweitrangig.

Von: Wiebke Lorenz – **An:** Christian Clerici
Gesendet: Donnerstag, 18. März 2010 20:11
Betreff: Viel Glück ...

... beim Kwollifaing! Geben Sie alles, demütigen Sie den Raab!

Aktuelle Stimmung in Leipzig: Füße tun weh (den gesamten Tag auf hohen neuen Hacken über die Messe zu laufen, war vermutlich keine so gute Idee), der Kopf auch, Mutti und Oma sind aus Lübeck zu Besuch und nerven. Von daher: Alles prima!

Nachher vorm TV sitzend:
Wiebke

Von: Wiebke Lorenz – **An:** Christian Clerici
Gesendet: Sonntag, 21. März 2010 12:03
Betreff: Wir müssen reden!

Ein ernstes Wort, Herr Clerici:
Gestern Abend saßen wir nun alle gebannt vorm Fernseher. Wir, das waren neben meiner Wenigkeit meine Schwester Frauke, meine Mama Dagmar, Tante Inge und Oma Brunhilde. Alle traut vereint in unserem schönen Leipziger Hotel.

Ich kürze das mal ab, lieber Christian: Wären Sie wohl so freundlich, als mein Ko-Kolumnenautor nur noch an Aktivitäten wie Hallen-Halma oder Socken-Weitwurf teilzunehmen? Da wäre ich Ihnen sehr dankbar, es schreibt sich doch so schlecht mit gebrochenem Genick ... Mannomann, ich hab echt einen richtigen Schrecken bekommen, vor allem, als Sie sich im Eiskanal plötzlich drehten und rückwärts durch die Gegend schossen. Wobei: Oma Brunhilde hat's gefallen, sie juchzte und jubelte und stellte zwischendurch fest, dass Sie, Herr Clerici, so aussehen wie ihr verblichener Egon, Gott hab ihn selig, in jungen Jahren. Nun ja, ich habe an meinen Großvater eine etwas andere Erinnerung, aber ich habe ihn ja auch noch nie in einer asiatischen Bratpfanne gesehen.

Also, ich hoffe, Sie haben keine schlimmen Prellungen und Ihre Finger funktionieren noch einwandfrei!

Morgen geht's Richtung Boltenhagen, Mutti und Omi kommen gleich mit, denn sie haben ja »sowieso viel Zeit« und wollen uns »ein bisschen Gesellschaft leisten«, wobei mir noch ein wenig schleierhaft ist, wozu man bei einer Arbeitswoche wohl Gesellschaft gebrauchen kann ...

Von: Christian Clerici – **An:** Wiebke Lorenz
Gesendet: Montag, 22. März 2010 20:00
Betreff: Re: Wir müssen reden

Danke für Ihre freundlichen Wünsche, Frau Lorenz, aber von einer Demütigung des Raabs war das heute leider weit entfernt. Ich denke, das hat daran gelegen, dass ich just in dem Moment, als ich beim Qualifying den Schanzentisch für den unvermeidlichen, dafür aber umso idiotischeren Sprung ins lauwarme Becken erreichte, an Leipzig und Boltenhagen dachte und sich mir der Magen umdrehte. Nun ist mein Magen recht groß, muss er sein, denn nicht selten haben mich Freunde und auch meine Frau als Fresssack bezeichnet. Sie können sich also sicher lebhaft vorstellen, was sich da so abspielt, wenn sich ausgerechnet der Verdauungstrakt im Fluge dreht: Es folgt der ganze Körper, und das wiederum führt zu vollkommen unzureichenden Weiten. Vielleicht aber lag die eher bescheidene Performance auch daran, dass ich mit zunehmendem Alter weniger sprunghaft werde und gar nicht mit dem gebotenen Ehrgeiz zu Gange war.

Spannend aber war die Aftershowparty nach dem Qualifying, auf der jeder die neuen Kniffe der Konkurrenz zu ergründen versuchte, indem eine Getränke-Einladung nach der anderen ausgesprochen wurde. Ich bin zwar nicht blöd, war jedoch sehr durstig an diesem Abend und befand mich flugs in einem jener Zustände, von denen Sie oft so hingebungsvoll berichten, wenn es Sie bei Ihrer verzweifelten Suche nach dem rechten Mann auf die Reeperbahn oder in deren Seitenarme verschlagen hat. Maßgeblich beteiligt an diesem Unterfangen war wieder einmal Richter Alexander Hold, The Judge, wie ich ihn gerne nenne, der, obwohl in meinem Team, darauf achtete, dass ich stets gut mit Getränken versorgt war. Jo mei, was soll ich sagen, irgendwann war's richtig spät – und wie heißt es so schön: Wenn Werner Brösel wankt, ist es höchste Zeit, denn viel kann dann von der Nacht nicht mehr übrig sein.

Zum eigentlichen Rennen am Freitag: Es stimmt mich geradezu euphorisch, der Gedanke, Sie und Ihre ganze Familie vor dem Fernseher sitzen zu wissen, in gebannter und gleichwohl verzweifelter Konzentration, die Reinkarnation des seligen Egon verfolgend, der sich todesmutig den Eiskanal hinunterstürzt und dabei weder die Welt rettet noch einen Koffer voll Geld gewinnt. Das ist eben die Selbstlosigkeit der Todesmutigen, das Credo der letzten Helden dieser Welt, das Schicksal der Furchtlosen, das Brot des Abenteurers, die Radkappe am linken Rad des Lebenswagens, der leicht klebrige Film der Versuchung, wie man ihn nur von den karierten Wachstischdecken der Schullandheime kennt.

Ihrer Oma Brunhilde möchte ich ein ganzes Weltreich zu Füßen legen für Ihren Enthusiasmus und den Jubel, mir war auch so, als ob ich ein wenig davon durch den Äther vernehmen konnte, leicht verzerrt, tausendmal gebrochen an den gekrümmten Wänden der Zeit, von Leipzig über Boltenhagen nach Winterberg geschickt, mit der telepathischen Kraft des Alters, weise und gleichzeitig getragen von nostalgischem Überschwang. Egon, Egon, ja, der war ich für einen Augenblick, und ganz egal, wie Sie ihn in Erinnerung haben, ich kann Ihnen sagen: An diesem Tag war er noch einmal so jung und kräftig wie damals, als er ... als er ... na ja, egal.

Jedenfalls war Egon diesmal nicht sehr zufrieden mit seiner Leistung – und ganz ehrlich: Mit fast 100 Sachen verkehrt herum hinunterzudonnern, ist nicht besonders beruhigend. Kein Wunder, dass dieses Trauma ausgiebig aufgearbeitet werden musste. Afterhour, so nennt man im Fachjargon die Zeit nach der Sendung. Tja, und plötzlich war es 7.00 Uhr morgens. Ich weiß zwar auch nicht mehr, worüber wir gelacht haben, aber es war offenbar sehr lustig. Ganz sicher war das so. Die Heimreise war ein Albtraum.

Von: Wiebke Lorenz – **An:** Christian Clerici
Gesendet: Sonntag, 28. März 2010 09:46
Betreff: Melde mich dienstbeflissen zurück aus dem Osten

Lieber Christian,
da bin ich wieder, zurück am heimischen Platze – welch ein Glück – und demnach zu allen Taten bereit. Und Sie?

Anonsten waren wir in Boltenhagen mittelmäßig erfolgreich, aber die Kombination aus Mama, Oma und schlechtem Wetter war auch nur mittelmäßig inspirierend ... Nun ja, vielleicht fahren wir den nächsten Anne-Hertz ja gegen die Wand und haben in Zukunft auch ganz viel Zeit, um mit der Verwandtschaft zu verreisen!

Liebe Grüße
Wiebke

Von: Christian Clerici – **An:** Wiebke Lorenz
Gesendet: Sonntag, 28. März 2010 14:40
Betreff: Nachrichten aus der Reisschüssel

Verehrte Frau Lorenz,
schön, dass Sie wieder am Platze sind!

In der Zwischenzeit haben wir die erste Testfahrt mit unserem Rennauto in dieser Saison gemacht, und bis auf die Tatsache, dass eigentlich nichts wirklich gut funktionierte, passte alles perfekt. Ich konnte zwischen ein paar fetten Regentropfen und dem neuerlichen Ausfall der Servolenkung ein paar ordentliche Runden drehen und mich für einige Augenblicke wie ein Rennfahrerstar der 70er fühlen. Dann aber lud die Lichtmaschine nicht mehr, dann gingen die Bremsen nicht mehr, dann fing es an zu schneien, dann verloren wir die Lust.

Und ich habe Ihre launigen Zeilen vermisst, Frau Lorenz! Obwohl ich mir zwischendurch redlich Mühe gab, meiner beruflichen Korrespondenz einen lustigen Unterton zu geben, es war einfach nicht dasselbe, und an den Reaktionen der Empfänger meiner zum Teil offenbar unverständlichen Zeilen konnte ich deutlich erkennen, dass man mit dem Schlimmsten in Bezug auf meinen Geisteszustand rechnete.

Aber jetzt sind Sie ja wieder da, Wiebke, und, wie ich lese, ganz schön mitgenommen von Ihrer Klausur. Boltenhagen und die gesamte Familie ist vielleicht nicht die *beste* Basis für ein neues Buch. Die Oma im Ohrensessel, eine Wärmeflasche auf den Knien, ein Glas Doppelherz im Anschlag, bringt von hinten alle zehn Minuten einen Toast auf den schönen Egon im Eiskanal aus, im Nebenzimmer die Frau Mama, die sich über eine zehnbändige Ausgabe von »Kochen mit dem Wok. So gelingt's immer« hermacht und sich dabei vergnügt auf die Schenkel haut, und Schwester Frauke, die aufgrund des schlechten Wetters zickig wird und, statt zu schreiben, chinesische Schriftzeichen mit der Wachskreide ihrer Kinder an die Wand der Pension Aurora malt. Oder Hotel-Pension Bolte. Oder Haus Wagner.

Um hingegen an Plätze zu gelangen, Frau Lorenz, wo sich Handlungsstränge wie von selbst ergeben und das Wetter immer richtig ist, wo sich Wirklichkeit und Fiktion kunstvoll vermischen und so mancher Autor sein Lebenswerk in nur einer Woche verfasste, brauchen Sie nur ein paar Tropfen Vernacchia, ein gutes Stück Käse und die Inspiration einer lange Zigarette. Jaaaaahhhhhh, soooooohhhhh geeeeehhhht das. Ich weiß, es ist erst Mittag, aber es ist Sonntag, es ist Spanien – und ich werde jetzt ein Nachmittagsschläfchen machen.

Liebe Grüße!

Von: Wiebke Lorenz – **An:** Christian Clerici
Gesendet: Montag, 29. März 2010 11:22
Betreff: Re: Nachrichten aus der Reisschüssel

Guten Morgen!
Und? Haben Sie Ihren Rausch ausgeschlafen? Sie sollten sich was schämen, Herr Clerici, als Person des öffentlichen Lebens haben Sie

doch schließlich Vorbildfunktion und können sich nicht einfach am frühen Nachmittag irgendwelche legalen oder von mir aus auch illegalen Substanzen reinpfeifen. Nein, so geht das *nicht*. Ich muss jetzt zum Zahnarzt, weil mir in Boltenhagen eine Plombe rausgefallen ist. Da werde ich den Dentalfachmann meines Vertrauens auch gleich mal fragen, ob es nicht irgendwelche Mittelchen gibt, mit denen man sich *ohne* Gesundheitsgefährdung in Ihren gestrigen Zustand versetzen kann. Wenn ja, bringe ich einfach eine Wagenladung für Sie und Ihre Psychopathen auf den Weg.

Welch elegante Überleitung, um sich mal wieder zu erkundigen, was die Recherche macht? In Boltenhagen bin ich jedenfalls auch nicht fündig geworden. Und schon wieder steht ein trauriger Single-Sommer vor der Tür, ach, ich Arme ...

Von: Christian Clerici – **An:** Wiebke Lorenz
Gesendet: Donnerstag, 1. April 2010 15:18
Betreff: Endlich gefunden: Der Mann für Wiebke!!!

Wiebke, jetzt wird es ernst. Ich glaube, ich habe den Richtigen gefunden. Arthur ist schlicht großartig! Wiegt genug, um Ihnen zu gefallen, ist aber nicht so blad, wie man bei uns sagt, dass es schmerzen würde. Blond, klug, lustig, gebildet und beruflich unabhängig. Egal welches Foto ich ihm von Ihnen gezeigt habe, er sagte immer nur: Die will ich kennenlernen!

Ach ja, und heute ist der erste April.

Von: Wiebke Lorenz – **An:** Christian Clerici
Gesendet: Sonntag, 04. April 2010 10:13
Betreff: 1. April und Ostern

Frohe Ostern, lieber Herr Clerici!
Nein, ich gehe auf Ihren kleinen und überaus geschmacklosen Aprilscherz nicht weiter ein. Denn das ist gar nicht nötig. Während

Sie nämlich in Ihrer unfertigen Bruchbude in Spanien sitzen und langsam, aber sicher absaufen (in wohl *jeder* Beziehung), treibt sich Frau Lorenz dort herum, wo der Jetset zu Hause ist:

Gestern Abend hatte ich eine Einladung zur Live-Show von DSDS in Köln-Ossendorf. Jawohl, da war ich: ganz wichtig in der Presselounge mit Häppchen und Freigetränken (bei RTL weiß man, wie man mich zu behandeln hat).

Keine Ahnung, wann ich das letzte Mal eine derart große Ansammlung von Proleten und Ed-Hardy-Kappen gesehen habe, es war herzerwärmend. In welchen der Anwesenden sollte ich mich zuerst verlieben? Schließlich habe ich mich für den DSDS-Favoriten Menowin Fröhlich entschieden. Mit dem habe ich zwar kein einziges Wort gewechselt, aber vermutlich ist es ohnehin besser, wenn der die Klappe allerhöchstens zum Singen aufmacht.

Aber dieser Name! Christian, stellen Sie sich doch mal vor, wie das im Bett klingen muss, ein zärtlich geflüstertes »Meeeenoooowin«. Gut, im Rausch der Ekstase kann man bei so einem Namen auch mal durcheinanderkommen, und man landet bei »Weeeenomiiin«, »Ooomiiiwen« oder »Iiiiimoweeen«, aber ...

Jedenfalls war das eine putzige Veranstaltung, bei der das Publikum Transparente und Leuchstäbchen schwenkte, während die Kanditaten alles in ihrem Rahmen Mögliche gaben. Viel war das zwar nicht, aber für eine lahme Dieter-Bohlen-Platte wird's schon noch reichen. Wenn Sie jetzt, lieber Christian, einwenden möchten, dass Sie sich für so einen Trash einen *Scheiß* interessieren und ich Sie nicht immer zumüllen soll, dann sei Ihnen gesagt: Das war meine Rache für den 1. April.

Und damit zwischen uns mal wieder was Vernünftiges passiert, schreibe ich meinen Teil für das neue Cosmo-Thema: »Wie viel Eifersucht verträgt die Liebe?« Schade, dass es nicht um das Thema »Wie viel Boshaftigkeit verträgt eine E-Mail-Freundschaft?« geht. Dazu wäre ich jetzt irgendwie ziemlich in Fahrt ...

Wie viel Eifersucht verträgt die Liebe?

Bevor ich anfange, Phrasen zu dreschen (Sie wissen schon, Christian, die Sache mit der Eifersucht und der Leidenschaft, die mit Eifer sucht ...), möchte ich hier erneut aus meinem reichhaltigen Erfahrungsschatz als serielle Monogamistin schöpfen: Ich hatte mal einen Freund – ja, jetzt kommt wieder eine von DIESEN Geschichten –, der wollte dem Mann meiner Schwester bei deren Hochzeit eins auf die Schnauze hauen, weil mein Schwager mich im Überschwang der Gefühle umarmt hatte. Wenn wir mit Bekannten ins Kino gingen, zählte er mit, wie oft ich dem etwas ins Ohr flüsterte und wie oft einem anderen. Er wollte meinen Chefredakteur zur Rede stellen, wenn ich Überstunden machen musste, weil er der Überzeugung war, mein Boss wolle mich anbaggern. Zu guter Letzt brach er mit seinem besten Kumpel, weil der es gewagt hatte, mich zu einem Kaffee einzuladen. Danach habe ich Schluss gemacht. Was ich damit sagen will, Herr Clerici? Eifersucht ist für die Liebe in etwa so förderlich wie DSDS für eine echte Showkarriere. Eine Partnerschaft, die nicht auf gegenseitigem Vertrauen basiert, kann man gleich in die Tonne kloppen. Darüber hinaus haben meine eigenen statistischen Erhebungen ergeben, dass diejenigen, die übersteigert eifersüchtig sind, meist von sich auf andere schließen und selbst ganz gern betuppen. Nein, Herr Clerici, Eifersucht lohnt sich nicht, bei mir schon gar nicht. Denn ich pflege diese überaus altmodische Angewohnheit, eine Beziehung erst zu beenden, bevor ich eine neue beginne. Verrückt, oder?

Von: Christian Clerici – **An:** Wiebke Lorenz
Gesendet: Montag, 5. April 2010 15:18
Betreff: Re: 1. April und Ostern

Na, so verrückt nun auch wieder nicht, wenn man davon absieht, dass man erst mal eine Beziehung haben muss, um eine zu beenden. Aber heute will ich nicht wieder in Ihren Wunden stochern, Sie haben ja ohnedies schon genug zu ertragen. Im Gegenteil, ich habe gute Nachrichten. Also für mich zumindest: Ich komme nach Hamburg und laufe den Marathon. Vielleicht nutzen wir ja die Gelegenheit und lernen uns kennen? Oder vielleicht auch nicht, denn was nach einer Gelegenheit aussieht, könnte unter Umständen in einem Fiasko enden.

Aber wer weiß: Vielleicht habe ich ja einen Psychopaten mit im Gepäck ...

Wie viel Eifersucht verträgt die Liebe?
Ich bin überhaupt nicht eifersüchtig. Ich raste nur komplett aus, wenn meine Frau, sagen wir, in Thailand ist und ich tagelang nichts von ihr höre. Das liegt natürlich nur daran, dass ich mir Sorgen um ihr Wohlergehen mache, und hat keinesfalls etwas mit der Tatsache zu tun, sie im Kreise von gebräunten, schlanken, durchtrainierten Yogaafficionados zu wissen, die beschwingt von kühlen, alkoholhaltigen Getränken, bewusstseinserweitert und ohne auch nur einen Gedanken an morgen zu verschwenden, das Leben in vollen Zügen genießen und entsprechend entspannt und hintergründig sind. Außerdem braucht der Italiener in mir die Aufregung. Ich behalte sie aber, so gut ich kann, für mich, denn auf die Liebe wirkt Eifersucht, wie Sie richtig bemerkten, äußerst kontraproduktiv. Dass Sie mit Eifersucht nichts anfangen können, Frau Lorenz, liegt auf der Hand, ist Ihr Liebeslebenswandel ja hauptsächlich von Interessengemeinschaften geprägt. Da wäre Besitzanspruch irgendwie kokett. Einen Menschen, den man liebt, an einen anderen zu verlieren, ist nicht schön, Eifersucht jedoch wird an diesem Unheil ganz sicher nichts ändern. Es wäre ein Segen, wenn man das entsprechende Gen einfach abschalten könnte. Wenn das funktionierte, würde mir allerdings noch ein Dutzend anderer Erbfaktoren einfallen, die im Zusammenhang mit dem Geschlechterkampf völlig unbrauchbar sind.

Laufend:
Christian

Von: Wiebke Lorenz – **An:** Christian Clerici
Gesendet: Freitag, 16. April 2010 14:02
Betreff: Marathon und noch einmal DSDS

So, so, Herr Clerici, Sie kommen also nach Hamburg? Zum Marathon? Wollen Sie sich das wirklich in Ihrem Alter noch ... Ich meine, denken Sie an Ihr Knie, ist denn da alles wieder im Lot? Wir haben hier in Hamburg ja ein ganz ausgezeichnetes Zentrum für Geriatrie, vielleicht schauen Sie bei Ihrem Besuch in der Hansestadt dort mal vorbei?! Ist doch eine tolle Gelegenheit, mal die alten Knochen checken zu lassen ...

Sie merken schon, Christian, ich bin immer noch ein wenig verschnupft über Ihren blöden Aprilscherz. Eigentlich bin ich nicht nachtragend, aber bei so etwas kann ich schon mal ganz schön lange was, na, eben hinter einem hertragen.

Stichwort »verschnupft«: Soeben studiere ich mal wieder die Klatschpresse, und da lese ich doch tatsächlich, dass gegen Menowin Fröhlich wegen Verdachts des Kokain-Missbrauchs ermittelt wird und er jetzt eventuell fürs Finale von DSDS disqualifiziert wird. Nein! Das gibt's ja nicht! Wer glaubt denn *so was*? Dieser junge, talentierte und sympathische Mann soll sich hin und wieder was durch die Nase ziehen??? Ich bin erschüttert. Ja, ja, das interessiert Sie mal wieder nicht, aber jetzt habe ich für Sie als TV-Mann eine Knalleridee, die Sie aus den Schuhen hauen wird:

Es geht um die nächste Staffel DSDS! Ich habe mir überlegt, dass das Konzept einen neuen Anstrich gebrauchen könnte. Wie wäre es damit: Anstelle von Castings und Recalls müssen sich einfach alle, die da mitmachen wollen, einem Drogentest unterziehen – und wer am Ende übrig bleibt, wird der neue Superstar. Knalleridee oder Knalleridee? Lassen Sie uns das RTL anbieten, Herr Clerici, ist sehe schon die begeisterten Gesichter! Und wir fungieren als Juroren und konfiszieren alles, was da bei den Kandidaten so gefunden wird. Damit können wir dann ... Okay, okay, war ja nur so eine Idee.

Oder ... Noch ein Vorschlag: Wir entwickeln das Format DSDSP – Deutschland sucht den Superpsychopathen. Für mich natürlich.

Ähnlich wie die Sache mit Sabrina Setlur, nur dass die hoffnungsvollen Anwärter erst einmal eine tiefenpsychologisch fundierte Gesprächstherapie, eine Verhaltenstherapie sowie eine medikamentöse Behandlung durchlaufen müssen. Wer danach immer noch einen an der Waffel hat, den nehme ich.

Ach, Herr C., ich kann Ihnen ja doch nicht böse sein: Melden Sie sich halt, wenn Sie in Hamburg sind. Ein paar Tage sind es ja noch – vermutlich ist meine Wut bis dahin komplett verraucht und nur noch ein mickriges Häufchen Asche ...

Es grüßt:
die TV-Formate-Entwicklungsqueen Wiebke

Von: Wiebke Lorenz – **An:** Christian Clerici
Gesendet: Montag, 19. April 2010 09:35
Betreff: Isch abe gar kein Auto

Nun, Herr Clerici? Sind Sie auf dem Weg von Malaga nach Wien, oder hat die Aschewolke auch Sie fest im Griff? Ich möchte an dieser Stelle noch einmal betonen, dass ich nichts damit zu tun habe, denn meine Wut auf Sie ist tatsächlich verraucht, und ich möchte fast sagen, dass ich mich regelrecht darauf freue, Sie in ein paar Tagen kennenzulernen. Ehrlich, ich schwöre!

Als Beweis meiner Zuneigung schicke ich Ihnen gleich mal meinen Text für das neue Thema »Wie viel Liebe braucht ein Auto?« mit. Das freut Sie als Autofan, gell? Weil ich Ihnen damit eine Steilvorlage biete, auf der Sie jetzt getrost rumhauen dürfen. Nun machen Sie schon, Christian, was haben Sie auch sonst in Ihrem Feldbett im Notfall-Auffanglanger vom Flughafen Malaga zu tun?

Wie viel Liebe braucht ein Auto?
Bis vor vier Jahren fuhr ich einen Renault Twingo mit Falt-Schiebedach. Ich habe dieses Auto geliebt. Elf Jahre waren wir unzertrennlich, doch das akute Herzversagen (Getriebeschaden!) meines

treuen Freundes zwang mich dazu, mich unter Tränen von ihm zu trennen. »Twingolino« nannte ich ihn zärtlich, wenn ich mit ihm kreuz und quer durch die Welt gurkte. So viel haben wir miteinander erlebt: Spontantrips nach Paris und Prag, abenteuerliche Fahrten durch steile Serpentinen, romantische Nächte unterm italienischen Sternenhimmel, mit Skiern, die aus dem Faltdach ragten, ging's in den Winterurlaub, bei Liebeskummer habe ich in seine Sitze geweint, mit einer neuen Flamme habe ich dort ... äh, ja. Hätte er sprechen können, Twingolino hätte so einiges zu erzählen gehabt. Meine – hauptsächlich männlichen – Freunde hatten allerdings einen anderen Namen für ihn: »Fahrender Frisiersalon«. Denn nicht nur, dass mein Auto viel zu erzählen gehabt hätte, es hatte auch viel zu tragen. Bis unters Dach vollgestopft mit allem, was die Dame von Welt so braucht, falls sie überraschend die Flucht antreten muss: Kosmetika, Föhn, Bürsten, Klamotten zum Wechseln. Zeitschriften und Bücher. Leere Cola-Light-Dosen und Chipstüten. Monatshygiene. Alte Tüten von Burger King. Hier und da flog ein Zigarettenstummel herum. »So kann man doch nicht mit seinem Auto umgehen«, meinten meine Freunde, und wenn ich den Twingo mal verlieh, bekam ich ihn meist aufgeräumt, gewaschen und gesaugt zurück. Zwei Tage später sah Twingolino wieder aus wie zuvor. Mangelnde Liebe, Herr Clerici? War ich für ihn eine Rabenmutter? Ich denke, nein. Denn bei aller Zuneigung ist und bleibt ein Auto nun einmal ein Gebrauchsgegenstand, der im Wesentlichen fahren soll, sonst nichts. Das hat mein Twingo getan. Und alles andere, was nichts mit Fahren zu tun hatte, nahm er als Geheimnis mit in die ewigen Schrottplatzgründe ...

Aber die viel interessantere Frage ist ja wohl: Wie viel Liebe braucht die Wiebke? Sehr viel, Christian, das sage ich Ihnen. Seit eineinhalb Jahren warte ich nun schon auf einen Psychopathen! Aber alles, was ich bekomme, ist eine Tüte heiße Luft. Legen Sie endlich los, Mann! Sie haben mich doch lieb, oder? Mindestens so lieb wie ich meinen Twingolino ...

Von: Christian Clerici – **An:** Wiebke Lorenz
Gesendet: Montag, 19. April 2010 17:30
Betreff: Re: Isch abe gar kein Auto

Wie viel Liebe braucht ein Auto?
Wirklich eine rührende Liebesgeschichte, Frau Lorenz, die Sie da mit Ihrer rollenden Handtasche in weiblich-emotionaler Dichte verbindet. Als ausgewiesener Benzinbruder wird mir auf der Stelle schlecht. Menschen, die ihren Autos Namen geben, die wie Stofftiere, Lieblingspuppen oder Märchenfiguren klingen, sollten vieles tun, aber sicher nicht Auto fahren. Autos brauchen keine Liebe, sie brauchen Hingabe. Besonders in einer Zeit, in der die Welt in Regeln erstickt und Freude am Fahren nur noch als Werbefloskel existiert. Männer, die sich aus Vernunftgründen in ein Auto verlieben, möchte keine Frau von Format im Bett haben. Ich selbst könnte bei der Größe meines Fuhrparks ohnedies nicht so viel Gefühl in all die Fahrzeuge investieren – man öffnet ja auch nicht jeder Geliebten sein Herz. Trotzdem haben Frauen und Autos etwas gemeinsam: Sie sind unwiderstehlich. Nicht alle, damit wir uns hier richtig verstehen, sondern natürlich nur die, bei denen die inneren UND äußeren Werte zählen, jene, die aus der Reihe tanzen, abenteuerlich unverlässlich sind und nicht bei der ersten Bodenwelle von der Straße fliegen. Mit einem Auto zu sprechen, ist reine Zylinderkopfsache, es zu streicheln hingegen pure Emotion. Und verrückt ist es auch. Aber so ist das nun mal mit der Liebe.

Von: Christian Clerici – **An:** Wiebke Lorenz
Gesendet: Mittoch, 21. April 2010 17:08
Betreff: The Eagle has landed

Wiebke, ich bin da! Und Robert auch. Ist kein Aprilscherz, wirklich, ich habe da einen Supertypen für Sie am Start. Sie könnten sich doch schon mal kennenlernen, während ich meine Runden um die Alster ziehe. Was meinen Sie?

Von: Wiebke Lorenz – **An:** Christian Clerici
Gesendet: Mittwoch, 21. April 2010 17:09
Betreff: Autoreplay: The Eagle has landed

Sehr geehrte Damen und Herren,
ich bin derzeit leider nicht erreichbar und werde Ihre E-Mail nach meiner Rückkehr beantworten.

Herzliche Grüße
Wiebke Lorenz

Von: Christian Clerici – **An:** Wiebke Lorenz
Gesendet: Freitag, 23. April 2010 10:01
Betreff: Hamburg, die Zweite!!!

Sehr geehrte Frau Lorenz,
ich bin nun schon seit vorgestern in Ihrer schönen Stadt und bedaure zutiefst, dass Sie ausgerechnet dieser Tage nicht greifbar sind. Es wäre ein so großes, wenn auch zweifelhaftes Vergnügen gewesen, Sie endlich persönlich kennenzulernen, zumal ich doch mit meinem Kumpel Robert angereist bin, der gerade wieder Single ist und so gar keine Absichten hat, einen Trauermonat einzulegen. Schade.

Sind Sie wirklich nicht da? Oder stellen Sie sich einfach nur tot? Sie sind es doch nicht etwa wirklich, oder? Sie haben doch nicht eine Verzweiflungstat begangen oder wider meine Warnung mit dem Laptop in der Badewanne gearbeitet?

Ich laufe übermorgen den Hamburg-Marathon und dachte eigentlich, Sie würden an der Strecke stehen und mich anfeuern. *An*feuern, Frau Lorenz, nicht *auf* mich feuern, denn Sie haben ja geschrieben, dass Sie mir nicht mehr wirklich böse sind ... Ach, das wäre doch toll: Ich betreibe 42 Kilometer Sightseeing in meiner alten Wahlheimat, Sie lernen Robert was besser kennen und trinken sich mehr Mut an als notwendig. Sagen Sie etwas, Wiebke, es wäre sooo schön ...

Von: Christian Clerici – **An:** Wiebke Lorenz
Gesendet: Samstag, 24. April 2010 09:33
Betreff: WIIIIIEEEEEBKKKKKEEEEEEHHHHH?

Das kann doch nicht wahr sein! Jetzt melden Sie sich endlich, sonst suche ich Ihre Familie auf, behaupte, Sie hätten meinen Freund Robert zum Sex genötigt und wollten sich jetzt vor den Konsequenzen drücken. Habe ich eigentlich schon ein paar Details über Robert erzählt? Nein? Na ja, vielleicht lockt Sie das ja aus der Reserve:

Robert ist toll!!! Wirklich. Warum es keine Frau bis jetzt länger als ein paar Wochen an seiner Seite ausgehalten hat, liegt daran, dass Robert *so* toll ist und ihm niemand so schnell das Wasser reichen kann. Sie, Frau Lorenz, lassen sich davon ganz sicher nicht entmutigen: Erstens sollten Sie langsam verzweifelt genug sein, um jedes Experiment mit einem Psychopathen zu wagen, und zweitens müssen Sie als weibliche Lichtgestalt einen dramatisch intelligenten Mann nicht fürchten. Robert ist Wissenschaftler von Beruf und weiß auch sonst alles besser. Nicht zu Unrecht wird er in unserer Clique als Weltenbeauftragter bewundert. Sein Jähzorn ist zwar nicht zu ignorieren, aber wer es vermeidet, ihm zu widersprechen oder eine seiner Thesen anzuzweifeln, hat kaum etwas zu befürchten. Außerdem ist es bei ihm wie mit diesem isländischen Vulkan: Meistens kündigt sich der Ausbruch an. Sie können also, wenn Gefahr im Verzug ist, immer noch das Weite suchen oder sich, wenn die Vorwarnzeit nicht ausreicht, einfach ducken. Ducken macht Sinn, weil Robert dazu neigt, bisweilen recht schwere Gegenstände herumzuwerfen, wenn er sich ärgert. Das kann schon mal ein Motorrad sein, und von so etwas will man nun wirklich nicht getroffen werden. Nun werden Sie sagen: Ein Motorrad werfen, Herr Clerici, Sie ticken wohl nicht mehr ganz richtig. Im Gegenteil, Wiebke. Robert ist wirklich sehr, sehr stark und hat immer ein Motorrad griffbereit, rund 20 stehen in seinem Wohnzimmer. Dieser permanente Geruch nach Motoröl, Benzin und Kettenfett ist nicht jedermanns Sache, aber angesichts Ihres Leidensdrucks werden Sie über solche Kleinigkeiten hinwegsehen können.

Und? Habe ich Sie damit hinter dem Ofen hervorgelockt?

Von: Wiebke Lorenz – **An:** Christian Clerici
Gesendet: Samstag, 24. April 2010 11:09
Betreff: Re: WIIIIIEEEEEBKKKKKKEEEEEEHHHHH?

Lieber Christian,
da bin ich. Das heißt, ich bin leider nicht da. Also hier. Sie wissen schon, in Hamburg. Einer spontanen Eingebung folgend musste ich nämlich mal ganz schnell meinen alten Herrn in Köln besuchen. Denn ich habe am Dienstag den großen Fehler begangen, meinen Kontostand zu checken, und dachte mir, ich solle mich mal ein bisschen mehr um meinen Vater kümmern, den ich seit einem halben Jahr nicht mehr gesehen habe. Und bei der Gelegenheit könnte ich ja mal mit ihm über ein vorzeitiges Erbe sprechen.

Sie sehen, Christian, ich muss mich kurzfristig mit einem etwas wichtigeren Thema als blonden Psychopathen beschäftigen. Und so gern ich Ihnen morgen an der Strecke zujubeln würde, daraus wird leider auch nichts. Zwar komme ich heute noch in die Hansestadt zurück, habe mich aber im Zustand geistiger Umnachtung dazu überreden lassen, *selbst* am Marathon teilzunehmen. Für einen guten Zweck. Allerdings mit dem Fahrrad, Sie kennen ja meine religösen Sport-Ansichten. Und: Nein, ich war nicht betrunken, als ich da zugesagt habe. Aber vielleicht hätte ich meine Medikamente nicht eigenständig absetzen sollen, ohne den Arzt zu fragen ...

So winke ich Ihnen nun betrübt aus dem Rheinland zu und bin untröstlich, dass ich Ihren Freund Robert, den Sie da so wundervoll beschrieben haben, nicht kennenlernen werde. Der wäre perfekt gewesen, ich weiß es!

Von: Christian Clerici – **An:** Wiebke Lorenz
Gesendet: Samstag, 24. April 2010 14:12
Betreff: AW: Re: WIIIIIEEEEEBKKKKKKEEEEEEHHHHH?

Gott sei Dank, Wiebke, Sie leben. Wenngleich ich zutiefst erschüttert bin, dass Sie ausgerechnet jetzt nicht am Platz sind und ich das ganze

Programm hier in Hamburg ohne Sie absolvieren muss. Robert ist auch sehr traurig und hat, als er erfuhr, dass er keine Möglichkeit haben wird, die notgeile Ische aus dem Norden zu kennenzulernen, einen kleinen cholerischen Anfall bekommen und den Hotel-Fernseher aus der Verankerung gerissen. Mittlerweile tut es ihm auch schon wieder leid, aber das allein wird das Hotel-Management kaum befriedigen. Doch als Wissenschaftler ist Robert kein Großverdiener. Schon tausendmal habe ich ihn gebeten, seine unkontrollierten Aggressionen an preiswerten Dingen abzureagieren, aber Sie wissen ja, wie es ist, wenn man von seinen Gefühlen überrollt wird. Natürlich wissen Sie das Wiebke, sonst würden Sie wohl kaum so viel trinken. Ich werde also noch ein Mal die Extras auf der Rechnung begleichen und hoffe, dass Sie das in Zukunft tun werden. Sie wollen Robert doch, oder?

Hallo? Wiebke?

Von: Christian Clerici – **An:** Wiebke Lorenz
Gesendet: Sonntag, 25. April 2010 07:10
Betreff: Marathon

Heute ist also der Marathon. Erwähnte ich schon, dass ich die ganze Distanz in Straßenschuhen zurücklegen werde? Nicht umsonst natürlich, sondern im Auftrag eines amerikanischen Schuhherstellers, der mit dieser Aktion auf die Bequemlichkeit seiner alltags- und anzugtauglichen Straßenschuhe hinweisen möchte. In zwei Stunden geht es los. Robert war heute Nacht nicht im Hotel. Das erzähle ich Ihnen nicht, weil ich mir Sorgen um *ihn* mache, sondern um Sie, Wiebke. Wenn Sie weiter so zögerlich sind, werde ich langsam keine passenden Psychopathen mehr für Sie auftun können, denn wie Sie sehen, sind die durchaus in der Lage, auf eigene Faust loszuziehen und selbständig vorerst namenlose Hanseatinnen zu verführen.

Also, ich gehe davon aus, dass sein Fernbleiben damit in Zusammenhang steht. Vielleicht rufe ich aber auch noch schnell bei der Polizei an, womöglich sitzt Robert im Knast, weil er sich über irgendeine blöde, dreimalkluge norddeutsche Bemerkung so geärgert hat, dass er kurzfristig jemanden ordentlich geschüttelt hat und der Unglückliche mit einem Schleudertrauma ins Universtätsklinikum Eppendorf eingeliefert werden musste. Wo er, wie man so hört, ganz sicher auch nicht glücklicher wird.

Ich muss jetzt jedenfalls los und mich in Richtung Start begeben. Wünschen Sie mir Glück, auch wenn Ihnen das schwerfällt.

Achtung, fertig, los!

Von: Wiebke Lorenz – **An:** Christian Clerici
Gesendet: Sonntag, 25. April 2010 08:22
Betreff: Re: Marathon

Dann laufen Sie mal schön los, Herr Clerici, und tragen Sie die Straßenschuhe zur Schau. Ich muss gestehen, ich habe selten eine Idee gehört, die mir dämlicher erschien, als dass ein ohnehin schon knielädierter Mitvierziger auch noch den Rest seiner morschen Knochen bei so einem Unsinn aufs Spiel setzt. Ist es das wert, Christian? Und sollte es das wert sein: Könnten Sie mir bitte den Kontakt zu der Firma herstellen? Ich möchte anbieten, im nächsten Jahr in deren Stöckelschuhen am Marathon teilzunehmen. Mein Vater hat die Sache mit dem vorgezogenen Erbe leider negativ beschieden ...

So. Und jetzt mal hopp, hopp! Falls Sie unterwegs eine ungelenke Trine sehen, die mit ihrem Fahrrad einen Läufer nach dem anderen umfährt: Das bin ich!

Nun denn, ich wünsche uns beiden ein fröhliches »Dabei sein ist alles«. Und falls Robert danach immer noch nicht wieder aufgetaucht sein sollte, könnten wir uns ja vielleicht zu einem bunten Abend treffen. Sie und ich, meine ich, nicht Ihren Fernseher werfenden Freund, denn ich wiege selbst ja mittlerweile wieder kaum mehr als ein TV-Gerät und werde nur so ungern aus der Verankerung gerissen ...

Von: Wiebke Lorenz – **An:** Christian Clerici
Gesendet: Dienstag, 27. April 2010 11:45
Betreff: Hallo?

Wie soll ich das jetzt deuten, Herr Clerici? Keine Mail, kein Anruf, kein gar nichts. Und das, obwohl ich doch mit einem *bunten Abend* gelockt habe! Geben Sie es zu, Herr Clerici, Sie wollen mich gar nicht treffen, weil Sie sich wegen der Schuhnummer schämen. Müssen Sie nicht, Christian, wie den Medien zu entnehmen war, sind Sie ja durchaus lebend durchs Ziel gekommen. Respekt! Und eine Zeit von 8 Stunden und 25 ... Ja mei, das ist doch nicht so schlimm, dass Sie gleich untertauchen müssen.

Also, wenn Sie noch in der schönsten Stadt der Welt weilen, melden Sie sich gefälligt! Von mir aus auch mit Robert, ich bin ja Kummer gewohnt oder gewöhne ihn mir für Sie und Ihren Geisteskranken wieder an. Was meinen Sie? Dann könnten Sie mich auch ein wenig aufheitern: Gestern Abend habe ich bei der Hamburger Literaturveranstaltung »Macht Club« aus meinem druckfrischen Roman »Allerliebste Schwester« vorgetragen – und was lese ich heute in der Welt? – »Seelenlose Lesung unter erschwerten Zuhörbedingungen«. Grrr, wenn ich diesen Schmierfink in die Finger kriege!

Von: Christian Clerici – **An:** Wiebke Lorenz
Gesendet: Dienstag, 27. April 2010 16:11
Betreff: Re: Hallo?

Hallo, Frau Lorenz,
ja, was soll ich sagen? Ich bin schon wieder am Flughafen und warte auf meinen Flieger nach Malaga. Robert bleibt noch ein paar Tage in Hamburg, denn er hat da wohl irgendeine Granate kennengelernt und was von nie gekannten sexuellen Freuden gelabert. Ich habe mich nur vergewissert, dass die Dame nicht auf der Reeperbahn wohnt, denn das würde, bei aller vorgespielten Liebe, seine finanziellen Möglichkeiten sehr bald erschöpfen. So weit, so gut.

Nein, eigentlich gar nicht gut. Ich war vorgestern etwas unvorsichtig beim Marathon und habe ab Kilometer 25 nur noch versucht, einen blutenden Fuß vor den anderen zu setzen. Der amerikanische Schuhhersteller muss vielleicht da und dort noch etwas nachbessern. Ich bin übrigens mit 3.48 ins Ziel gehumpelt, was für einen ambitionierten Sportler wie mich kein Grund zum Jubeln, aber in Anbetracht der Umstände doch ganz respektabel ist. Abends war ich einfach zu erledigt, um Ihrer freundlichen Einladung zu einer Partynacht nachzukommen. Bin nun aber recht froh darüber, denn wahrscheinlich hätten Sie mich Ihren gut aussehenden Freundinnen vorgestellt und wären dann irgendwann beleidigt und betrunken gewesen, weil ich mit denen auf der Bar tanze, während Sie vergeblich nach einem passenden Mann Ausschau halten.

So verlasse ich also Hamburg, reich an neuen Erfahrungen, Erkenntnissen und solchen Blasen an den Füßen, dass sich meine Bewegungsmuster nicht wesentlich von den mitreisenden Rentnern jenseits der Siebzig unterscheiden. Um das Bild abzurunden, trage ich heute sogar einen Hut.

Was ich dazugelernt habe? Nun, ich fragte mich mit der Zeit, wie es wohl sein kann, dass der Roomservice in einem 5-Sterne-Hotel nicht die geringsten Anstalten macht, die leeren Plastikflaschen, vormals mit isotonischen Sportgetränken gefüllt, wegzuräumen, obwohl sich die Dinger bereits ziemlich unappetitlich in meinem Zimmer stapelten. Beim Auschecken habe ich diesen Umstand mit strenger Miene angemerkt und wurde mit amüsierter Miene darauf hingewiesen, dass selbst die popeligste Plastikflasche in Deutschland in ein äußerst dubioses Recyclingsystem eingebunden ist und sich die Angestellten eines Hotels, sollten sie das Leergut ohne explizite Aufforderung des Gastes entfernen, der »Pfandunterschlagung« schuldig machten. Als ich mich gefasst hatte, erteilte ich die offizielle Genehmigung zur Entsorgung und bat darum, dass sich die Angestellten den Erlös teilen mögen. Nicht wahr, Frau Lorenz, da bekommt der Begriff Trinkgeld gleich eine völlig neue Bedeutung.

Ich wünsche mir eine gute Reise!

Von: Wiebke Lorenz – **An:** Christian Clerici
Gesendet: Mittwoch, 28. April 2010 19:33
Betreff: Pfandunterschlagung

Aha, Christian, Sie sind also schon wieder auf der Rückreise? Weshalb so eilig? Haben Sie beim Marathon verbrannte Erde hinterlassen? Pruahahaa!

Gestehen Sie es doch endlich, dass in Wahrheit *Sie* derjenige sind, der auf dem Kiez versackt ist. Kennen wir doch alle, diesen Trick, man schreibt sich was von der Seele und verklausuliert seine Beichte als »Ich habe da eine Freundin, die trinkt schon morgens um sechs Remy Martin und ist darüber hinaus noch tablettenabhängig. Außerdem unterschlägt sie Pfand und ist meistens mit einem Einkaufswagen in der Stadt unterwegs und überfährt Touristen vorm Wasserturm-Hotel ...«

Stichwort »Seele«: Ich teilte Ihnen in meiner letzten Mal mit, dass mein geniales Opus von einem Ignoranten verrissen wurde – und Sie stürmen nicht sofort los, um meine Ehre zu verteidigen, sondern erzählen mir stattdessen etwas über *Pfandflaschen*, Sie Flasche, Sie! Das, lieber Christian, ist dermaßen unritterlich. Aber was will ich auch erwarten, Sie sind ja Österreicher.

Und, ha, schon das nächste Stichwort: Österreich! Sie werden es jetzt nicht glauben, aber ich komme am 14. Mai übers Wochenende nach Wien. Wirklich wahr! Mit den genauen Umständen, die zu dieser Reise führen, will ich Sie nicht behelligen, es hat etwas mit Arbeit zu tun. ARBEIT. Davon haben Sie doch sicher schon einmal gehört, oder?

Dennoch bleibt mir genug Freizeit, um Sie in Ihrem Hangar zu besuchen. Also, Herr Clerici, sind Sie an dem Wochenende in der Stadt? Ach bitte, bitte, sagen Sie ja! Dann könnten Sie alle Ihre Psychopathen zusammentrommeln und mir vorstellen, den verhaltensauffälligsten nehme ich dann einfach mit nach Hamburg und versuche, ihn hier zu resozialisieren.

Also, Don Christiano, ich hoffe, Sie sagen Ja!

Von: Christian Clerici – **An:** Wiebke Lorenz
Gesendet: Freitag, 30. April 2010 09:43
Betreff: Ja

Großartig, Frau Lorenz, ich freue mich sehr!

Ich darf Ihnen schnell mal den Text des ausgeklügelten Dating-Aufrufs übermitteln, der soeben an meine Kumpels raus ist:

»Hallo Leute, die notgeile Ische aus dem Norden macht leider Ernst und besucht uns am 14. Mai in Wien. Kommt bitte alle und nehmt eure Medikamente! Es gibt Freibier und Gratispiercings.«

Was meinen Sie Wiebke, das klingt doch einladend, oder?

Von: Wiebke Lorenz – **An:** Christian Clerici
Gesendet: Donnerstag, 6. Mai 2010 17:18
Betreff: Mail an Ihre Freunde

Ich habe es ja bereits mehrfach festgestellt, aber schon wieder rührt mich Ihre überaus passende Beschreibung meines Wesens ungemein! Ich kann es kaum erwarten, Ihre Kumpels zu treffen und sie davon zu überzeugen, dass der liebe Herr Clerici durch das ständige Fliegen (dünne Luft!), Wok-Fahren (chronisches Schleudertrauma) und Handwerker-Verhauen nicht mehr ganz dicht auf der Bereifung ist und die damit einhergehenden Halluzinationen dafür sorgen, dass er, dass er ...

Nein, das wird hier gerade wieder nur grober Unsinn, und ich weiß ja, dass Sie mich in Wahrheit glühend verehren und Ihren Freunden tatsächlich das hier geschrieben haben:

»Freunde, Bürger, Römer! Große Ereignisse werfen ihre Schatten voraus: Die göttliche Wiebke Lorenz lässt sich dazu herab, uns Unwürdigen vom 14. bis 16. Mai einen Besuch in Wien abzustatten. Ich möchte euch deshalb bitten, euch neu einzukleiden und überflüssige Körperbehaarung zu entfernen. Die Mühe wird sich lohnen, ich verspreche es euch. Hier eine Kurzbeschreibung ihres engelsgleichen Wesens: Es ist schwer zu sagen, ob es eher ihre Klugheit oder ihre Schönheit ist, die Wiebke Lorenz so zauberhaft macht. Ihr seidiges, glänzendes rötliches Haar verleiht ihr in Verbindung mit ihren strahlend blauen Augen etwas Nixenhaftes, kein Mann, der bei ihrem Anblick nicht sofort weiche Knie bekommt. Dazu ein graziler, mädchenhafter Körper, leicht wie eine Feder ist sie und dennoch nicht von allzu zerbrechlichem Naturell. Ihr Geist, ihr Esprit sind überwältigend, und wenn sie lacht, kommt das einem zarten Glockenspiel gleich. Und: Sie säuft wie ein Bierkutscher und erzählt gern dreckige Witze.«

So in etwa werden Sie mich doch angekündigt haben, nicht wahr, Herr Clerici? Nur eine gute Woche noch, ich freue mich ganz wahnsinnig doll!

Von: Christian Clerici – **An:** Wiebke Lorenz
Gesendet: Montag, 10. Mai 2010 13:12
Betreff: Re: Mail an Ihre Freunde

Wow, Wiebke, ich bin sprachlos. Ausnahmsweise. Ich frage mich nämlich: Wen hat die Lorenz da beschrieben? Klugheit, Schönheit, Esprit, mädchenhafter Körper. Hmmm. Waren Sie etwa gar nicht im Rheinland, als ich in Hamburg weilte, sondern bei einem Komplettservice nebst Neuprogrammierung? Muss schwer gewesen sein, die ganzen edlen Teile aufzutreiben ... Egal, wir hier in Wien sind auf jeden Fall vorbereitet.

Von: Wiebke Lorenz – **An:** Christian Clerici
Gesendet: Mittwoch, 12. Mai 2010 22:10
Betreff: AW: Re: Mail an Ihre Freunde

Auf Ihre letzte Mail werde ich nicht schriftlich antworten, Christian. Das erledige ich, wenn wir uns am Freitag *persönlich* treffen ...

Nur noch zweimal schlafen. Ich freu mich. Werden Sie um Ihre Psychopathen ein hübsches Schleifchen binden?

Von: Christian Clerici – **An:** Wiebke Lorenz
Gesendet: Donnerstag, 13. Mai 2010 20:13
Betreff: Wien

Nein, Wiebke, Schleifchen wird es keine geben, es sei denn, Sie bringen selbst etwas Dekomaterial mit, um die Bande herauszuputzen, wovon ich Ihnen allerdings abrate, wenn Sie ernsthafte Absichten haben, denn die Burschen sind da mitunter etwas heikel und haben so ihre eigenen Vorstellungen, was ihr Outfit betrifft: Da darf nichts dabei sein, was beim Kotzen im Weg sein könnte oder falsche Schlüsse auf die sexuelle Orientierung zuließe.

Ich werde aber pünktlich am Flughafen sein, auf jeden Fall am gleichen Tag. Machen Sie sich also keinen Kopf. Bis gleich!

Von: Wiebke Lorenz – **An:** Christian Clerici
Gesendet: Freitag, 14. Mai 2010 9:45
Betreff: Das war's

Lieber Christian,
ich habe bereits versucht, Sie auf dem Handy zu erreichen, und hoffe, dass Sie nicht schon auf dem Weg zum Flughafen sind!

Die Sache ist die: Ich habe gestern Abend einen Mann kennengelernt: Schwarze Haare, die schönsten braunen Augen, die man sich überhaupt vorstellen kann, feingliedrige Hände und körperlich von sehr schlanker Statur. Tja. Und da habe ich mich eben Knall auf Fall in ihn verliebt. Deshalb werde ich nicht nach Wien kommen. Darf ich ausnahmsweise ehrlich sein? Ich bin fast erleichtert, denn irgendwie machen Sie und Ihre Mischpoke mir etwas Angst. Grüßen Sie Ihre Psychopathen trotzdem von mir! Man weiß ja nie ...

Wiebke